《中国诠释学》创刊20周年纪念专辑

山东大学人文社会科学创新团队“文明互鉴视域下的汉语哲学”资助项目

中国诠释学

【第22辑】

主　编　傅永军
副主编　杨东东　梁乐睿

山东大学出版社
SHANDONG UNIVERSITY PRESS
·济南·

图书在版编目(CIP)数据

中国诠释学.第22辑/傅永军主编.—济南:山东大学出版社,2023.10

ISBN 978-7-5607-8031-3

Ⅰ.①中… Ⅱ.①傅… Ⅲ.①解释学—文集Ⅳ.①B089.2-53

中国国家版本馆CIP数据核字(2023)第255603号

责任编辑 霍馨莹

封面设计 张 荔 王秋忆

中国诠释学(第22辑)

ZHONGGUO QUANSHIXUE(DI 22 JI)

出版发行 山东大学出版社

社 址 山东省济南市山大南路20号

邮政编码 250100

发行热线 (0531)88363008

经 销 新华书店

印 刷 济南巨丰印刷有限公司

规 格 720毫米×1000毫米 1/16

11.5印张 212千字

版 次 2023年10月第1版

印 次 2023年10月第1次印刷

定 价 58.00元

目 录

诠释学对话·创刊20周年特约稿

伽达默尔诠释学

东亚儒学中的经典诠释

书　评

学术会议回顾

“中国诠释学”的类型与研究方法

黄俊杰[*]

摘　要:“中国诠释学”建立在中国文化独特而自成体系之“一本性”之上,有其自成一格之“中国性”,见之于经世致用之精神、政治之取向以及生命增上之愿景,不能简单视为“(西方)诠释学在中国”。中国诠释学至少有“实践诠释学”“生命诠释学”“政治诠释学”三种类型,三者都是不同程度的“实学”。在中国实践诠释学中,“诠释文本”与“使用文本”绾合为一。诠释者身处的时空条件所塑造的“历史性”特别彰显,诠释者的“主体性”浸润在“历史性”之中。中国的生命诠释学,主要表现在诠释者与经典的“相互参与”,尤其是“古”与“今”的相互参与,以及诠释者的“理性”与“信仰”的相互参与。在作为政治诠释学的中国诠释学中,“治道”或“政术”远多于“政道”或“政理”,而且“道德判断”大于“事实判断”。中国诠释学的研究方法在于将经典诠释言论加以“脉络化”,重视经典诠释者的时间、空间脉络以及思想的内在脉络,经由细绎2000多年来中国经典诠释言论的思想史研究进路,而提出具有厚度的现代中国诠释学。

关键词:中国诠释学;实践诠释学;生命诠释学;政治诠释学;实学

20世纪90年代以后,中文人文学术界有关建立“中国诠释学”的呼声甚嚣尘上,相关研究风起云涌。这股学术风潮在90年代以前,国内外学界已有相当的酝酿,早在1964年日本学者加贺荣治先生就有专书研究魏晋时代的经典解释史[①],我在1989年曾尝试通过孟子学解释史而试探建立中国诠释学之可能性[②],汤一介

*　黄俊杰,台湾大学特聘讲座教授,欧洲研究院院士。

①　参见[日]加贺荣治:《中国古典解释史·魏晋篇》,东京:劲草书房,1964年。

②　参见Chun-chieh Huang:《The Mencius and Historical Hermeneutics》,(台湾)《清华学报》1989年第2期。

先生1998年提出创建“中国解释学”的建议①,李清良先生的专著《中国阐释学》2001年问世②,2002年周光庆先生有书研究中国古典解释学③,洪汉鼎先生主编的《诠释学与人文社会科学》系列丛书也从2002年开始由上海译文出版社出版,傅永军先生2003年创刊《中国诠释学》年刊④。台湾大学从2004年开始将近20年来所出版的200多本有关东亚儒学研究专著中,以儒家经典诠释学的著作数量最多。国外汉学界从20世纪90年代以后,研究中国诠释学的专书之出版也如雨后春笋⑤,凡此种种都反映了“中国诠释学”研究的新动向。洪汉鼎先生曾说:“我国传统的经典注释或经学显然具有明显的诠释学特征,自孔子说‘述而不作’始,中国的学术研究事实上就走了一条诠释学之路。……在我国的传统文化里是否能找到补充当代哲学诠释学的东西,或当代哲学诠释学是否将会对我们经典注释学开启新的视角,这都是值得我们深入研究的问题。”⑥近30年来“中国诠释学”的新动向,正是在于深入中国经典诠释传统,“念述先圣之元意,思整百家之不齐”⑦,开启诠释学研究的新境界。

本文聚焦以下两个问题,探讨源远流长的儒家经典诠释传统中所形塑的“中国诠释学”的类型及其可能的研究进路。

(1)什么是“中国诠释学”?中国诠释学的主要类型有哪些?各有何种表现与问题?

(2)建构“中国诠释学”的研究途径何在?为什么?

---

① 参见汤一介:《能否创建中国解释学》,《学人》1998年第13期,汤一介著,乐黛云、杨浩编:《中国传统文化的特质》,上海:上海教育出版社,2019年,第335~338页;汤一介:《再论创建中国解释学问题》,《中国社会科学》2000年第1期。

② 参见李清良:《中国阐释学》,长沙:湖南师范大学出版社,2001年。

③ 参见周光庆:《中国古典解释学导论》,北京:中华书局,2002年。

④ 参见洪汉鼎主编:《中国诠释学》第1辑,济南:山东人民出版社,2003年。

⑤ Steven Van Zoeren, *Poetry and Personality Reading, Exegesis, and Hermeneutics in Traditional China*, Stanford: Standford University Press, 1991; John B. Henderson, *Scripture, Canon, and Commentary: A Comparison of Confucian and Western Exegesis*, Princeton: Princeton University Press, 1991; Ching-I Tu ed., *Classics and Interpretation: The Hermeneutics Traditions in Chinese Culture*, New Brunswick, N. J.: Transaction Publishers, 2000; Rudolf G. Wagner, *A Chinese Reading of the Daodejing: Wang Bi's Commentary on the Laozi with Critical Text and Translation*, Albany: State University of New York Press, 2003; Ching-I Tu ed., *Interpretation and Intellectual Change: Hermeneutics in Historical Perspective*, New Brunswick, N. J.: Transaction Publishers, 2005;[日]佐藤炼太郎、郑吉雄编著:《中國古典の解釋と分析:日本·臺灣の學術交流》,札幌:北海道大学出版会,2012年。

⑥ 洪汉鼎:《总序》,《诠释学与人文社会科学》,上海:上海译文出版社,2002年。

⑦ (南朝宋)范晔撰,(唐)李贤等注:《张曹郑列传第二十五》,《后汉书》第3册,北京:中华书局,1965年,第1209页。

为了分析以上这两个问题，本文第一节首先讨论“中国诠释学”的“中国性”及其特质，并分析“中国诠释学”的三种常见类型，本文第二节探讨“中国诠释学”的表现及其问题，第三节思考研究“中国诠释学”的研究方法与程序，最后综合全文论述，提出本文之结论。

一、中国诠释学的“中国性”及其三种类型

所谓“中国诠释学”的提法，首先必须解答：“中国诠释学”的“中国性”何在？为什么不讲“诠释学在中国”？这两个问题其实是一体之两面，如果解明了“中国诠释学”的“中国性”，也就说明了“中国诠释学”的学术合法性，第二个问题也就豁然开朗了。我们思考第一个问题，可以从1958年“当代新儒家”学者牟宗三、徐复观、张君劢、唐君毅等四人联名发表的《中国文化与世界：我们对中国学术研究及中国文化与世界文化前途之共同认识》[①]宣言说起。“当代新儒家”所发表的这篇宣言，在20世纪中国知识界的中西文化之争的背景里，向西方知识界呼吁要了解中国文化，必须正视中国文化的“中国性”。宣言说：

> 中国文化之性质，乃指其“一本性”[②]。此一本性乃谓中国文化，在本原上，是一个文化体系。此一本并不否认其多根。此乃比喻在中国古代，亦有不同之文化地区。但此并不妨碍，中国古代文化之有一脉相承之统绪。殷革夏命而承夏之文化，周革殷命而承殷之文化，即成三代文化之一统相承。此后秦继周，汉继秦，以至唐、宋、元、明、清，中国在政治上，有分有合，但总以大一统为常道。且政治的分合，从未影响到文化学术思想的大归趋，此即所谓道统之相传。[③]

① 这篇宣言收入唐君毅：《说中华民族之花果飘零》，台北：三民书局，1989年，第125～192页；此文有英文节译本，收入 Carsun Chang, *The Development of Neo-Confucian Thought*, New York : Bookman Associates, 1957, pp. 455-483。

② “一本”一词出自《孟子·滕文公上》，孟子曰：“且天之生物也，使之一本，而夷子二本故也。”孟子所谓“一本”指人本为父母所生这项事实而言。德川日本儒者西岛兰溪释此句云：“本者，物之所从出也。”（[日]西岛兰溪：《读孟丛钞》，《日本名家四书注释全书》第13册卷5，东京：凤出版，1970年，第232页）所谓“一本”与周代以降中国社会一直以父子关系为主轴，有密切关系。孟子所谓“一本”的伦理思想，反映的是中国社会以父子关系为主轴的社会现实。戴震在《孟子字义疏证》卷上《理》中说“合血气心知为一本”，以“自然”与“必然”为一的思想，指涉范围较广。当代新儒家宣言中所谓的“一本性”则指中国文化一脉相承之延续性。

③ 唐君毅：《说中华民族之花果飘零》，第137页。

以上这一段话中,所谓的"一本性",张灏先生译为"undifferenciatedness"[①],指中国文化之"自成一格"(sui generis)的独特性,尤其是中国文化之自成体系,绵延不断,与西方文化不同。唐君毅先生所著《中国文化之精神价值》一书,对中国文化的"一本性"尤三致其意。[②]这篇宣言所强调的中国文化的"一本性"是在与西方文化对比的脉络中说的,我们在21世纪的今日不能持之太过,以致将东西方文化心同理同之处,误认为是南北海之马牛风。

"当代新儒家"之所以特别强调中国文化的"一本性",是因为他们在20世纪神州板荡、动乱乖离之中,致力于追求生命的意义感。张灏说:

> 在现代中国,精神迷失的特色是道德迷失、存在迷失和形上迷失三者是同时存在的,而不在于任一项的各别出现。位于现代中国之"意义危机"的底部,是此三种迷失的融合。唯有从这个背景才能把握到:新儒家学者在许多方面将自己关联于传统。他们的思想大多可视为"意义的追求",企图去克服精神迷失,而精神迷失正是中国知识分子之中许多敏锐灵魂所感受到的问题。当然,精神迷失的问题并不单为新儒家所遭遇,而是为全中国各派别的知识分子所共同面临。使他们特别地认同于儒家"宗教道德象征"的因素,可以在他们对"科学主义"的反动的脉络中寻到。[③]

20世纪新儒家致力于中国文化的"一本性"之解明,以解决20世纪中国的精神之迷失。20世纪中国知识分子对生命的意义感的追求,也表现在钱穆先生抗战时期于1939年在云南宜良撰写《国史大纲》时,特别强调中国史之特殊性,他将一部西洋史比喻为硬地网球赛,将中国史譬喻为一片琴韵悠扬,这种中国历史的"中国性",不能求之于西洋史的模式之中,因为"网球家之生命,不能于音乐史之过程中求取"[④]。从中国文化的独特而自成体系之"一本性"观之,"中国诠释学"自有其自成一格之"中国性",不能简单视为"(西方)诠释学在中国",乃是人人共喻之义。"中国诠释学"的"中国性"尤见于经世致用之精神、政治之取向以及生命增上之愿景。

① Hao Chang, "New Confucianism and the Intellectual Crisis of Contemporary China", in Charlotte Furth, ed., *The Limits of Change: Essays on Conservative Alternatives in Republican China*, Cambridge, Mass.: Harvard University Press, 1976, pp. 276-304. 此文有中译本,详见张灏:《新儒家与当代中国的思想危机》,林镇国译,傅乐诗等:《近代中国思想人物论——保守主义》,台北:时报文化出版事业有限公司,1980年,第367～397页。

② 唐先生说:"此书乃以我所知之西方文化思想中之异于中国者为背景,以凸出中国文化之面目。"(唐君毅:《中国文化之精神价值》,台北:正中书局,1953年,"序言",第4页)

③ 张灏:《新儒家与当代中国的思想危机》,傅乐诗等:《近代中国思想人物论——保守主义》,第375页。

④ 钱穆:《国史大纲》,台北:台湾商务印书馆,1996年,"引论",第10页。

那么，具有“中国性”的“中国诠释学”在思想史上，主要表现为哪几种类型呢？我认为，具有中国文化特色的中国诠释学，至少有以下三种类型。

第一种类型是“实践诠释学”。具有中国特色的实践诠释学，重“行”远过于重“解”，重实践（praxis）远过于重理论（theoria），博文必求其落实于笃行，子曰“博学于文，约之以礼”（《论语·雍也》）者是也。《论语》全书“仁”字在65章中共105见，孔子回答弟子问“仁”，虽然因时、因地、因人、因事而有不同，但是其重点均落在“行仁之方”，而不在“解仁之义”。孔子主张“行”先于“言”，“君子耻其言而过其行”（《论语·宪问》），孔子又对子贡说：“先行其言而后从之。”（《论语·为政》）孔子理想中的“君子”的德行是“欲讷于言而敏于行”（《论语·里仁》），因为“古者言之不出，耻躬之不逮也”（《论语·里仁》），因为“其言之不怍，则为之也难”（《论语·宪问》）。孔子教学特重言行相应，德业不二。儒家主张“博学”必须落实于“笃行”（《中庸》），实为实践诠释学之思想基础。萧公权先生尝论中国政治思想史特重致用：“致用者，以实行为目的，故每不措意于抽象之理论，思想之方法，议论之从违，概念之同异。意有所得，着之于言，不必有论证，不求成系统。是非得失之判决，只在理论之可否设张施行。”[①]中国思想重视致用之特征亦见于中国的实践诠释学。

检核中国实践诠释学的内涵，最具启示性的指标之一，就是看历代经典诠释者如何解释《论语·学而》中“学”这个字的含义。孔门教法首重学习，“学”乃《论语》开卷第一字，“学”字在《论语》全书中共64见，《论语》诠释史中“学”字解释之主流意见在仿效一义。朱子解释孔子之“学而时习之”的“学”之义云：“学之为言效也。人性皆善，而觉有先后，后觉者必效先觉之所为，乃可以明善而复其初也。”[②]朱子又说：“所谓学者，有所效于彼，而求其成于我之谓也。以己之未知而效夫知者，以求其知；以己之未能而效夫能者，以求其能。皆学之事也。”[③]朱子解“学”之含义云，“以己之未能而效夫能者，以求其能”，是典型的实践诠释学精神。朱门高弟陈淳主张“学”乃经由效法先觉者之所为，而以去除气质障蔽为其目的，回复本然之性。[④]金履祥主张“学”是取法圣贤之所为，必须在事上磨

---

① 萧公权：《中国政治思想史》下册，台北：联经出版事业股份有限公司，1982年，第946页。

② （宋）朱熹：《四书章句集注》，台北：台湾大学出版中心，2016年，第61页。

③ （宋）朱熹：《论语或问》卷1，朱杰人、严佐之、刘永翔主编：《朱子全书》第6册，上海：上海古籍出版社，合肥：安徽教育出版社，2002年，第607页。

④ 参见（宋）陈淳：《北溪大全集》卷18，台北：台湾商务印书馆，1971年，第3～5页。

炼。[①]许谦发挥朱注,以"学"指效法先觉,但此"先觉"指古人而非今人,而其事则见诸经典。[②]明末大儒刘宗周说:"学之为言效也,汉儒曰觉,非也。"[③]"学"训为"效",重点在实践之工夫,不是概念的推衍("觉"),刘宗周虽重"心之本觉",但他强调的是经由"学"而去除气质之病,以达到"学以复性"之目标。[④]在中国实践诠释学传统中,宋明时代经典诠释者虽然常常讲论"心之本觉"或"心之本体"或"本然之性"之类问题,但均重视在"心"与外境互动中之"历事练心",工夫重于本体,工夫所至即其本体,实践仍为首出。

第二种类型是"生命诠释学"。具有中国文化特色的生命诠释学,具有两个特征:(1)研读及诠释经典的义理,乃是为了回向读者的身心,使自己的生命浸润在经典义理之中,并被经典义理所转化,所以解经之目的乃是涵养德行,而不是炫其博雅。中国经典诠释者关心"如何受经典感召"这个问题,远过于"如何了解经典文本"这个问题。[⑤]程颐说"如读《论语》,旧时未读是这个人,及读了后又只是这个人,便是不曾读也"[⑥],就是指读者身心必须与经典中的圣人之意合而为一。朱子读书法特别强调读书应达到"亲切"之境界,"且将先儒所说正文本句反复涵泳"[⑦],使经典之义理经由反复涵泳而含纳入解经者的身心之中。王阳明区分读经有"讲之以口耳",有"讲之以身心",他所谓"讲之以身心"[⑧],就是指将自己的生命经验与体认,读入经典诠释之中,携古人之手,与古人偕行。这种解释经典的方法正是中国生命诠释学的最大特征。

(2)因为中国的生命诠释学具有以上所说回向自己身心之特征,所以生命诠释学虽然时或涉及本体论或宇宙论甚至知识论问题,但莫不落实于当下即是的人生课题,20世纪当代新儒家精神导师熊十力先生所说"体神化不测之妙于

① 参见(明)章一阳辑:《金华四先生四书正学渊源》,《四库全书存目丛书·经部》第163册,济南:齐鲁书社,1997年,第643页。

② 参见(元)许谦撰:《读论语丛说》,《续修四库全书》第153册,上海:上海古籍出版社,2002年,第1页。

③ (明)刘宗周:《论语学案》卷1,台北:台湾商务印书馆,1986年,第1~2页。

④ (明)刘宗周:《论语学案》卷1,第1~2页。

⑤ 此为20世纪以前中国儒家学者读经共喻之义,当代新儒家发挥此义最为精当,范佐仁有书论此义。Steven Van Zoeren, *Poetry and Personality: Reading Exegesis and Hermeneutics in Traditional China*, p. 112.

⑥ (宋)程颐、(宋)程颢:《河南程氏遗书》卷19,《二程集》上册,北京:中华书局,2004年,第261页。

⑦ (宋)朱熹:《晦庵先生朱文公文集》卷60,朱杰人等主编:《朱子全书》第23册,第2896页。我曾有一文论朱子读书法的"亲切"一语之含义,详见黄俊杰:《"亲切":朱子读书法的一个关键词》,《经学》,首尔:韩国经学学会,2020年2月,"创刊号",第163~190页。

⑧ (明)王阳明:《传习录》,陈荣捷:《王阳明传习录详注集解》,台北:台湾学生书局,1983年,第247页。

人伦日用之间”[①]一语,最能说明这种生命诠释学的特质。中国经典诠释者虽或涉及“极高明”之层次,但终不离“道中庸”之关怀。汤用彤先生说:

> 中国之言本体者,盖可谓未尝离于人生也。所谓不离人生者,即言以本性之实现为第一要义。实现本性者,即所谓反本。而归真,复命,通玄,履道,体极,存神等等,均可谓为反本之异名。[②]

汤用彤所谓“言本体者……未尝离于人生”,原指魏晋时代中国佛教徒对般若学的解释,但中国经典诠释言本体而“不离人生”,正是中国生命诠释学的共同意趣。

如果说以上第一种特征是“个人性的”,那么第二种特征就是“群体性的”,前者重在个人精神世界之转化,后者则涉及群体之社会、政治、经济生活之提升。

在中国经典诠释传统中,生命诠释学之所以特见精神,主要原因在于中国经典“成人”之学,《中庸》第20章“仁者,人也”,“仁”与“人”二字互训,儒家经典所谓“人”,就是指“成为仁者”。经典作者重视成圣成贤之精神奋斗过程,实远过于对宇宙本体之玄思,经典作者为读经者揭开了一个既遥远而又亲近、既陌生但实熟悉的精神世界,使经典研读者兴起心志,载欣载奔,迎向成圣成贤的生命康庄大道。所以,中国解经之学中生命诠释学蔚为主流,《论语》与《孟子》论“成人”之学最为精彩[③],千百载以下仍令读者魂牵梦萦,心神向往。而且,儒家经典中的“成人”之学,并不是一个“非历史的”抽象理念,而是一种艰辛的、永无止境的、自我精神磨炼与提升的“历程”(process)[④],《中庸》这部经典阐释“君子”“敬”“诚”的精神方向最为深刻[⑤]。中国经典中“成人”之学的深厚意蕴,正是中国生命诠释的思想动力。

在中国诠释学史中,朱子毕生生死以之的解经事业正是“生命诠释学”的典型。朱子毕生理会《四书》,并且以他的以“理”为中心的哲学理念通贯《四书》,

---

① 熊十力:《读经示要》卷1,台北:广文书局,1970年,第67页。

② 汤用彤:《汉魏两晋南北朝佛教史》(上),台北:台湾商务印书馆,1938年,第200页。

③ James Behunick Jr., *Mencius on Becoming Human*, Albany, N.Y.: State University of New York Press, 2005.

④ 安乐哲有新书发挥此义甚精,参见 Roger T. Ames, *Human Becomings: Theorizing Persons for Confucian Role Ethics*, Albany, N.Y.: State University of New York Press, 2021。

⑤ 杜维明先生将《中庸》的精神高度与厚度阐释得既精微而又精彩。Wei-ming Tu, *Centrality and Commonality: An Essay on Confucian Religiousness*, New York: SUNY Press, 1989.此书有中译本,杜维明:《中庸:论儒学的宗教性》,段德智译,北京:生活·读书·新知三联书店,2013年。

提出新诠。[①]在《四书章句集注》全书中,"理"这个字共出现299次[②],即为明证。对于《孟子·公孙丑上》"知言养气"说的解释,朱子以他自己"格物穷理"的生命哲学,读入孟子的"知言养气"说之中。朱子宣称:

> 熹窃谓孟子之学盖以穷理集义为始,不动心为效。盖唯穷理为能知言,唯集义为能养其浩然之气。理明而无所疑,气充而无所惧,故能当大任而不动心。考于本章,次第可见矣。[③]

朱子对他的一套孟子学诠释极具信心,他向学生宣称他的解释"若与孟子不合者,天厌之!天厌之!"[④]因为朱子以自己的生命体验、体知、体会孟子之学,所以他对自己的诠释信之甚笃,这是典型的生命诠释学。但是,朱子对孟子"知言养气"说的诠释,未能获得后儒之印可[⑤],诚如熊十力所说"凡成一家之学者,即是自辟一天地,而亦自囿于其天地之内"[⑥],这是生命诠释学常见的问题。

第三种类型是"政治诠释学"。儒家经典从个人层次的格物、致知、诚意、正心、修身,到群体层次的齐家、治国、平天下,如投石入湖,涟漪展开层层推扩,构成所谓"儒家整体规划"(the Confucian project)[⑦],所以,数千年来儒家经典诠释学所表现的"政治诠释学"风貌,最为深切着明。这种政治诠释学有两大特征。

(1)诠释者从当代政治脉络或语境中解读经典的意涵。诠释者身处特定时空条件之中,并被时空条件所制约,因此,他们诠释经典常常不能随心所欲,而是与其身处的时空条件密切互动。马克思曾说:"人们自己创造自己的历史,但是他们并不是随心所欲地创造,并不是在他们自己选定的条件下创造,而是在直接碰到的、既定的、从过去承继下来的条件下创造。"[⑧]这一段话可以被引用来说明从事政治诠释学的学者常受到他们身处的时空条件的制约,他们从当代政治脉络中解读经典,要求"古为今用",虽然可以开发经典的现代启示,但是他们的政治性经典诠释也常常不免扭曲经典原义而为权力背书,轻则买椟还珠,重

① 关于朱子以"理"学确定新儒学方向,参见陈荣捷:《朱熹集新儒学之大成》,《朱学论集》,台北:台湾学生书局,1982年,第1～35页。

② 参见金观涛、刘青峰:《观念史研究:中国现代重要政治术语的形成》,香港:香港中文大学当代中国文化研究中心,2008年,第40页。

③ (宋)朱熹:《晦庵先生朱文公文集》卷37,朱杰人、严佐之、刘永翔主编:《朱子全书》第21册,第1639～1640页。

④ (宋)朱熹:《朱子语类》卷52,朱杰人、严佐之、刘永翔主编:《朱子全书》第15册,第1719页。

⑤ 参见黄俊杰:《孟学思想史论》卷2,台北:"中央研究院"文哲所,2022年,第189～248页。

⑥ 熊十力:《原儒》,台北:明伦出版社,1971年,第54页。

⑦ 余英时:《试说儒家的整体规划》,《宋明理学与政治文化》,台北:允晨文化实业股份有限公司,2004年,第388～407页。

⑧ 《马克思恩格斯选集》第1卷,北京:人民出版社,2012年,第669页。

则将圣人曲解为帝王扈从，其事可哀！

(2)诠释者从经典诠释之中，提出治国平天下的方案。在中国经典诠释传统中，博文乃所以治事，“举而措之天下之民，谓之事业”(《周易·系辞传》)，此之谓也。北宋胡瑗教人之法，“立‘经义’、‘治事’二斋：经义则选择其心性疏通、有器局、可任大事者，使之讲明《六经》。治事则一人各治一事，又兼摄一事，如治民以安其生，讲武以御其寇，堰水以利田，算历以明数是也”[①]。但是，“经义”原不离“治事”，两者不断为两橛，才是“明体达用之学”。

以上所说的中国“政治诠释学”的两个面向，前者从诠释者的时代出发思考，后者深入经典以明体而达用，两者不能分割，而且两者都涉及权力对诠释者主体性之渗透、协商与颠覆，使诠释者在“政治认同”与“文化认同”的拉锯之中，备受煎熬，在从事经典诠释时辛苦备尝。

论述至此，我想进一步指出以上三种中国诠释学的共同接口，在于三者都是不同程度的“实学”。这里所谓的“实学”，既包含朱子式的“始言一理，中散为万事，末复合为一理……皆实学也”(《中庸章句》前言)意义下的“实学”，也涵盖顾炎武式的“多学而识”“博学于文”的经世致用意义下之“实学”。作为“实学”的中国诠释学，就诠释者个人而言，以落实其生命意义的依托为鹄的；就群体而言，又是参与政治以经世致用的途径。这种“实学”乃既是“实在”(real)又是“真实”(true)意义之下的“实学”。金岳霖先生说：

> 中国哲学家都是不同程度的苏格拉底式人物。其所以如此，是因为伦理、政治、反思和认识集于哲学家一身，在他那里知识和美德是不可分的一体。他的哲学要求他身体力行，他本人是实行他的哲学的工具。按照自己的哲学信念生活，是他的哲学的一部分。他的事业就是继续不断地把自己修养到近于无我的纯净境界，从而与宇宙合而为一。这个修养过程显然是不能中断的，因为一中断就意味着自我抬头，失掉宇宙。因此，在认识上，他永远在探索；在意愿上，则永远在行动或者试图行动。这两方面是不能分开的，所以在他身上你可以综合起来看到那本来意义的“哲学家”。[②]

金先生以上这一段话中的中国“哲学家”，基本上都是在经典诠释事业中建构他们的思想体系。

① (明)黄宗羲著，(清)全祖望修补：《文昭胡安定先生瑗》，《宋元学案》第1册，北京：中华书局，1986年，第24页。

② 金岳霖：《中国哲学》，金岳霖学术基金会编：《金岳霖全集》第6卷，北京：人民出版社，2013年，第388页。

二、中国诠释学的表现及其问题

(一)实践诠释学

在分疏了中国诠释学的三种类型之后,我想进一步分析这三种中国诠释学的表现及其潜藏的问题。

首先,正如前文所说,中国经典在很大程度上就是政典。18世纪章学诚说:"六经皆史也。古人不著书,古人未尝离事而言理,六经皆先王之政典也。"[①]实斋的"六经皆史"说,转换了唐宋时代"经先于史"之旧观点[②],开启了"史先于经"的新视野。四库馆臣说,"苟无事迹,虽圣人不能作《春秋》。苟不知其事迹,虽以圣人读《春秋》,不知所以褒贬"[③],即为此种新视野之表现。"六经皆史"说也启动了19世纪以降经典研究"历史化"(historicization)的新潮流。[④]实斋所说"六经皆先王之政典"完全可以成立。中国经典作者凡有著述皆针对现实世界有为而发,不仅为"解释世界",更为了"改变世界",六经在不同程度上皆可视为理事合一之政典。因此之故,历代解经者解释经典皆不取空言,而着眼于实践。一言以蔽之,中国实践诠释学最为突出之表现,正是在于"诠释文本"(interpreting a text)与"使用文本"(using a text)之绾合为一。[⑤]

其次,中国实践诠释学传统中,诠释者身处的时空条件所塑造的"历史性"(historicality,狄尔泰语)特别彰显,诠释者的"主体性"浸润在"历史性"之中,他们诠释经典的事业,常表现为对时代危机的响应方案。

中国的实践诠释学者,解释经典或建构世界图像时,特别重视可以起而行的方案,其贡献在于使中国思想成为一种"作为实践方案的哲学"(philosophy as

---

① (清)章学诚著,叶瑛校注:《内篇一·易教上》,《文史通义校注》,北京:中华书局,1994年,第1页。

② 《皮子文薮·请孟子为学科书》云:"圣人之道,不过乎经,经之降者,不过乎史。"朱熹说:"看经书与看史书不同:史是皮外物事,没紧要,可以札记问人。若是经书有疑,这个是切己病痛。"[(宋)黎靖德编:《朱子语类》卷11,朱杰人、严佐之、刘永翔主编:《朱子全书》第14册,第347页]两者均以经先于史。

③ (清)纪昀总纂:《四库全书总目提要》第2册,台北:台湾商务印书馆,1971年,第1页。

④ Benjamin A. Elman, "The Historicization of Classical Learning in Ming-Ch'ing China", in Q. Edward Wang and Georg G. Iggers eds., *Turning Points in Historiography: A Cross-Cultural Perspective*, Rochester: University of Rochester Press, 2002, pp. 101-146.

⑤ Umberto Eco et al., *Interpretation and Overinterpretation*, Cambridge and New York: Cambridge University Press, 1992, p. 68.中译本见[意]艾柯等:《诠释与过度诠释》,王宇根译,北京:生活·读书·新知三联书店,1997年,第83页。

proposal),使中国哲学的"道中庸"面向充分发展,但其问题则是造成中国思想传统中,"逻辑与知识论意识之不发达"①,所以,所谓"本体诠释学"在中国诠释学传统中,并未充分舒展。

(二)生命诠释学

中国的生命诠释学,主要表现在诠释者与经典的"相互参与"(inter-involvement)。两者的"相互参与"常表现在两个方面:第一个方面是"古"与"今"的相互参与,所以生命诠释学常常是对当代现实状况的一种抗议,儒家经典诠释者崇古以非今,采取一种"反事实性"(counter-factuality)的思考方式②;生命诠释学又常返古以开新,对未来提出一种愿景。第二个方面是诠释者的"理性"(reason)与"信仰"(faith)的相互参与,诠释者解释经典乃是为了使经典义理转化自己的生命,经典诠释事业是诠释者的精神返乡之旅,抚慰诠释者的创伤与乡愁。诠释者从经典的事实性命题(如"三代")中提炼价值之内涵,建立自己安身立命的据点,并建构一个充满意义内涵的世界图像。

但是,生命诠释学潜藏着一个问题:如果每一个诠释者都以自己的生命经验读入经典之中,其结果就不免于一部经典,各自表述,人自为说,家自为书,各执一端。我最近曾说:"作为解释者个人心路历程表白的中国诠释学,有其特殊之优点,但长处所及短亦伏焉。这种类型的中国诠释学,使'主'(指解经者)与'客'(指经典)不断为两橛,并经由解释者的'主体性'之贯串,使经典中潜藏之意义为之豁然彰显,对现代人陈述它的内涵,使现代人成为经典作者的异代相知;但是,这种类型的诠释学却也隐伏着内在的限制;经典的后代解释者受限于他们的'历史性',常不免以今释古,甚至不免强古以就今,其流弊所及或不免唐突经典、'刑求'古人,甚且有'今'而无'古',终使'古'意泯灭,经典支解!"③这种发展造成庄子所慨叹的"天下大乱,贤圣不明,道德不一,天下多得一察焉以自好。……道术将为天下裂"④的现象,也形成所谓"诠释的无政府主义"之

① 金岳霖:《中国哲学》,金岳霖学术基金会编:《金岳霖全集》第6卷,第377页。

② 参见黄俊杰:《儒家思想与中国历史思维》,台北:台湾大学出版中心,2014年,第87~126页。Chun-chieh Huang, "Historical Thinking in Classical Confucianism: Historical Argumentation from the Three Dynasties", in Chun-chieh Huang and Erik Zürcher eds., *Time and Space in Chinese Culture*, Leiden: E. J. Brill, 1995, pp. 72-88.

③ 黄俊杰:《东亚儒家经典诠释史的三个理论问题》,《孟学思想史论》卷2,第248页。

④ (清)郭庆藩撰:《庄子集释》第4册,北京:中华书局,1982年,第1069页。

问题。[①]

今日我们研究中国的生命诠释学,必须注意生命诠释是一种"明明德"的学问。牟宗三先生曾对这种以"明明德"为核心价值的"生命的学问"有所阐释:

> 生命的学问,可以从两方面讲:一是个人主观方面的,一是客观的集团方面的。前者是个人修养之事,个人精神生活升进之事,如一切宗教之所讲。后者是一切人文世界的事,如国家、政治、法律、经济等方面的事,此也是生命上的事,生命之客观表现方面的事。如照儒家"明明德"的学问讲,这两方面是沟通而为一的。[②]

今日研究古人之生命诠释学,首先必须对古人的"生命的学问"深具同情之了解,才能对古人之论述心领神会。唐君毅所谓"对我之生命存在之价值及其所依所根者之价值之肯定"[③],钱穆在《国史大纲》"引论"中,申明读国史必具"温情与敬意",亦即此意。陈寅恪先生诠释古人思想与生活,特申"同情"为前提,亦为此意。刘梦溪先生研究陈寅恪的阐释学时曾说:"寅恪先生主张今之作者要具备艺术家的精神和眼光,对古人的学说采取如同对待艺术品般的欣赏态度,使自己神游冥想,进入对象,设想与立说之古人处于同一境界,然后始能达成对古人立说之用意和对象的'真了解'。"[④]这种说法最能得生命诠释学研究门径之肯綮。

(三)政治诠释学

作为政治诠释学的中国诠释学,主要表现有二。第一,政治诠释学中"治道"或"政术"远多于"政道"或"政理",因为中华帝国的经典诠释者身处帝国的权力之网中,他们既是儒家价值理念的信仰者与诠释者,又是帝国权力的分享者,但是他们所拥有的是"衍生的权力"。而帝王所拥有的是"终极的权力",所以诚如萧公权先生所说:"二千余年之政治文献,十之八九皆论治术。其涉及原理,作纯科学、纯哲学之探讨者,殆不过十之一二。就其大体言之,中国政治思想属于政术(Politik; art of politics)之范围者多,属于政理(Staatslehre; political

---

① 我曾讨论过这个问题,见黄俊杰:《东亚儒家经典诠释史的三个理论问题》,《孟学思想史论》卷2,"附录2",第563~582页。

② 牟宗三:《关于"生命"的学问——论五十年来的中国思想》,《生命的学问》,台北:三民书局,2018年,第37页。

③ 唐君毅:《说中华民族之花果飘零》,第12页。

④ 刘梦溪:《陈寅恪的学说》,北京:生活书店出版有限公司,2014年,第113页。

philosophy, political science)之范围者少。"[1]

第二,中国政治诠释学中"道德判断"大于"事实判断",这主要是由于中国政治思想浸润在道德与伦理氛围之中。季康子问政,孔子对曰,"政者,正也"(《论语·颜渊》),又说"为政以德"(《论语·为政》),"道之以德,齐之以礼,有耻且格"(《论语·为政》),都显现儒家经典中的政治学,在很大程度上是一种道德学。

中国历史上政治诠释学的作品指不胜屈,我想从《论语》与《孟子》的诠释学各举一例作为代表加以说明。《论语》是孔门师生心灵对话之记录,诚如钱穆先生所说:"孔门论学,最重人道,政治为人道中之大者。非有政治,则人不能以有群而相生相养相安,故《论语》编者以《为政》次《学而》篇后也。孔门论政主于德化,因政治亦人事之一端,人事一本于人心。德者,心之最真实,最可凭,而又不可掩者。"[2]孔子主张"为政以德"(《论语·为政》),称许弟子雍"可使南面"(《论语·雍也》)。"南面"一词在春秋时代系南面为王之意,西汉时代的刘向解释这句话说,"当孔子之时,上无明天子也。故言雍也,可使南面。南面者,天子也"[3],最契合孔子之意。但东汉以后,《论语》的诠释者在强大专制权力压力之下,却必须曲折解释。[4]东汉时代"念述先圣之元意,思整百家之不齐"的经学大师郑玄对"南面"一词的解释是:"言任诸侯之治"[5];包咸也作同样的解释:"可使南面者,言任诸侯可使治国也"[6];晋人何晏、宋人邢昺均继承这项解释[7],释"南面"一词为诸侯。《论语》"南面"一词的解释之变化,可以视为政治诠释学中具有代表性之个案。

孟子以孔子私淑弟子自任,《孟子》一书论述"合内外之道"(《中庸》),既拓深心性论与生命观,又开拓群己观与王道政治论。但是孟子所谓"大人"一词,实指成德之君子,殆无疑义,所谓"大人者,言不必信,行不必果,惟义所在"(《孟

---

① 萧公权:《中国政治思想史》下册,第946页。

② 钱穆:《论语新解》,香港:新亚研究所,1964年,第27~28页。

③ (西汉)刘向:《说苑》卷19,上海:商务印书馆,1936年,第92页。木村英一考证《雍也篇》这段文字,认为系孔子晚年之语,可代表孔子晚年成熟的见解。见[日]木村英一:《孔子と論語》,东京:创文社,1971年,第300~303页。

④ 徐复观先生首先指出这个现象,见徐复观:《国史中人君尊严问题的商讨》,《儒家政治思想与民主自由人权》,台北:八十年代出版社,1979年,第162页。

⑤ 程树德:《论语集释》上册,台北:艺文印书馆,1965年,第326页。亦见于《礼记·檀弓》正义引郑注。

⑥ 《十三经注疏》整理委员会编:《论语注疏》,北京:北京大学出版社,2000年,第77页。按日本大正十二年(1923)怀德堂刊本之《论语义疏》作"言任诸侯可使治国故也",多一"故"字。据武内义雄考证,"故"字系衍文,见[日]武内义雄:《论语义疏校勘记》,《武内义雄全集》卷1,东京:角川书店,1978年,第389a页。

⑦ 参见《十三经注疏》整理委员会编:《论语注疏》,第77页。

子·离娄下》)者是也。但是,东汉赵岐注孟子所说“大人者不失其赤子之心”云:“大人谓国君,国君视民,当如赤子,不失其民心之谓也。”[①]将孟子所说成德之君子“大人”,解释为政治上之统治者,这是最典型的政治诠释学的表现。到了清末民初,康有为在近代中国历史狂风暴雨的时代中,重新解释《孟子》,融入他救国的方案。作为一个“儒家思想的现代化者”[②],康有为在《孟子》中读入了近代西方价值如民主、自由、平等、社会达尔文主义等概念,以之为拯救中国的方案,更是彻底的政治诠释学。[③]

中国政治诠释学常常出现经典诠释的“政治化约论”(political reductionism)现象,诠释者常将经典中的思想从政治角度加以窄化,形成经典诠释的“隧道效应”,终不免于以管窥天,以蠡测海,未见其大,先遗其小,其所得终不偿其所失也。

三、中国诠释学的研究方法与程序

现在,我们可以探讨中国诠释学的研究方法与程序。所谓“方法”,指建构具有中国文化特色的诠释学之研究活动时,所必须遵循的具有普遍意义之研究进路及其工作准则。在诸多可能的研究进路与工作准则之中,我想建议的是思想史的研究途径:经由细绎2000多年来中国经典诠释言论的思想史研究进路,而提出具有厚度的中国诠释学。

所谓“思想史研究进路”,虽然可以有各种不同的取径,但是共同的特征在于“脉络化”(contextualization)而不是“去脉络化”(de-contextualization)。所谓“脉络化”,指将诠释者的言论置于历史脉络中加以考虑,衡定其定位与价值,而不是将经典诠释意见从历史脉络中抽出,而成为“非时间性的”(atemporal)与“非空间性的”(aspatial)存在。所谓“脉络化”,从研究方法来看,就是将思想史所见的各形各色的经典诠释言论,加以“历史化”与“客观化”。所谓“历史化”,指将研究对象视为时间之流中客观的存在,必如此才能加以历史定位。所谓“客观化”,指将研究对象或课题予以“对象化”,由此而取得进行观察、分析工作时所必要之“距离感”。“历史化”与“客观化”系一体之两面,两者之关系如车之

① (清)焦循:《孟子正义》第2册,北京:中华书局,1987年,第556页。

② Kung-Chuan Hsiao, *A Modern China and a New World: Kang Yu-wei, Reformer and Utopia*, Seattle and London: University of Washington Press, 1975, p. 96.

③ 参见黄俊杰:《孟学思想史论》卷2,第359～402页。

二轮、鸟之双翼,缺一不可。经由将思想史所见之经典诠释言论,加以"历史化"与"客观化",就能完成"脉络化"。在这个意义下,所谓"脉络化"即为将各种诠释经典之言论,置于绵延的"时间脉络"与广袤的"空间脉络"之中,衡定其形态及其所处之位置。

以上所说以"脉络化"为基础的"思想史研究进路",之所以可以作为中国诠释学的研究方法,最重要原因在于多数中国经典之内容,多为对时代问题之响应,《论语》《孟子》尤多因时之论。明末王夫之说:

> 孟子曰:"民为贵,社稷次之,君为轻。"因时之论也。当其时,文、武之泽已斩,天下忘周而不以为君,周亦忘天下而不自任为君,则君子虽欲自我君之而不能。若夫六王者,非篡逆之臣,则介在戎狄,无异于酋帅,杀人盈野,以求君天下而建社稷,君非君而社稷亦非社稷矣,故轻也。君与社稷轻,而天所生之人,不可以无与立命,则苟有知贵重其民者,君子不得复以君臣之义责之,而许之以为民主可也。[①]

因此之故,"脉络化"研究法不仅适用于经典之解读,而且亦适用于对经典诠释言论之分析。

这里所谓经典诠释的"脉络",可分为两个层次的"脉络"来说。第一层次的"脉络",指经典文本存在的大历史脉络,孟子论"尚论古之人"最好的方法就是"论其世"(《孟子·万章下》),必须能论其世才能尚友古人,进入古人的心魂。20世纪史学大师陈寅恪先生,对于从这个层次的"脉络"解读经典之意义,阐释得最为清楚,他说:

> 盖古圣人著书立说,皆有所为而发。故其所处之环境,所受之背景,非完全明了,则其学说不易评论,而古代哲学家去今数千年,其时代之真相,极难推知。吾人今日可依据之材料,仅为当时所遗存最小之一部,欲借此残余断片,以窥测其全部结构,必须备艺术家欣赏古代绘画雕刻之眼光及精神,然后古人立说之用意与对象,始可以真了解。所谓真了解者,必神游冥想,与立说之古人,处于同一境界,而对于其持论所以不得不如是之苦心孤诣,表一种之同情,始能批评其学说之是非得失,而无隔阂肤廓之论。[②]

① (明)王夫之:《读通鉴论》卷27,《船山全书》编辑委员会编校:《船山全书》第10册,长沙:岳麓书社,2011年,第1051页。

② 陈寅恪:《冯友兰中国哲学史上册审查报告》,《金明馆丛稿二编》,北京:生活·读书·新知三联书店,2001年,第279页。

以上所引陈寅恪评冯友兰《中国哲学史》之意见书,完全符合孟子所说"论世"才能"知人"之旨。今日治中国诠释学,首先应将经典文本置于经典所从初的大历史情境与脉络之中考虑,则经典之所以作及其"有为言之"之意旨,当可豁然彰显。

第二层次的"脉络",指经典内部的思想或观念之内在脉络。在思想史上,凡自成一家之言的思想人物,皆有其思想之内在脉络,并与诸多经典文本所见之诸多独立概念共构成为思想的网络,陈寅恪先生说:"圣言简奥,若不采意旨相同之语以参之,则为不解之谜矣。既广搜群籍,以参证圣言,其言之矛盾疑滞者,若不考订解释,折衷一是,则圣人之言行,终不可明矣。"①陈寅恪这段话虽是出自为杨树达所著《论语疏证》一书所写的《序》,称许杨树达善于"广搜群籍,以参证圣言",但是,广搜群籍以厘定经典思想之内在脉络,正是建构中国诠释学的重要研究方法。

以上这两种不同层次的"脉络化"工作,在中国诠释学研究中,之所以成为重要的研究方法,根本原因在于中国经典中的价值理念,"生成"(becoming)问题永远比"存有"(being)问题更重要,所以中国经典中,功能性概念比实体性概念重要。中国经典不仅是为了"解释世界",更是为了"改变世界"。因此,中国经典诠释学的要义,大多指向"如何使世界更美好"这个问题。但是,世界的改变之关键,在于自我之改变,所以中国经典诠释传统中,诠释者主体性一直居于中心之地位,诠释者先于文本。②

经由以上所说这两种"脉络化"工作之后,我们就可以进而解析异时异域的经典诠释者,在诠释或"再现"(representation)经典中的思想或概念时,常常出现我近年来所说的"脉络性转换"(contextual turn)的现象③,他们虽然使用与原

① 陈寅恪:《杨树达论语疏证序》,《金明馆丛稿二编》,第262页;序文见杨树达:《论语疏证》,台北:大通书局,1971年,第1页。

② 欧洲当代诠释学者如保罗·利科(Paul Ricoeur)与艾柯(Umberto Eco),均重视"文本"(text)的开放性,见 Paul Ricoeur, *Hermeneutics and the Human Science*, ed. and trans. by John B. Thompson, New York: Cambridge University Press 1981; Umberto Eco, *The Open Work*, trans. by Anna Cancogni, Cambridge, Mass.: Harvard University Press, 1989。但是中国诠释学传统中,诠释者主体性确先于"文本"之主体性。

③ 我曾就"脉络性转换"现象做过初步讨论,参见 Chun-chieh Huang, "On the 'Contextual Turn' in the Tokugawa Japanese Interpretation of the Confucian Classics: Types and Problems", in *East Asian Confucianisms: Texts in Contexts*, Göttingen and Taipei: V&R unipress and "National" Taiwan University Press, 2015, pp. 25-40,并参见黄俊杰、安藤隆穗编:《东亚思想交流史中的脉络性转换》,台北:台湾大学出版中心,2022年。

典一样的概念如“性”“道”“教”“心”“理”“气”等，但是使用这些概念时，已经注入不同的思想内涵，偷龙而转凤，橘逾淮而为枳，此之谓也。

论述至此，我想进一步探索中国诠释学建构的可能程序。我认为在诸多可能程序中，最重要的程序是从传统中国经典注疏学之传、笺、注、疏，迈向现代中国经典诠释学，其关键在于从“特殊性”(particularity)中提炼“普遍性”(universality)，也就是马一浮先生所谓由“迹”以显“本”，并从“本”以垂“迹”之意。[①]但是，我必须强调：中国诠释学的建构，不是一种新“格义”。汤用彤先生曾解释佛教来华以后之“格义”方法：

> 大凡世界各民族之思想，各自辟途径。名辞多独有含义，往往为他族人民，所不易了解，而此族文化输入彼邦，最初均扦格不相入。及交通稍久，了解渐深，于是恍然于二族思想，固有相同处。因乃以本国之义理，拟配外来思想。此晋初所以有格义方法之兴起也。迨文化灌输既甚久，了悟更深，于是审知外族思想，自有其源流曲折，遂了然其毕竟有异，此自道安罗什以后格义之所由废弃也。况佛法为外来宗教，当其初来，难起于信，故常引本国固有义理，以申明其并不诞妄。及释教既昌，格义自为不必要之工具矣。[②]

我在这里所说的，从中国传统经典注疏之学的“特殊性”之中，提炼具有“普遍性”意义的诠释学命题，并不是一种新“格义”，而是以具有“普遍性”意义的中国诠释学，与19世纪以降的西方诠释学，特别是实践诠释学与生命诠释学，互相切磋，才能迈向兼摄中西的新诠释学体系。诚如傅永军先生所说：“西方诠释学之于东亚经典诠释学是镜像，而非范本。从‘中西差异’视域回归‘古今不同’视域，是思考如何完成东亚经典诠释学创造性建构问题的基本途径。”[③]只有从“中西差异”的泥淖中超拔而出，聚焦“古今不同”，才能疏通知远，心知其意，而与西方诠释学心平气和地对话。

结　论

在本文论述的基础上，我想提出以下三点结论。第一，中国诠释学的建构是21世纪向民族文化传统回归的重要工作。钱穆先生在1939年抗战时期曾

① 参见马一浮：《论语大义二》，《复性书院讲录》卷2，台北：广文书局，1971年，第38页。

② 汤用彤：《汉魏两晋南北朝佛教史》(上)，第234页。

③ 傅永军：《东亚儒家经典诠释研究的三种进路》，《中国社会科学报》，2020年2月18日，https://mp.weixin.qq.com/s/hs3D3PJuoPwNn_CJMsE4Jw。

说:“一民族文化之传统,皆由其民族自身递传数世、数十世、数百世血液所浇灌,精肉所培壅,而始得开此民族文化之花,结此民族文化之果,非可以自外巧取偷窃而得。”[①]在21世纪所谓“全球在地化”(glocalization)新时代里,人文研究借外债终不能代生产,我们必须回归东亚民族文化之传统,温故而知新,建构具有中国文化特色的中国诠释学。

第二,“中国诠释学”一词包括“中国”与“诠释学”两个名词,我们必须在作为特殊性的“中国性”,与作为普遍性的诠释学之间,获得动态的平衡,才能开创中国诠释学新局面。但是,中国诠释学并不是对西方诠释学的反叛而成为某种“折射的东方主义”(reflexive Orientalism),也不是西方诠释学的对立物,而是与西方诠释学亲切互动,共创更具有普适性意义的新诠释学。我最近曾说:“东西两大诠释学别别独立发展,虽有分河饮水之便,但无同条共贯、相互切磋之趣……现有的诠释学理论,在某种程度上建立在已经过时的‘欧洲文化中心论’之上,未能心平气和地欣赏东亚文化中悠久的经典诠释传统,不仅常将东西海圣人心同理同之处,误认为系南北海之马牛风,而且失去东亚诠释学资源的流注,终不免流于孤芳自赏,难以疏通知远,不能曲畅旁通,沦为一曲之见,庄子说:‘曲士不可以语于道者,束于教也’(《庄子·秋水》),此之谓也。”[②]所谓“中国诠释学”的研究与建构,正是为了改善现阶段“以西摄中”之状况而迈向一个中西共生共融共创共荣的新愿景。

第三,“中国诠释学”研究必须返“本”才能开“新”,所谓“本”就是指中国悠久的经典注疏传统。传统中国哲学家常常身兼哲学史家,他们在深厚的时间意识中建构自己的思想体系,所以只有通过哲学史或思想史之视野,对长达2000年以上的中国经典诠释传统具有会心之理解,才能起而建构新时代的“中国诠释学”。

---

① 钱穆:《国史大纲》,“引论”,第32页。

② 黄俊杰:《孟学思想史论》卷2,第35页。

从汉字与汉语的特性论中国诠释学

——对黄俊杰《“中国诠释学”的类型与研究方法》的回应

蔡振丰*

摘　要:本文是对黄俊杰先生有关中国诠释学之论点的响应。黄俊杰先生认为中国诠释学中的中国性与儒家宗教道德象征的因素有关。本文指出,这种意见有把儒家性等同于中国性的嫌疑,因此从汉字的构造与汉语的语法特色重新讨论中国性的问题,企图从更为本源的认识上来说明“中国诠释学”与“西方诠释学”的差别。在结论上,本文虽然主张“中国诠释学”与“西方诠释学”因为有相异的文字、语言之传统,而有可相区别的基础,但这并不表示二者具有优劣的位阶,或二者是可以完全殊别的传统。在此意义下,在中国与西方之不同文本和诠释传统之间,也具有开放性的对话,以及相互教育与创新的意义。

关键词:诠释学;中国性;脉络性;汉字;汉语

一、“中国诠释学”的“中国性”

黄俊杰先生《“中国诠释学”的类型与研究方法》一文的展开主要是环绕以下两个问题:(1)什么是“中国诠释学”?(2)建构“中国诠释学”的研究途径何在?针对第一个问题,黄先生是通过1958年港台新儒家的《中国文化与世界:我们对中国学术研究及中国文化与世界文化前途之共同认识》来回答中国诠释学的“中国性”。他引用张灏的说法,明确地指出中国文化一脉相承的“一本性”是建立在“认同儒家宗教道德象征的因素”,并由此说明“中国诠释学”的表现类型为“实践诠释学”“生命诠释学”“政治诠释学”。黄先生继而说明在这三类型的表现形态中,“实践诠释学”的重点在于“不仅为了解释世界,更为了改变世界”,因此其表现特色在于“诠释文本(interpreting a text)与使用文本(using a text)之缩

* 蔡振丰,台湾大学中国文学系教授。

合为一",形成"作为实践方案的哲学(philosophy as proposal)";"生命诠释学"的重点在于"使经典义理转化自己的生命",表现为"理性(reason)与信仰(faith)的相互参与";"政治诠释学"的重点在"治道"或"政术"而非"政道"与"政理",因此常是"道德判断大于事实判断",形成"政治化约论(political reductionism)现象"。针对第二个问题,黄先生采取的是"思想史研究进路",此研究法的特征在于"脉络化(contextualization)而不是去脉络化(de-contextualization)"。所谓的"脉络化"有两个层次的意义:第一层次是将研究的文本置于时间流的脉络中而予以"历史化",将研究对象与议题置于广袤的空间脉络中而予以"客观化";第二层次的"脉络化"则是指使对文本的理解符合"思想或观念之内在脉络"。在这两层"脉络化"的作用下,黄先生认为可以形成"脉络性转换(contextual turn)"的"再生",而与原初的思想构成"由迹显本(从特殊性提炼普遍性)、从本垂迹"的关系。

由上述黄俊杰先生的意见,可知他将"中国诠释学"完全等同于"儒家诠释学"或"经学诠释学""经典诠释学"①。对于"儒家诠释学",景海峰先生也有许多讨论②,然而景海峰先生的关注点在于:立基于"以经为本""以传记为中心"的传统资源,走向"多元时代",从而建构中国的"哲学诠释学"的现代转化事业。相对而言,黄先生虽然也关心儒家经典诠释在当代的新生,但并不关注中国"哲学诠释学"的建立③,而将重点放在"儒家诠释学"所启示的"一般诠释学"的诠释原则,故而他所谓的"脉络化"研究法,实即具有一般诠释学之方法论的意义。总体而言,黄先生对"中国诠释学"的理解如下:中国的经典文本,是作者生命体验的客观化表达,只经由语法学释义(grammatical interpretation)是不够的,必须先理解该文本的"历史性"(第一层脉络)与"义理性"(第二层脉络)才能重建或重新体验作者的生命体验,从而在当代的历史性下再生新的意义;而在重建他人生命体验的过程中,文本与生命之间的"部分"与"整体"之关系,也可以依照诠释学循环的原则来加以掌握。

---

① 目前论及"经典诠释学"的论文,其论述对象大多为儒家经典,因此所谓"经典诠释学"实偏向"经学诠释学",与"儒家诠释学"在概念上亦有相通。

② 如景海峰:《儒家诠释学的三个时代》,方克立编:《中国传统哲学的现代诠释》,台北:台湾商务印书馆,2003年;景海峰:《从训诂学走向诠释学——中国哲学经典诠释方法的现代转化》,《天津社会科学》2004年第5期;景海峰:《儒家诠释学的当代发展》,傅永军主编:《中国诠释学》第8辑,济南:山东人民出版社,2011年,第133~147页;景海峰:《儒家经典诠释学建构的背景与旨趣》,傅永军主编:《中国诠释学》第20辑,济南:山东大学出版社,2021年,第12~34页。

③ 有关于此,李清良特别指出"经典诠释学是对哲学诠释学的扬弃"。参见李清良、张洪志:《经典诠释学对哲学诠释学之扬弃》,《社会科学文摘》2021年第2期。

黄俊杰与景海峰两位先生对儒家诠释学的讨论都饶富启示的意义，但从“儒家诠释学”论“中国诠释学”，似乎是将“儒家性”等同于“中国性”，这种推论难免令人有所疑惑。而且，由“实践诠释学”“生命诠释学”论中国诠释学的表现，似乎不能与西方诠释学的观点完全区分；而由“身、家、国、天下”的格物、致知、诚意、正心而论的“儒家整体规划”(the Confucian project)，究竟会形成对“儒家”政治诠释的封闭性格或开放性格，也是值得再深入的问题。如劳思光先生即持封闭性的看法，认为传统儒学的政治理论只是道德生活的延伸，不能触及当代的政治理论，仅及“单一主体的统摄境域”，而未及政治事务上的“众多主体之并立境域”，因而遗落或取消了“主体性之客观化”的问题。[①]换言之，如果只由儒家的德性规划而论中国性，可能在限制了儒家性的同时，也限制了中国性的开展。除非论者可以从儒家的理论架构中找到开放的诠释系统，以之为儒、释、道三家的共法，而展开具有生生日新的道德论、政治论与知识论。就如何形成儒家诠释学的新创而言，成中英先生所谈的“本体诠释学”[②]，与李清良将“中国阐释学”理解成“中华文明的诠释之道”[③]，都是解决此一问题的方案。然而，“本体诠释学”倾向于“哲学诠释学”的谈法，而“诠释之道”则自我定位为“扬弃哲学诠释学”的“后西方的转向”，这两种具有“中国味”的论点，仍然具有值得深入的问题。如主张“诠释之道”者认为“诠释之道”与“文明”是不能相区分的概念，这将产生“文明是作为诠释活动的基础或结果?”的问题，而且所谓的“中华文明”与“现代中华文明”似乎也仍然是有待诠释的概念；而“本体诠释学”所提出的“理解的自发原则”(principle of the autonomy of understanding)、“理解的整全原则”(principle of the totality of understanding)、“理解的多层次原则”(principle of hierarchy for understanding)、“理解是本体的原则”(principle of understanding as Being)、“理解的心灵活动原则”(principle of understanding as act of mind)[④]是否有超出西方哲学诠释学之处，也需要再进一步的区辨与说明。

① 参见劳思光：《新编中国哲学史》三卷下，台北：三民出版社，1986年，第516～528页。

② 参见[美]成中英：《从真理与方法到本体与诠译》，[美]成中英编：《本体与诠释》，北京：生活·读书·新知三联书店，2000年，第5～7页；[美]成中英、杨庆中：《从中西会通到本体诠释》，北京：中国人民大学出版社，2013年，第192～194页。

③ 参见李清良、张丰赟：《从“阐”“诠”之辨到诠释之道》，《社会科学战线》2019年第2期；李清良、夏亚平：《从“诠释学”到“诠释之道”——中国诠释学研究的合法性依据与发展方向》，《湖南大学学报》(社会科学版)2016年第3期。

④ Cheng Chungying, *New Dimensions of Confucianism and Neo-Confucian Philosophy*, New York: State University of New York Press, 1991, pp. 29-40.

事实上,讨论"诠释学"的"中国性"问题也会涉及"中华文明"是否具有"文化特殊主义"的意义。"中华文明"相对于"西方文明",就传统的意义而言似乎是可区别的,但在国际交通、人物交流日益频繁以及电子网络无远弗届的今日,所谓的"现代中华文明"是否可以与西方文明作明确的区分?如果"现代中华文明"是基于"从固有的文明与文化传统出发,建立体现其文化自觉"的"文化本土化"(cultural indigenization)[①],那么这个文化的主体如何维持其不变的纯粹性?如果着眼于这些问题,则所谓"中国诠释学"的"中国性",应该不能完全指为某一特定的意义内容,如儒、释、道所建构的价值教化与修身的理想,而必须考虑一种更为基础的语言特性与思考形式。基于这种想法,本文认为讨论中国诠释学的中国性问题,不能忽略可以与其他文化相互区别的不变因素,即"以形表意"的汉字在思维形式上对文化发展的影响。[②]

二、由汉字的表形而有的认识与理解的特性

语言与思想的关系密切,虽说是表形的汉字语言所形成的思维,比由表音语言所形成的思维多出了图像的成分,但这并不是说使用表音语言者没有图像的思维,而是说在诠释文本时,表形的汉字比表音的字母多出了一层传释的作用,而具有认识上的特殊意义。首先,图像的思维是视觉的,只能表达有形状的事物,因此对于这个世界没有形状的事物或概念,只能借由创造不同的形状来赋予不同的意义。例如,在世界的图像里,不会有时间性、伦理学或美学的价值论断,因而我们必须先行接受某些特定的图像,作为表达时间性或价值评量的方式,使非图像性的意义内容得以借由约定俗成而存在于图像之中。[③]以时间而言,汉语把"时间"表达为"时光""光阴",即是从视觉经验所需的"光"来表达"时间"的概念。"光"一方面可以有"日月"或"昼夜"的"代明错行"的意思,另一方面也可因为"光"的有无,而区分为"可见"(有图像)的"现在"(现存的呈显)与"不可见"(无图像)的"未来"(未知的

① 李清良、夏亚平:《从"诠释学"到"诠释之道"——中国诠释学研究的合法性依据与发展方向》,《湖南大学学报》(社会科学版)2016年第3期。

② 有关于此,彭文林《从一个语言的形式问题谈哲学的思维形式》与李河《"六书"与中国传统的思想制度》二文的讨论皆可以纳入这个主题的讨论。二文见于吴展良编:《传统思维方式与学术语言的基本特性论集》,台北:台湾大学出版中心,2010年。

③ 此例见于彭文林:《从一个语言的形式问题谈哲学的思维形式》,吴展良编:《传统思维方式与学术语言的基本特性论集》,台北:台湾大学出版中心,2010年,第106页。

潜隐)。而“日月如梭”或“光阴如梭”更是在“日月”与“光阴”上再加一个“梭”的图像,“梭”是织布时往返牵引丝线的工具,故“梭”另外带来了往来运动的飞快之感。以伦理学的论断而言,如《孟子·告子上》中,告子与孟子之论性,告子首先提出的论点即是“性,犹杞柳也;义,犹杯棬也。以人性为仁义,犹以杞柳为杯棬”,这是以“杞柳”与“杯棬”的图像来模拟“人性”而谈论伦理学的问题。

图像除了可以用以表现抽象的时间,并且作伦理、美学的表达成素之外,也可以用来表达“人的作为或活动”。如孟子所说的“尽心”是一种非图像性的心灵修养活动,而为何会以“尽”来说明这种活动的特质?这或许也意味着文字的使用者认为“尽”的活动特质可以与“尽”字的图像产生譬喻的关系。许慎《说文解字·皿部》以“器中空也。从皿,㶳声”来说明“尽”,可知“尽”在六书中是一个形声字或转注字[①],在图像上有“器皿中空”的意思。“器中空”的“象”可以联系到许多不同的“人之活动”,如“一望可知无物”的“看尽”,“取用而空”“无物可用”“有空间可加置物品”的“悉尽”“竭尽”“终尽”“止尽”的意思。另外,《说文解字·火部》说“㶳,火余也。从火,聿声”,是以“㶳”为形声字;然而,在字形上,“㶳”象“以手持木拨火”,所以“㶳”也可能是会意字,而有“火余”的意思。依上所言,如果“㶳”是会意字,则“尽”是“皿”加“㶳”而成的会意字;如果“㶳”是声符也是意符,则“尽”是“皿”形加“㶳”之形与声的转注字。“㶳”可能如《说文解字》所说是“烬”、“火余”(火余木)的意思之外,也可能是“手持刷子”的会意字,因为“盛东西的器皿只有空了才能洗刷”。以上两种对“㶳”的说法,事实上也会改变人们对“尽”之字义及其所引申的“人之活动”的理解。因为“尽”字的图像可以引发不同的对“人的活动”的想象,所以明末清初方以智在理解“尽心”时,就将“尽”视为“从聿从火从皿”的“古烬字”,不将“聿”视为“刷子”而是“所烧之木”。由此会意,方以智说“尽”有“烧尽”“用心之至”“勇猛到头”的意思,也有“烧之则能尽,尽之则能空”的“心空”与“无知而知”的意思,以及“薪尽火传”“成人究

---

① 六书,汉代学者归纳汉字之构成与使用的六种类型,其名称首见于《周礼》,但缺乏说明,直到班固《汉书·艺文志》言“古者八岁入小学,故周官保氏掌管国子,教之六书,象形、象事、象意、象声、转注、假借,造字之本也”,才指出六书的内容。在六书中,转注字所指未有定论,历来学者有不同的看法,只知它与声音的因素有关。本文以下对“转注”的看法是采取龙宇纯的意见,认为“转注”与“形声”皆由“形”与“声”相合而成字(如“江”字,“工”为声符而不具意义),但“形声”中的“声符”只取声音而不取其意义,而“转注”的“声符”则兼有声音与意义两种成分(如“佑”字的声符“右”,也有“手口相助”的“助”的意思)。参见龙宇纯:《中国文字学》,台北:作者自印,1972年,第94页。

竟"的意思。[①]

首先,语言基于其特殊的形式,所表达出的意义比图像更多,如"我的面前有一只猫"与"猫立在我眼前"这两句话,有相近的图像,却有不同的表达重点。"我的面前有一只猫"是以"我"为主词,"猫立在我眼前"是以"猫"为主词。当我们读到"我的面前有一只猫"时,是以"看见者"的立场而作的表达,重点在"我与猫的空间位置""我与猫相遇的可能情绪"等;但读到"猫立在我眼前"时,我们可能先想到"这只猫的意图"是什么,然后才想到其他诸如"猫与我之关联"的种种可能。因此,由方以智对"尽心"之"尽"的解释,可以看到他在"尽"这个文字图像上,看到了基于"文字部件之组合"所能想象的各种"人的活动",并且由之形成了不同意义的"语句",这种诠释的方式似乎完全不可能发生在表音的西欧字母上。其次,语言在语法上的形式虽然要比图像思维更为复杂,但它似乎也保留了许多图像思维的成分,即使是西欧语言也是如此,只是这种图像不是直接呈现的,而是必须经过心灵的转译。相对而言,汉语中的图像性是直接而鲜明的,因而借由图像文字在思考上所具有的认识特性,在汉语中就形成了某些常见的论述的句式,如前文所论孟子与告子在论性时,双方所使用的都是"A犹B"的句式。孟子虽然反对告子"性,犹杞柳也;义,犹杯棬"的说法,但他并不反对告子所说的"性犹湍水"的类比。只是在"性犹湍水"中,告子所见到的是"水之无分于东西","决诸东方则东流,决诸西方则西流",所以得到"人性之无分于善不善"的结论;而孟子所看到的是"水无有不下",所以得到"人性之善也,犹水之就下"的结论。孟子由"水就下"的不变特性,来说"性"有不变之善的"自性",这比告子所说水受地势影响的流向的"依他性",可能对我们更能产生"说服力"。孟子的推理,虽然只是由类比形成的"或然性推理",不具有演绎逻辑"必然性推理"的"证明力"(demonstrative power),但由于其立即可感的图像性与经验性,似乎更容易启悟于人。由此也可以知道,汉语中所表现的知识论点,并不建立在形式语言的推理与论证上。

---

① 《东西均·尽心》:"以死烧生,生本不生。当知生所以烧,烧所以生。""出生死者,不为生死所累而已;出世者,不为世所累而已;舍身者,不为身所累而已;心空者,不为心所累而已。累因此身,身为世累,世无非物,物因心生,生死即此心也。故烧之则能尽,尽之则能空,空之则能舍,舍之则能出。心空一切空,能出则可以入而无碍矣。""尽即古烬字,从聿从火从皿。今加人为尽,而尽为去声。其实,尽心之声义,用心之至矣。有知而无知之义焉,有成人究竟之义焉,有勇猛到头之义焉,有薪尽火传之义焉。"[(清)方以智著,庞朴注释:《东西均注释》,北京:中华书局,2001年,第68、85~86页]

三、汉语在表达中所反映的形上学思维

汉字的图像性及由之产生的模拟语言与思维，具有认识与理解上的有效性，但其限制也在于难以表达非图像性的抽象概念，以及由之形成的形式语言与形式推理。相对而言，西欧的表音文字与语言，则易于形成逻辑性的形式语言。西欧文字何以会形成这种形式语言的特色？彭文林认为这与语言文字的起源问题有关，他从柏拉图《克拉提洛斯篇》(Κρατύλος /Kratylos)的对话中，以及亚里士多德的文献中，指出希腊的文字语言是出于“声音的模仿”(phono-mimesis)，这与古汉语是出于“形状的模仿”(morpho-mimesis)适成对比。在《克拉提洛斯篇》中，苏格拉底对原始的名词或一般的字母的意义有所解释，他认为子音和元音所模仿的不是事物的形状，而是事物运动变化的方式，如：R是表达变动的最佳语音，是快速的变动；I表示细而薄，得以通过一切；F、S和Z表达不同程度的摇动或增长；D和T表示“结合”和“静止”；L表示平滑的运动；G表示辅助滑动；N表示内在；A表示“大”；长音E表示“长”；O表示“圆”。这些字母用以表达对象的运动变化，但并不能表达所有运动变化的事物，因此命名者通过字尾的变化(inflection)，以区分指涉变动事物的音(名词)与指涉变动意义的音(动词)。名词表达出运动变化者的数量与相属关系(单数、双数、多数；主格、所有格、受格)，而动词根据名词的数量区分，分别表达出运动变化的时间性和语态的不同形式(现在、过去、未来、不定；主动、被动；直述、假设；祈使、命令；简单、完成)。在这样的区分下，不同名词形式与不同动词形式相结合而形成不同的思想形式，不同程度的真理也透过语言形式的表达，获得其意义与言说效力。①

从上述彭文林对希腊语与印欧语的考察可知，在他们的语言形式中，如果不能正确地分辨动作发生的时间和语言的时间形式，就无法精确地表达其所思想的内容。相对而言，汉语中文字的创始并不关注事物的运动与变化，因此汉语除了没有明显的主谓结构、语尾变化②，也未将表示现在、过去、未来的三种不同形式呈现在语言中。汉语对世界的分类，并不起于运动变化的样态，而是形

---

① 参见彭文林：《从一个语言的形式问题谈哲学的思维形式》，吴展良编：《传统思维方式与学术语言的基本特性论集》，台北：台湾大学出版中心，2010年，第109～120页。

② “中国言语无语尾变化以表示词品，则其结束必致主语与谓语在一句中无显著的分别”，对于此点张东荪在1936年已经指出。参见张东荪：《从中国言语构造上看中国哲学》，张汝伦编选：《理性与良知——张东荪文选》，上海：上海远东出版社，1995年，第337～344页。

状的相似,依此形状相似而形成了以“部首”统括相类似的文字族群,而以相近的“部件”来构成文字的基本成素。从语言的使用者这一方面而言,印欧语与汉语这两种不同的文字创造与语言形式的区分,可能形成了思想结构的基本模式,而由此基本模式形成了语言使用者理解世界与分析世界的可能性,同时也限制了语言使用者的思想可能性。然而,如果追问这两种语言形式何以被如此创造的问题,则会意识到它们可能关联于两种不同的形而上学思维。

亚里士多德在《形而上学》第五卷第七章中说:“事物被说成‘是’在一种偶然的意义上,由于它们自己的本性”[①],“存在本身的种类刚好是那些表示它的谓语的类型。因为‘存在’表示的意义刚好和这些类型一样多。这样,由于有些表明主词是什么,另外的指明它的质、量、关系、活动、遭受、何时、何地,‘是’有着回答这一些之中的每个意义”[②]。在上述引文中,“是/存在”“谓语/范畴(实体、数量、性质、关系、地点、时间、姿态、状况、活动和遭受)”具有相涵的意义。“是”这个连接主语与谓语的系词,本身就有两个基本的含义:一个是系词的主谓连接和判断功能,偏向于作为本质(essentia)的“存在”,可以用汉语翻译为“是”;另一个则是偏向于实存(existentia)的“存在”,这源于形而上学“本质/实存”两层含义的古典结构[③],以及以“主语—谓语”的连接关系构成真假判断进行哲学思考的特性。换言之,西方形而上学的重点在于超越性及普遍性的本质、共相,这种思维也表现于具有形式范畴意义的“形式语法”上,而汉语并没有这种形式语法。[④]

如果思考汉字非表音文字,而汉语中没有形式语法及“本质与实存”同一的逻辑,那么汉字与汉语中所显示的是何种逻辑?其形而上学的重点何在?张东

---

① [古希腊]亚里士多德:《形而上学》,李真中译,台北:正中书局,1999年,第154页。译者对“是”有如下的注解:“古希腊语中的动词 εἶναι(相当于英文中的 to be)意为‘是’,其分词形式中性作名词用时(τὸ ὄν),本书中译文也译作‘存在’。因为汉语没有动词分词形式作名词的语法习惯,如用‘是’表示名词,十分不便。在本章及本书译名中。‘是’与‘存在’相通即由此而来。”([古希腊]亚里士多德:《形而上学》,第156页)

② [古希腊]亚里士多德:《形而上学》,第155页。在引文的“谓语”下,译者有如下的注解:“即‘范畴’。”

③ 曲立伟指出:“印欧语系的系词本身就有两个基本的含义:一个是系词的主谓连接和判断功能,偏向于作为essentia(本质)的‘存在’,可以用汉语翻译为‘是’,另一个则是偏向于existentia(实存)的‘存在’。这一系词的双重含义一直折磨着西方哲学的汉语学界,但其哲学根源却并未得到过严肃的考察。将欧洲语言中的系词(存在)翻译为普通动词‘存在’还是系动词‘是’构成当下汉语哲学界一个热门的争论问题。”(曲立伟:《从存在论差异谈“是与存在”之争的哲学含义》,《现代哲学》2016年第2期)

④ 有关对“形式语法”“形式思维”的讨论,参见孙周兴:《我们可以通过汉语做何种哲学》,《学术月刊》2018年第7期。

荪的《思想语言与文化》一文指出：汉语有(1)不必须要主语，(2)没有和西方 to be 相当的字，(3)口语的“这”与文言的“此”“其”都不能与 it 相当的现象，因而推论中国思想不把“本体”当作一个重要的问题。他进而将西方的语言学的逻辑命名为“同一律名学”(identity logic)，而将中国的语言学的逻辑命名为“相关律名学”(correlation logic)或“两元相关律名学”(logic of correlative duality)。所谓“同一律名学”，是指使“定者”(definiendum)与“定之者”(definiens)之间能画一等号，或者“主语”与“谓语”具有“同一性”；而“两元相关律名学”是指中国的名学逻辑只取对待的关系为出发点，只讲象与象之间的互相关系，而不问象的背后的本体。①

四、汉字中作为“能指”与“所指”同构基础的“象”

张东荪的说法对西方学者有显著的影响，如兰纳姆(L.W. Lanham)认为中国逻辑是一种“关联逻辑”②；克里斯蒂娃(Julia Kristeva)在讨论“双重性”(ambivalence)和“反亚里士多德的逻辑”(anti-Aristotelian logic)时，借用张东荪的理论观点，将科学方法(scientific procedures)理解为一种亚里士多德逻辑(Aristotelian logic)、“独白主义”(monologism)和“0—1(假—真，无标记—有标记)的逻辑系统”[zero-one sequence (true-false, nothingness-notation)]，而与采取梦的逻辑(dream logic)的“狂欢话语”(discourse of the carnival)、“对话主义”(dialogism)和“0—2 间距”(0-2 interval)的“诗性逻辑”(poetic logic)

---

① 张东荪《思想语言与文化》一文，1939 年发表于《社会学界》第 10 卷；其后李安宅翻译其文，以“A Chinese Philosopher's Theory of Knowledge”(《一位中国哲学家的知识论》)为题，刊登于李氏担任主编的英文学术半年刊《燕京社会学界》(*The Yenching Journal of Social Studies*, Vol. 1, No. 2)；《当代修辞学》2013 年第 5 期，刊有张东荪《思想语言与文化》的节选文。

② 兰纳姆指出：“中国哲学家张东荪在 1952 年撰文指出，西方逻辑是以主谓命题的形式为基础，并声称这种形式依凭于希腊语中的基本句式结构而存在，并因亚里士多德之后的西方哲学家，其语言中存在着同样的句式结构而得以延续。他声称，西方逻辑是一种同一律逻辑……西方逻辑中的同一法则是基于定义(definition)、三段论(syllogism)、转换(conversion)和对立(opposition)。然而，中国逻辑则是一种关联逻辑，从理论上讲，并不需要那无孔不入的等式。”(L.W. Lanham, *Language and Thought: Exploring the Implications of the Whorfian Hypothesis in Social Science*, Unpublished Inaugural Lecture, Grahamstown: Rhodes University, 1980, pp. 5-6)转引自蔡岳璋：《汉字思维的哲学思考——张东荪的方法论反思》，《文与哲》2020 年第 37 期。中文版为蔡岳璋所译。

对立起来。[①]除上两人外，陈汉生(Chad Hansen)的看法也或多或少受到张东荪说法的影响，他认为汉语没有“主语—谓语”结构之完整句子的概念，而将西方的语言系统中 believes that 或 belief that 的表达式称为“语句信念”(sentential belief)，将汉语中以命题内容之真假为行动导向(action-oriented)的信念称为“词信念”(term-belief)。陈汉生认为，传统西方哲学的“语句信念”是从语意的角度去理解语言的性质，语言的作用是表征世界的属性或描述主体的内在心灵；相对而言，汉语的“词信念”，其作用在于区辨材质而非对个别的属性作出描述，因此先秦哲学家只从语用的角度去理解语言的性质，由于语用无关乎对真理的描述，为社会性的，非属私人范围，他因而称之为“分体论”(mereology)。[②]

陈汉生的说法引发中文学界不同的意见，如方万全明确反对先秦哲学家的语言不涉及真理概念的说法。[③]比较有趣的是，陈汉生认为汉语的使用除了形成与西方哲学传统在本体论、认识论上的差异外，也形成了心灵哲学的差异。[④]他认为心灵在西方哲学的传统下，成为一个处理及储存“语句信念”以表征世界的机制，这造成了其相应的特殊的学习方式有三个互相关联的过程：观念的形成(concept formation)、信念的形成(belief formation)以及将(心中的)观念或信念分别翻译(translation)为字词及句子。在此过程中，语言的

① 克里斯蒂娃于2012年在一次大学的演讲中提到，其将巴赫金思想引入法国时，曾在一本1959年出版的语言学论文选集(*Our Language and Our World; Selections from Etc.: A Review of General Semantics, 1953-1958*)中，发现中国学者张东荪对于两元相关律的逻辑研究，这也促成了她日后提出互文性(intertextualité)的概念。相关的研究，参见祝克懿：《互文性理论的多声构成：〈武士〉、张东荪、巴赫金、本维尼斯特、弗洛伊德》，[法]朱莉娅·克里斯蒂娃著，祝克懿、黄蓓编译：《主体·互文·精神分析：克里斯蒂娃复旦大学演讲集》，北京：生活·读书·新知三联书店，2016年，“附录二”，第199～239页；张历君：《文本互涉与相关律名学：论克里斯蒂娃对张东荪知识论的接受》，《方圆：文学及文化专刊》2019年第2期。

② Chad Hansen, “Chinese Language, Chinese Philosophy, and ‘Truth’”, *The Journal of Asian Studies*, vol. 44, no. 3, 1985, pp. 491-519; Chad Hansen, *A Daoist Theory of Chinese Thought: A Philosophical Interpretation*, Oxford: Oxford University Press, 1992, pp. 19-43.

③ 如冯耀明：《中国哲学中的语言哲学问题——物质名词理论的商榷》，香港中文大学哲学系编辑委员会主编：《分析哲学与语言哲学论文集》，香港：香港中文大学新亚书院，1993年，第161～174页；方万全：《论陈汉生的物质名词假设》，香港科技大学人文学部主编：《逻辑思想与语言哲学》，台北：台湾学生书局，1997年，第201～222页；方万全：《真理概念与先秦哲学——与陈汉生(Chad Hansen)先生商榷》，《南京大学学报》(哲学·人文科学·社会科学版)2006年第2期；陆基洋：《论陈汉生(Chad Hansen)对老子“道”概念的诠释思想》，《清华学报》2013年第4期。

④ Chad Hansen, “Chinese Language, Chinese Philosophy, and ‘Truth’”, pp. 500-503.

学习主要是个人化的(individualistic)学习，而非社会性的学习。相对而言，在汉语“词信念”的情况下，古代中国所谓的“心”(heart-mind)不同于前述西方处理信息机制的“心灵”，它不是所谓的“内在的心灵的领域”(internal mental realm)，而是指导我们如何在世界中行动的“指导性的官能”(guiding faculty)。此一官能透过作区辨(distinction-making)事物去指导吾人的行动，其中包括区辨或归类某物为X或非为X。由于在不同规范性话语的指引下，作出与之相应的区辨及归类时，不需要对该等话语作语意上的理解，因此知识在古代中国哲学中只是社会技能(mastery of social skill)，是know how而不是know that。在不谈表征及视心灵为“指导性的官能”的前提下，中文的学习也不同于学习西方语言：学习中文不再需要三个步骤，而只涉及一个步骤，即“习得一个语言”(acquiring a language)。①

陈汉生以“语意”与“语用”二分西方与中国的语言特色颇令人疑惑，但如果以他的讨论方式去追究汉语的特色，就会发现汉字与汉语的习得与运用并非没有他所谓的“内在的心灵的领域”。所以西方人误解汉语没有“内在的心灵的领域”的主要原因在于，他们没有意识到汉字与汉语优先关注符号的“能指”(signifier)，而非概念意义的“所指”(signified)。在西方语言学中，“能指”是物理性、生理性的，“所指”是认识性、观念性的，“符号能指”与“所指”之间只有任意性的约定关系；换言之，在西方的表音文字及语法中，“符号能指”通常被排除在思想的领域之外。相对而言，汉字的“符号能指”不能完全被视为物理或生理的形态，如会意字，即是心灵整合形象下具有意义性的符号，而不是任意约定的符号。虽然先秦时期各国对相同的“物”，有不同“象形”的写法，而且“事”与“事的关系”并无统一的图像化之“形”。然而，不同地域对“物”的取象，也不是完全取决于约定，由“形”到“象”，事实上也保留了生活与文化上对“物”之关注与理解的焦点，因此只要有相近的生活经验，不同地域的人对不同的字形并非完全不能认识；而“事”虽然不可图象，但也并非完全不可意会，因此六书中有“设形指事”一类，指事的字形，是一种模拟性的直观符号，如人的肢体语言也有其立象的焦点。正因如此，班固《汉书·艺文志》将“指事”称为“象事”，将“会意/形声”称为“象意/象声”②，可见简化之形与具有直

① 以上对陈汉生论点的整理，参见方万全：《真理概念与先秦哲学——与陈汉生(Chad Hansen)先生商榷》，《南京大学学报》(哲学·人文科学·社会科学版)2006年第2期。

② 班固《汉书·艺文志》言：“《易》曰：‘上古结绳以治，后世圣人易之以书契，百官以治，万民以察，盖取诸夬。’夬，扬于王庭，言其宣扬于王者朝廷，其用最大也。古者八岁入小学，故周官保氏掌养国子，教之六书，谓象形、象事、象意、象声、转注、假借，造字之本也。”

观指事功能的“象”之符号,是贯通六书的基本符征[①],也是“能指”与“所指”的同构基础。

汉语中的社会性,并不是由于指导行动的语用特性,而是心灵的内在永远意识到对象与对象之间具有不同的意向关系与时空位置。六书中,“象形”之外的其他汉字是由不同的“象”的部件与“音”的部件构成,而“音”的部件也与“象”脱离不了关系,是“音”对“象”的约定之声。一个字形中的不同部件,彼此之间也形成一种关联、对待的关系。在学习汉字的过程中,对某一字的认识与理解,不能缺少对部件之间关联性的想象与造字者对这种关联性的安排。如果放大这种相互意向的关系与时空位置的关联,则可以形成“天、人、地”的架构,其中“天”可概括不可知的神秘性因素或形上本体的概念,而“地”可指为土地山川与土地所承载的一切万物。基于这种社会性,文字的创始总是与“圣王”不可分。《周易·系辞下》言:“古者包牺氏之王天下也,仰则观象于天,俯则观法于地,观鸟兽之文与地之宜,近取诸身,远取诸物,于是始作八卦,以通神明之德,以类万物之情。”此虽是谈论《易》卦的创造,但未尝不可以用来说明文字的创造,故《周易·系辞下》亦言:“上古结绳而治,后世圣人易之以书契,百官以治,万民以察,盖取诸《夬》。”而许慎《说文解字·序》的开篇,也是取这两段文意说明文字的起源。

五、“取象”与“立象”的政治性与“声”的家族类似性

基于“观物取象”与“立象尽意”的汉字特征,自然语言的形上指归可以用“道”或“本”来表述。“道”在道家的理论中,可指为“作为有形有名之本体”的“无形无名”;在儒家的理论中可指为“作为文字/经艺/王政之本”的“圣人之治”。[②]这两种不同的理解,自始即带着不同程度的政治性意涵,有时也无法分别开来。[③]由于“有形有名(形名)/无形无名(道)”不同于西方的“个体/共相”“表象/

① 明代焦竑《焦氏笔乘》卷6《用修(杨慎)论转注》言:“六书当分六体,班固云象形、象事、象意、象声、假借、转注是也。六书以十为分,象形居其一,象事居其二,象意居其三,象声居其四。假借,借此四者也;转注,注此四者也。四象以为经,假借、转注以为纬。四象之书有限,假借转注无穷也。”

② 许慎《说文解字·序》言:“盖文字者,经艺之本,王政之始;前人所以垂后,后人所以识古,故曰‘本立而道生’,知天下之至赜而不可乱也。”

③ 此在儒家思想中可见于《周易·系辞传》,而在道家思想中,如《老子·第二十八章》言“朴散则为器,圣人用之,则为官长”,王弼《老子注》言“朴,真也。真散则百行出,殊类生,若器也。圣人因其分散,故为之立官长。以善为师,不善为资,移风易俗,复使归于一也”,即有与《周易·系辞传》相近的概念。

本质”的区分，所以二者之间也没有西方哲学中基于“同一性”逻辑所必需的“存在/是”的系词，以及“是什么”的形而上学问题。“形名/道”的区分所形成的形而上学问题是：(1)“道”虽不可名、不可形，然其用以“创生万物”或“开展有形有名之世界”的特性是什么；(2)何种实存可以趋近“道”而成为“能取象者”(能取法乎象者)与“能创造者”(能立象尽意者)。也由于“形名/道”的政治性意涵，“圣王人格的境界”始终是先秦思想家在论及形而上学时的重要问题。

在汉字的创造与汉语的表达中，“观物取象”与“立象尽意”是最具支配性的原则，儒家传统所说的“文”(字形或字)是“人”取法乎“天”“地”之“象”而“立意”的产物。不仅如此，如前文所述的模拟思考，“取象”与“立象”也是概念、修辞、论证的方式。“取象”有直观的意义，而“立象”与“设象”则有体悟众象之整体、创造众象之关联的意义，因而“立象”“设象”也有“治理”“教化”的意义。“取象”是对所见之象的模仿而形成的概念，如《周易·系辞上》开篇所说的“天尊地卑，乾坤定矣；卑高以陈，贵贱位矣”，如《说文解字·一部》“天，巅也。至高无上，从一、大”，象人之上、高而远之处。“设象”则是取用不同之象的模拟而形成的整体概念或推论，如《周易·泰·象传》所说的“天地交泰，后以财成天地之道，辅相天地之宜，以左右民”，又如《说文解字·示部》“神，天神，引出万物者也。从示、申”，这段对“神”字的解释以“示”与“申”的结合来表示“天神”的意义，其中“示”有“天垂象，见吉凶，所以示人也”，“从二、三垂，日月星也”之意，而“申”有“引”“闪电”的意思。[①]“取象”与“立象”虽然也有部分的随意性，但由于必须立基于整体论来看待众象，如此就牵涉到“无偏于己私”“不偏于一象”的“诚”的概念，所以用“立象”之“文”(文字)来表达己意，也有“修辞立其诚”的意涵。

“取象”与“立象”之用于论证，如前文所示告子与孟子同取“江”之象而论人性，这形成了“……犹……”“……若……”的句式，这种句式所追问的不是“人性是什么”的问题，而是在“物象”与“人性”之间具有不可分割之关联的预设下，追问：由“物象”中可以得到什么对人性的体悟与引申的义理。模拟逻辑是先秦思想中最常见的论证模式，如《墨子·小取》所论的“辟、侔、援、推之辞”[②]，即是模拟逻辑的完整理论。“辟”是“举他物而以明之”，其成立的基础是两物之性质有相似之处，在方法上为两物的“属性比较”；“侔”是“比辞而俱行”，其成立的基础

---

① 关于“申”字，《说文解字·又部》言：“臾，引也。从又臾声。臾，古文申。”《说文解字·雨部》言：“电，阴阳激耀也。从雨从申。”陈政《字源谈趣》以为：“在字义上，‘申’字的本义是‘电(闪电)’，引申泛指伸展、舒展。”(陈政：《字源谈趣》，南宁：广西人民出版社，1986年，第189～190页)

② 《墨子·小取》：“辟也者，举他物而以明之也；侔也者，比辞而俱行也；援也者，曰‘子然，我奚独不可以然也’；推也者，以其所不取之同于其所取者，予之也。”

是两物之关系有相似之处,在方法上为两物的"关系比较";"援"是"子然,我奚独不可以然也",其成立的基础是双方的论点有相似之处,在方法上为"模仿比照";"推"是"以其所不取之同于其所取者予之",其成立的基础在于双方论点的相似之处有所冲突,在方法上为"否证"。[①]"辟、侔、援、推"的模拟论证只能是"或然推理",墨子深明此点,故也特别举出其可能产生谬误的成因在于:将局部之"类同"推论为"全同",将比辞的方法无限制的运用,忽略双方所主张的相似性可能只是表面之同,漠视对方之选取标准不尽相同而咬定其立场自相冲突。[②]由此亦可知:(1)模拟论证可以形成说服沟通,而不被论辩的对方视为诡辩的原因在于,双方都能避免针锋相对于对方论点中可能产生的谬误,这也可以理解为"诚"的表现;(2)模拟论证的有效性,不是决定于约定俗成的语意和语句的文法,而是决定于语句中的"脉络依赖"或"情境脉络"(context-dependent)的性质。

除了"取象""立象"之外,汉字的创造与构成原则还有声音的因素。使用对字形所约定的"声"来创造新字,其方法有三:(1)"本无其字,依声托事",指未造新字,而已有文字中声音相同或相近的字兼代使用,如"而"原是"颊毛"的象形字,以"而"的声音作为语助词,这即是"假借字";(2)无意义的约定声符加上有意义的形符,如"江"是取"工声"及"水"的意义,这即是"形声字";(3)有意义的字形,加上具有意义成分的声符,如"佑"《说文解字·示部》说"助也。从示右声","右"这个字除了作为声符之外,也有"手口相助"的"助"的意思,这就成了转注字。[③]"形声""假借""转注"主要是以"声"的质料因素构成汉字,汉字虽是表形文字,但《说文解字》所收的形声字却占了所有文字的80%以上,而先秦古书也多用假借,因此推究其字义常常必须先借语音去找本字,再由本字去推求本义,这反映了表音的语言先于表形的文字的历史事实。然而由于古人认为圣王所创造的表形文字代表了文明开创的意义,因此在整理归纳文字时,声音常常附属在字形之下,故《说文解字》以540个"部首"统整文字,此即为《说文解字·叙》所言的"其建首也,立一为耑,方以类聚,物以群分。同条牵属,共理相贯"。

---

① 参见陈荣灼:《东亚哲学的论证与安立模式》,吴展良编:《传统思维方式与学术语言的基本特性论集》,台北:台湾大学出版中心,2010年,第49~71页。

② 《墨子·小取》:"夫物有以同而不率遂同。辞之侔也,有所至而正。其然也,有所以然也;其然也同,其所以然不必同。其取之也,有所以取之。其取之也同,其所以取之不必同。是故辟、侔、援、推之辞,行而异,转而危,远而失,流而离本,则不可不审也,不可常用也。故言多方,殊类,异故,则不可偏观也。夫物或乃是而然,或是而不然,或一周而一不周,或一是而一非也。"

③ 《说文解字·口部》:"右,助也。从口从又。"《说文解字·又部》:"右,手口相助也。从又从口。"

汉代学者虽然着重以“形”来整理归纳汉字，但也注意到了先秦文献中“声—义”的紧密关系，如《中庸》“仁者，人也”“诚者自成也，而道自道也”，故西汉董仲舒《春秋繁露·深察名号》及东汉末刘熙《释名·言语》都有不少的的音训之例，如“性/生”、“民/瞑”[①]、“道/导”、“德/得”、“武/舞”、“仁/忍”、“义/宜”、“礼/体”、“智/知”、“信/申”、“孝/好”、“友/有”、“恭/拱”、“悌/弟”、“敬/警”。[②]然而，真正重视“声—义”的关联是明清的学者，自顾炎武倡“读九经自考文始，考文自知音始”、方以智倡“欲通古义，先通古音”“以音通古义之原”后，在理解文字的意义时，声音的因素才受到高度重视。[③]“训诂之旨，本于声音”，“声音”被视为训诂学中的重要一环，“以声求义”成了贯通古今雅俗的重要方法。[④]文字既是代表有声的语言，同音的字就有同义的可能：不但同声符、不同意符的字也可能有相近的意义，甚至意符、声符都不同，只要音同或音近，也可能有相近的意义。[⑤]这也意谓声音相近的不同字、词，在意义上具有“家族类似性”(family resemblance)，如宏、弘、鸿、闳、红等字都有“大”的意思，雾、帽、暮、无、没、眊、幕等字皆有“不明”的意思，升、登二字皆有“往上”的意思。

六、“字”的部件、文本的部分与整体的意义

由于形、音、义构成了汉字的三位一体，而且“音”也是沟通“形”与“义”的要素，所以古书在诠释文字时就有“形”与“音”两条路径。例如“武”字，《释名·言语》即由字音而言：“武，舞也，征伐动行如物鼓舞也。”而众所周知的“止戈为武”则由字形进行诠释。“止戈为武”见于《左传·宣公十二年》楚庄王之言，用以赞美

---

① 《春秋繁露·深察名号》：“性之名非生与？如其生之自然之资谓之性。性者质也……今万民之性，有其质而未能觉，譬如瞑者待觉，教之然后善。当其未觉，可谓有善质，而不可谓善，与目之瞑而觉，一概之比也……民之为言，固犹瞑也。”

② 《释名·言语》：“道，导也，所以通导万物也；德，得也，得事宜也……武，舞也，征伐动行如物鼓舞也……仁，忍也，好生恶杀，善含忍也；义，宜也，裁制事物使合宜也；礼，体也，得事体也；智，知也，无所不知也；信，申也，言以相申束使不相违也；孝，好也，爱好父母如所悦好也……友，有也，相保有也；恭，拱也，自拱持也，亦言供给事人也；悌，弟也；敬，警也，恒自肃警也。”

③ 参见(清)王引之：《经籍籑诂序》，(清)阮元主编：《经籍籑诂》，台北：宏业书局，1993年，卷首。

④ 参见李建国：《汉语训诂史》，上海：上海辞书出版社，2002年，第229、231页；胡奇光：《中国小学史》，上海：上海人民出版社，2005年，第198页。

⑤ 参见王力：《中国语言学史》，《王力文集》第12卷，济南：山东教育出版社，1990年，第195页。

武王克商,是以“武”达成“禁暴、戢兵、保大、定功、安民、和众、丰财”的作为[①],这本是楚庄王自己的诠释,但《汉书·武五子传》说“是以仓颉作书,止戈为武,圣人以武禁暴整乱,止息干戈,非以为残而兴纵之也”,是将“止戈为武”视为仓颉创造文字的本意,而《说文解字》对“武”字也只作“楚庄王曰:夫武,定功戢兵,故止戈为武”的说明。事实上,“止”的字形是“足趾”的象形,并无“停止”的意思,故《诗经·大雅·生民》说“履帝武敏”,毛亨《传》说“敏,拇”,“姜嫄履之足不能满履其拇指之处”,“武,迹也”[②]。由“足趾”而引申为“行走”“行动”的意思,由此而言“止戈为武”反而没有停止战争的意思,而是进行执戈前进的军事活动。

由古人对“武”字的解释,可以形成几个有趣的论点。(1)文字的本义何者为真的问题,并未成为论者的重点,可见探求文字的本义并非诠释文字的主要目的,使用文字以进行说服的活动才是诠释文字的重点。(2)“停止战争”与“进行战争”可以同时成立而不引起质疑争议,这说明双方并不否定单一字词的意义具有“双重性”,这种对单一字词之“双重性”的默会,也可能是古人用“治”来训解“乱”之“反训”背后根本的思维形式。(3)结合以上两点的说明,可以作如此的推论:文字意义的“双重性”不是起于文字自身在被创造时的原始意义,而是起于文字的用户的观念与价值的行动,所以这种“双重性”也可以是“多重性”,即环绕在一个文字中,可以交叉重叠多种不同的话语的对话,如“武”字在“持戈行动”“止戈为武”之外,也不妨有“鼓舞”之“舞”的意思;也就是说,不同的价值观念与行动取向,都可以形成对文字的不同解释。

上述说明虽然仅限于汉字的构成与解释,但借由解释汉字的这些表现,也可以反省到汉语没有明确的主语、没有时态、没有范畴概念的可能原因在于,汉语的语法重视说话时的具体脉络,在文法的限制上较为宽松,而语句的整体意义主要在于表现语句的组织和创作者的意向,而不在于陈述客观的事实或真实,因此接受者听取或阅读语句时,同时也会反馈自己的意向。这种关涉于对汉字与汉语之部分与整体的表现,可能与其背后的形而上学思维与知识论有同构的基础。就知识论而言,汉语并不表现为将知识作为符应外在世界之真实表象的形式思考,不以系统地(systematically)探究真理或获得真理作为认知活动的主要目的,因此不是建构的(constructive)、论证的,而是对话的、教化的(edifying),此种对话的目的不在于自我表现,而在于面向社会的整体,依之而形成的

① 《左传·宣公十二年》:“楚子曰:非尔所知也。夫文,止戈为武,武王克商,作《颂》曰:载戢干戈,载櫜弓矢,我求懿德,肆于时夏,允王保之。又作《武》,其卒章曰:耆定尔功;其三曰:铺时绎思,我徂维求定;其六曰:绥万邦,屡丰年。夫武,禁暴、戢兵、保大、定功、安民、和众、丰财者也,故使子孙无忘其章。”

② 《诗经·大雅·灵台》:“绳其祖武。”毛亨《传》言:“武,迹也。”

沟通与更新。就形而上学而言,先秦思想家似乎普遍认为语言与技术无法完整陈述形上本体的内容意义,即使是带有气化宇宙生成论的观点,最终也不能免于将“无”作为对最高实有的说明,故《老子·第一章》言“道可道,非常道”,《庄子·天下》言“道术将为天下裂”“天下多得一察焉以自好”。因此,只要一涉及对“道”与“本体”的认识,皆会以人格表现是否合于形上特性的“德”之高下,来说明“知道”的程度。这种现象说明了先秦思想家具有如下的观点。(1)“术”与“语言”虽然可以传达“道”或“本体”的意义,但严格而言它们都是历史性的,都受到历史限制,所以无法完整地表达非历史性的“道”或“本体”的意涵。(2)作为“道”的整体与作为“术”与“语言”的部分,虽然在目的性上具有紧密的联系,但无限整全之“道”的意义应大于具有历史性的“术”与“语言”之总合。(3)“道”与“术”“语言”之间能否趋近,不是取决于人所操作之“具体”与“独立”的“术”与“语言”,而是取决于能渗透于各种“术”与“语言”之“非独立”与“非抽象”的人格特质,这种人格特质与“道”的开放性与创造性有关,而且基于这种特质,才能保障人为的世界与万物的整体存续。

由于“有德者”与“道”具有一种相同的结构,因此有德者可以掌握“道”在历史中所反映的“术”与“语言”,而且能看到这些“术”与“语言”所支持的整体性的核心意义,因此“有德者”不会被这些具有历史性的“术”与“语言”限制,而能开展或创造“道”的新意。这不但意谓着“有德者”才具有“道”的诠释资格,也意谓着由“有德者”产生的“术”及“语言”,才能具有与“道”的“统一性”。而这种“统一性”,一方面是建立在“有德者”的开放性思维与人格上“诚”的表现上;另一方面也由于“术”与“语言”并不是一种“封闭性”的系统,而具有一种开放的紧凑性,因此,它容许在其结构的范围内作出更多的改变,以丰富它的内容,使它更形紧凑。如“忠”“恕”二字,如果不是一种权威性的封闭教条,则“忠”必须面对自我的反省能力,“恕”必须假设他者永远处于一种向善变化的状态,这使得“忠”“恕”具有一种由“反省”与“转变”所产生的开放性质,而能融贯到孔子所说的“道”的事理之中,而统一成“整体”之“道”的一个“部分”。

将“道”与“术”“语言”的关系理解为“文本”与“诠释信念”及“诠释语言”的关系,则上述的讨论就会转化成一种诠释之学。如王弼《周易略例·明象》所说的“言生于象,象生于意”“意以象尽,象以言著”可以是语言学的问题;但说“言生于象,故可寻言以观象;象生于意,故可寻象以观意”,“故言者所以明象,得象而忘言;象者所以存意,得意而忘象”则转成诠释学的问题;而当我们将“意”理解为“道”时,这又可以是一个形上学的问题。王弼的言意理论所以可以同时面向语言、诠释与形上之学,这是由于三个不同的问题之间具有相同的结构,而能指向一个统一的核心意义。但是当这三个问题能统一成一个核心的意义时,"意"就不能是随意的心念、想法或意见,而必须是一种可认知、议论与实践的事理(Sache),如儒家的"仁义礼智"、道家的"无为"或者佛家的"缘起""性空"之"意";而"言"也不能是一种普通的文本,不是一种玩笑话、生活注记、无意义的修辞或者为了政治利益的意识形态,而必须是一种具有开放、理念与融贯性的文字。这些文字一方面是由"意"所生,另一方面又是对"意"的诠释,所以可以理解为:语言奠基在事理的呈现中,而关联于事理;诠释的语言最终亦必须响应于事理,而对事理阐述更为丰富的创新意义。当一个有价值的诠释说出了文本中事理的新意义时,它的新不是由于它独立或相异于过去的诠释,而是由于它比过去的诠释更有普遍的意义。换言之,它融贯以前的诠释,赋予新义,让事理更形充实地挺立起来。如同孔孟的文本与宋明儒对孔孟文本的诠释,二者都同时回向他们所论说的德性事理,而且都有其融贯的意义,而可在相异中统一成德性事理的整体。

结语:对"中国"诠释学的几点想法

本文的讨论主要在于响应"中国诠释学"之"中国性"的说法,本文认为所谓的"中国性"应该立基于超越三教的文化结构上,而这种结构可以由作为思维媒介的汉字与汉语的表现来考虑。着眼于汉字与汉语的主要原因在于,汉语的表形文字与西欧的表音文字适成对照,而且文字与语言的表现模式也呈现出理解世界、分析世界的可能性,而可关联于认识的思维形式与其背后的形上学的观点。表形文字基于对形状的模仿,较难表现运动变化的样态,这反映在语法上,就有缺乏明确的主谓结构、没有词性变化及时态的区分等特色;相对而言,表音文字为对声音的模仿,口舌在发音时的动态变化适可用以表达或描述对象的运动变化,反映在语法上则有字尾的词性变化,以及明确的主谓结构。就文字语言而关联于认识论与形上学而言,表音之西欧语言倾向于讲究主谓之间的真假值与同一性,而表形的汉语则趋向对形上特性的默会与模拟,以形成一种具有整体论意义的认识与实践。

由汉字、汉语之表现所反映的形上学观点与认识的关系论,再关联其解释字义的现象,可以推论由汉字与汉语所构成的思想制度,应该是"中国诠释学"之"中国性"的重要基础,而随着汉字在东亚世界的使用,也形成了"东亚性"的重要因素。因此,所谓"中国诠释学"中的"中国性",应该与汉字及汉语的下列特色相联系:(1)汉字与汉语优先关注于“符号能指”,而非“概念意义的所指”,这也意谓汉字与汉语所形成的“概念图式”(conceptual scheme),在于把握由形、事、理所构成的关联,而非实体与概念的同一表现;(2)汉字的构成与汉语所形成的思维,显示心灵的内在永远意识到对象与对象之间具有不同的意向关系与时空位置,因此具有强烈的社会性特质与伦理意涵;(3)汉字的构形以及汉语中不具时态变化的特色,使得对汉字及汉语的理解在约定俗成之外,也具有整体论意义的多义性,而能产生对话与创新的意义;(4)汉字与汉语之特性所形成模拟思维,其论证方式是基于整体论的取象与立象,其目的在于说服而不在于真假的论证。

由于中国传统文本多不表现为智识主义的认知取向,而多表现为具有教化意义、启示与沟通意义的行动指导,因此对于“好的诠释者”与“好的文本创作者”也有相应的论说。上文曾提出“有德者”的概念,所谓“有德者”应指“诚实”地实践其所真心认同的事理者,唯有在“真”与“诚”的践履下,才能产生有价值的文本诠释,他所留下的言语或文本才能作为被诠释的对象。对于实践而言,中国诠释学最重视的不是“研究的进路”或形式化的“实践的程序”,而是由脉络化(contextualization)入手,着重关注各种切身脉络所展示的意义,从而强化实践的信念。如孔子对学生所提示的“仁”之意义与践履的方式,即与学生的环境脉络、性格脉络息息相关,而孟子对梁惠王与齐宣王的实践指导,也将重点放在他们对“在场情境”,在现实发生的事例中,对“独乐/众乐”“忍与不忍”的重新省视,使人在反省与自觉之后,能成为“由己”的践履者。在儒家之外,禅宗的践履也表现了这种特色,在自觉与信念之后,方法可依脉络而变通、调适,而不致成为一种实践活动的规限。

综上所述,本文尝试对中国诠释学的特色作下列说明。

(1)中国诠释学与汉字的构成、汉语的表现具有相同的结构,在约定俗成的字义、文法的语义之外,它首先关注构成整体的部分(如字形的各个部件,语言中呈现的人、物、事、理)可以形成何种具有意义的关联,再由此关联,经过模拟而产生具有融贯性与创造性的认识与解释。在传统中,它的表现形式为传、笺、注、疏、正义、章句、集解(集释、集注、集说),这些形式都以对字义的训诂为基础。字义的训诂虽以追求文字的本义为主,但为了配合语句的整体意义,文字的本义并不完全适用于语句,因此根据字形部件关联性的重新省视,也可以推究新意,以作为理解融贯的基础,就词、句、章的诠释而言,也具有如此的特色。除了字、词、句、章的部分与整体的关系外,亦有舍弃章句训诂而发挥义理的一路,如语录、公案、讲记,这都是发挥由部分的说解而面向一个统一整体的经典义理,或实践活动中的超越性体悟的形式表现。

(2)中国诠释学关注“整体—部分”在诠释时的循环关系,这种诠释循环不是指部分与整体之间相互规定的理解现象,因此它不是一种诠释的方法或技巧,而具有理解的本体之意义。“整体—部分”的诠释循环意谓所有的部分互相契合,而共同释放出一完整的意义,部分让核心的整体更为恰当地呈现,而核心的整体也让部分更形明确。由于诠释者不能摆脱其历史性,以及语言具有沟通谈论之双方所论事理的中介性,所以“整体—部分”的诠释循环是永远不能穷尽的,故《周易·系辞上》言“书不尽言,言不尽意”,董仲舒《春秋繁露·精华》言“所闻《诗》无达诂,《易》无达占,《春秋》无达辞,从变从义,而一以奉人”。从传统的形上学理论而言,“整体—部分”也可以是一种“体—用”或“圆—方”的关系。“整体—部分”如果以“圆—方”的关系作形象性的比喻,这种诠释循环犹如先立圆,再以“方”(三角形)求“圆”,“圆”(整体)的面积永远溢出于“方”(部分所组成的全部),亦即“方”所能表示的意义永远小于圆。

(3)中国诠释学认为有价值的文本创作与具有价值的诠释,都产生于诚实的实践者或真实的体验者(有德者),这是因为中国诠释学没有西方本质主义的形上学立场,也没有预设“超验真理”的观念,认为所有的知识,甚至是我们所有的经验,都是历史性的,也都受到历史的限制,所以不论是理解还是诠释都必须对应于诠释者自身的觉悟与他在世界中的处境,才具有真正的意义。也由于中国诠释学将“有德者”作为诠释学的关键,这使得具有资格的诠释者或文本创作者具有“深远的道德实践之视界”,他们在精神境界上必须有道家所言的“无为”或儒家所言的“毋意、毋必、毋固、毋我”的开放性,并且护卫人类对话的开放性与创造性。

(4)由于表形文字在字义上可作更多的联想(如前文所论的“武”字),加以汉语语法中不明确的主语以及缺乏明确的时态变化,由之所产生的诠释学,就有舍弃“常规论述”(normal discourse)的自由表现,这形成了呈现众多对话声音的诠释学。例如在形式上,有经典注解上的“集释”,及文学诠释中的“评点”;在内容上,如《庄子·逍遥游》中“(尧)往见四子藐姑射之山,汾水之阳,窅然丧其天下焉”,文本表面上的意思似乎可指向“尧虽有天下,然自叹其境界不及于藐姑射山之神人”,而郭象《庄子注》的解释却与上述的说法不同,而言“故(尧)窅然丧之,而常游心于绝冥之境,虽寄坐万物之上,而未始不逍遥也”,是以尧之境界高于藐姑射山之神人。

(5)由于汉语中缺乏形式推理的语言,所以中国诠释学常使用“模拟逻辑”而非“演绎逻辑”来进行论证。由于“模拟逻辑”具有“依赖脉络”的特质,其模拟可随立论者之意向而改变，因此其推论并不具有逻辑上的必然性。但“模拟逻辑”因其语用的性格与对话的格局，在争论的力量(argumentative power)或践行的效力(performative effects)上并不下于“必然推理”，而具有顾及其他论说、产生晓谕作用、增强沟通互动的说服力之特色。

(6)汉字的创始在古人的想法中多与圣王之治有关，而先秦思想家的论述也不离于治道，在此情况下，中国诠释学有其诠释政治哲学的面向。然而，中国诠释学并不将重点放在正义原则或行动规范之正当性的证论上，也不重视形式理性或理性抉择的中立性程序，而着重显示“善”之原则的合适性(suitability)，“善”与历史传统及普遍人性的意义，以唤起一种自我诠释性的对话(self-interpretive conversation)，从而发现它与我们的前理解的相异之处。如《老子·第六十章》言“治大国若烹小鲜”，即以模拟思维来显示在治理技术之外的不扰民才是政治最重要的理念，而东汉《老子河上公章句》对此注言“烹小鱼不去肠，不去鳞，不敢挠，恐其糜也。治国烦则下乱，治身烦则精散”，则又将治国与治身相联系。这两种理解与诠释是相异的“部分”，又可统一在事理的“整体”之中，同时又显示为切身经验与政治事理的遭逢。

本文尝试说明“中国诠释学”与“西方诠释学”可相区分的基础，在于二者有相异的文字语言之传统，以及由之而形成不同侧重的思维形式与文本表现。然而，这种区分并不表示二者具有优劣的位阶，或二者是可以完全殊别的传统。特别是在国际交流热络的当代，随着流行文化的风行，不同的语言、语法与哲学概念的混杂交融，都可能导致差异之界线的日益模糊。因此，这种区分的意义也可能代表一种诠释学的“部分”，而可统一成“整体的诠释学”。在此意义下，中国与西方的不同文本与诠释之间也具有开放性的对话，以及相互教育与创新的意义。

中国诠释学的“客观性”问题

谢晓东　全林强*

摘　要:黄俊杰教授的《“中国诠释学”的类型与研究方法》试图回答中国诠释学独有的特征是什么,在何种意义上区别于西方诠释学。在此文之前,黄俊杰教授也已经有不少相关的专著和论文来回答这个问题。从思想史出发,黄俊杰教授更加注重中国诠释学的历史性、脉络性特征,把经典文本与解释者都看成历史性的、脉络性的,以此化解诠释学中的主观性与客观性的紧张关系。这是一种心学式的诠释学,是有其内在困境的。另一条路径可能也值得关注。“中国诠释学”的客观性具有双重维度:内容性的客观性与社会关系的客观性。内容性的客观性与社会关系的客观性是相辅相成、相互关联的,二者构成了明确的诠释学关联,而不是笼统的“影响”。“中国诠释学”所包含的不仅仅是经典文本内涵的发现,而且包含了解释者的学术社会关系的构建。

关键词:黄俊杰;中国诠释学;脉络化;理;学术群体

儒学之所谓为儒学,在一定意义上是因为历代儒家学者都是从儒家经典出发来阐述自己的思想观点的,可以说儒学本质上是诠释学。“诠释学”是西方哲学的概念,在引入中国哲学后,研究者发现儒学与诠释学是相通的。但是,人们又反对完全按照西方诠释学来临摹中国诠释学,而是主张中国诠释学从古至今有它自己的特色,是不同于西方的。西方诠释学不是中国诠释学的模板,而是一种平行并列的关系,一种互为“镜像”式的关系。“诠释学”对于中国哲学而言,是一个后发性的概念,使用它来概括中国哲学的特性,它的合法性是需要论证的。中国诠释学是一种非西方的诠释学,它作为一种独特的诠释学应该是什么样的呢?近期,黄俊杰教授在《“中国诠释学”的类型与研究方法》一文中试图回答这个问题。此前,黄俊杰教授已经撰写了不少关于诠释学的专著和论文,对这个问题已经进行了深入讨论,《“中国诠释学”的类型与研究方法》可以说是此

* 谢晓东,厦门大学哲学系教授;全林强,五邑大学马克思主义学院讲师。

前观点的总结与升华。

黄俊杰教授所讨论的问题以及所阐述的观点是多方面、多层次的，对于构建和理解中国诠释学极为有益和重要。由于本文的篇幅所限，我们将关注如下问题：中国诠释学的“客观性”如何可能？并在黄俊杰教授历史性、脉络性基础上提出，“客观性”包含两个维度：内容性的客观性和社会关系的客观性。本文对于“中国诠释学”可能忽略的方面进行了补充，兹以此求教于黄俊杰教授以及各位学术同人。

一、中国诠释学的主体性原则

在儒学传统中，经典文本是“道”“天道”的载体，也就是说，经典文本蕴含普遍原理。普遍原理是永恒不变的，是任一诠释都需要蕴含的核心内容。此处便产生了一个问题，即“道”的客观性问题。如果“道”是客观实在的，便蕴含了主体与客观的二元对立结构。“道”的客观性予以诠释标准化的判断。如果否定“道”的客观性，就意味着诠释者对于文本的解释是可以任意的，而且这种任意是合理的，每个人都可以根据自己的需求、经验、兴趣爱好等来解释经典文本。但是，对于儒学而言，经典是严肃的，“道”也是严肃的，不是可任意阐述的对象。

黄俊杰教授在《“中国诠释学”的类型与研究方法》一文中指出，“中国经典诠释传统中，诠释者主体性一直居于中心之地位，诠释者先于文本”。这种主体性不是“无自性”的主体性，而是它本身就是处于一定的社会、政治、经济、历史文化之中的主体性。“所谓解读者的‘历史性’是指：任何经典解读者都不是也不可能成为一个空白‘无自性’的主体。经典解释者就像任何个人一样地生存于复杂的网络的创造者。经典解释者所生存的这种复杂的网络，基本上是一种具体的存在，也是一种历史的存在，因为这些网络因素都是长期的历史的积淀所构成的。”[①]诠释者本身便不是纯粹的“无自性”的存在者，而是由众多历史性因素所凝聚成的结晶体。诠释者是从他所在的这些历史性视角来看待经典文本的，即经典文本的解读是放入他所在时代境况中获得理解的。孔子从春秋时代性来解读“五经六艺”，孟子则从战国时代性来解读“五经六艺”。孔孟都是把经典文本摄入自身所在的历史脉络之中进行解释的。也就是说，任一诠释者对于经典的诠释都是时间性的、空间性的。但是，经典文本所载之道又是普遍的，那么这里面便产生了矛盾：“道”是非时间性的、非空间性的，而所有的“诠释”都是

① 黄俊杰：《东亚儒学史的新视野》，上海：华东师范大学出版社，2008年，第37页。

时间性的、空间性的。"道"与"诠释"的关系如何能够相等的? 孔子的"道"与孟子的"道"为什么是相等的?"道"的客观性与"诠释"的主体性存在矛盾。

黄俊杰教授是从思想史研究领域来理解中国诠释学的,他认为儒学与西方诠释学的一个根本区别就在于儒学对普遍性原理的认识并不是通过逻辑推理,而是通过把经典文本放入历史性环境中进行理解,是通过诠释者运用经典来解决时代性任务所体现出来的"意旨","儒家的普遍理则并不是经由逻辑性的或抽象性的推理程序,而是经由具体性的历史经验的叙述而建立"①。儒学不是预设一个客观实在的"道"来解释历史,而是通过分析具体历史来理解"道"。从而,"道"在此处是缺少客观实在性的,"道"仅仅是解释性的,而不是客观性的。

由此便产生了一个问题,即诠释学的相对主义。中国诠释学的目标并不是要解释文本,而是要认识"道"。经典文本的客观性并不足以赋予诠释的客观性。例如张三、李四解读《大学》,我们假设张三、李四的解读是以《大学》的文义为目的的,那么《大学》文本便是客观的对象,对于张三、李四都是客观的,也保证了张三、李四的解读内容的客观性。但是,我们假设张三、李四解读《大学》的目标是不理解文本文义,而是"求道",那么《大学》文本的客观性就无法保证张三、李四解读的客观性,因为他们解读的目的并不是文本文义,而是他们认为《大学》中隐藏有"道"可求。张三、李四通过《大学》求道本身就必须先预设"道"的客观实在性。

黄俊杰教授的"中国诠释学"是否认这一点的,他把"道"看成建构性或解释性的,是一种"具体的普遍性","在儒家经典中,具体性的历史事实(特别是圣贤典范人物的行谊)之叙述,与抽象性的普遍理则(如'道'或'理')之证立,两者之间密切绾合,有其互相渗透性,故儒家经典中所见的'普遍性',实系一种'具体的普遍性'"②。客观性的"道"是黄俊杰在《儒家论述中的历史叙述与普遍理则》一文中所批评的"第二种解经以求'道'的方法"③。这种方法把"诠释学问题视为一种训诂学问题"④,它隐含了两个困境:第一,语言文字与"实在"之间的关系;第二,所谓"作者意旨"有两种层次,即表层意旨和深层意旨。经典仅仅被看成求"道"的工具,它无法把经典与解经者之间看成"互为主体性之关系"⑤,"道"

① 黄俊杰:《东亚儒学史的新视野》,第58页。

② 黄俊杰:《东亚儒学史的新视野》,第58页。

③ 黄俊杰编:《中国经典诠释传统(一):通论篇》,上海:华东师范大学出版社,2008年,第314页。

④ 黄俊杰编:《中国经典诠释传统(一):通论篇》,第316页。

⑤ 黄俊杰编:《中国经典诠释传统(一):通论篇》,第315页。

是无法与解经者的生命融合在一起的，无法作为解经者生命之学的体验，发展不出一种“体验的学问”。

假设“五经”是原始经典，是儒家的源头，是儒家之所以为儒家的依据，孔子、孟子都是由解经而提出他们各自的“道”：L_0是“五经”的“道”，L_1是孔子的“道”，L_2是孟子的“道”。“五经”是原始经典文本，是官方性的，不是诠释性的，即L_0不是诠释学的“道”。L_1、L_2是诠释学的“道”，是孔子、孟子在具体历史脉络中的“体验”。那么，我们从L_0—L_2这个儒学发展过程中发现了什么问题呢？诠释学的“道”仅仅是L_1、L_2，即使我们能够证明$L_1 = L_2$，也无法在诠释学中证明$L_0 = L_1 = L_2$。即使孔子、孟子的诠释学的“道”是相同的，也无法证明孔子、孟子的诠释学的“道”是儒家的，因为我们前面假定了“五经”才是判断儒家之所以为儒家的依据。“中国诠释学”没有注意到，诠释学的范围是有限的，它所诠释的原始经典并不属于诠释学的范畴。如果它不预设$L_0 = L_1$，那么它永远也无法证明它所诠释的是原始经典，所认识的“道”是原始经典的“道”。这一证明是无法由诠释学完成的，它只能用预设的方式，或者用一种“体验式”方法来解决，“为了确认经典中的‘道’的真实内涵及其普遍必然性，儒家经典诠释者或诉诸个人生命之学思体验，而使经典诠释学成为一种‘体验的学问’”[①]。这种方法是值得质疑的，从事理论证明的活动本身是需要从理论层面来解决的，诉诸个体体验这类实践活动本身就是以削弱理论效力为代价的。[②]

相反，承认“道”的客观性，就是承认$L_0 = L_1 = L_2$，也就是说，在任一正确的诠释中都有非诠释的结果(L_0)。原始经典不是诠释的范畴，但它是诠释的对象，正确的诠释必然包含L_0。因此，原始经典与孔子、孟子构成了完整的诠释链条，它是孔子、孟子之所以能够求得“道”的依据。原始经典与孔子、孟子的诠释不存在本体论的割裂，他们能否求得“道”的问题转化为方法论问题，也就是孔子、孟子有没有能力以及如何求得“道”的问题。解决这个问题在于提高孔子、孟子解经的能力，以及探索正确的解经方法。

---

① 黄俊杰：《东亚儒学史的新视野》，第76页。

② 冯耀明对于中国哲学的“重实践”而轻理论论证的倾向曾作出批评，认为“工夫论”是理论性的，而不是实践性的，理论性的问题需要分析论证来解决，而不是通过不可言说的“实践”，“如果‘中国哲学重实践’是指中国哲学的核心部分是工夫论，这便是一种有关实践的理论，而不是一种实践。又如果任何理论都是经由理性思考而建立的，则作为中国哲学核心部分的工夫论也该可以用分析哲学的方法来处理”。(冯耀明：《中国哲学的方法论问题》，台北：允晨文化实业股份有限公司，1989年，第313页)

二、心学式中国诠释学

中国诠释学的提出是基于东西方对于诠释学的比较研究,尤其是要突出东方诠释学与西方诠释学的差异性,而且是从“心学”的角度来建构中国诠释学的。因此,它包含了一种对于程朱理学的偏见:朱熹对于“理”的客观性的强调不仅被忽略,朱熹也被错误地纳入中国诠释学的“互为主体性”范畴中。这点是不妥当的,“为了阐释儒家经典诠释学是一种体验之学,我们可以以朱子与王阳明的意见为例进一步说明。朱子与阳明对儒学经典的内容之解释,出入甚大,乃是人人皆知之事,无庸赘言。但朱子与阳明对经典解释是一种体验之学这一点,却持论一致……经典绝对不是在手术房里等待解读者加以解剖的尸体,而是活生生的思想世界,解读者可以优游涵泳于其间,携古人之手与古人偕行,亲之味之,得其精神而舞之蹈之”[①]。表面上看,朱熹确实认为解释者通过阅读经典体验经典中蕴含的“理”,但是,黄俊杰教授忽略了一点:对于朱熹而言,解释者不是脉络性的、历史性的,而是非脉络性的、非历史性的。解释者阅读经典不是要把经典纳入解释者的历史性、脉络性中获得解释,而是解释者消除自身的历史性、脉络性等一切阻碍认识“理”的因素,以到达对经典文本的解释之“理”与经典文本之“理”相等,也就是$L_0 = L_1 = L_2$。

经典中所蕴含的“理”不是“互为主体性”的解释,而是一种客观“理”。朱熹把人的经验、私人、历史性等因素视为认识“理”的阻碍,这些因素是消极的,是要被取消的,而不是作为“主体性”的构成因素。正确的主体性构成因素只有“理”,即一个正确的主体或解释者仅仅是由客观性的“理”构成的。我们可以批评朱熹这种极端的观点,并指出放弃人的现实性因素是不正确的。但是,我们无法否认朱熹确实是这样看待主体与“理”的关系的。主体要成就的是“纯理”的最终形态,是要消解自身、舍弃自身的,只有消解自身、舍弃自身,才能形成“心与理一”的终极境界。因此,朱熹的诠释学必然不是“互为主体性”的,只能有一个“主体”,即“理”。解释者以“符合”的身份融入经典文本中,更确切地说是融入经典文本所蕴含的“理”中。解释者通过探索经典文本的“理”来改变以前的自我,这意味着朱熹在某种程度上否定了人的现实性意义的展开的可能性。它是以一种截断的方式来实现人的价值意义的,这种价值意义的来源只能是客观的“理”。陈立胜教授对于朱熹“读书法”的理解是较为合理的,“朱子读

① 黄俊杰:《东亚儒学史的新视野》,第35页。

书法中所强调的'虚心涵泳''退一步''以意逆志''以书观书'等方法,亦不仅仅是对一己的先入之见的悬搁,更是个人主体修行、变化气质的一种方式"[①]。朱熹的读书法要求读者放弃已有的理解、已有的观念、前见等,纯粹从经典文本自身来进行阅读,如此才能真正地认识"理"。朱熹把这种方法概括为"以物观物",也就是从物本身去理解物,而不是从主体去理解物,如此才能还原物本身蕴含的"理"。全林强博士在《有物必有则:一种以朱熹为基础的客观主义重构》中认为朱熹与我们对于知识增量的需求不同,他持一种"减量"的方法,主体的本真形态是"规律的领域","主体是与世界、事件、事实等等为一体的,主体的最本真的形态不是主体意志、欲望等能力,而是规律的领域。主体遵循规律性才是主体的本真"[②]。

如果我们把朱熹所讲的"气质""私己""经验"等因素看成黄俊杰教授的"主体性"范畴的内容,那么我们可以得出结论:朱熹是主张去主体性的,而不是赞成主体性原则。消除"主体性"而转变为"理"的主体性。真正的主体性只有"理",而不是其他。在此,我们就会提出疑问:为什么会产生这种误解呢?这很大程度上在于"心学"立场的偏见。"心学"主张"理"作为"心"的建构性结果,是"心即理"的,也就是 $L_0 = L_1, L_0 = L_2$。L_0不是"五经"客观地有的"理",而是孔子、孟子赋予的。"五经"之所以能够与孔子、孟子互动,在于诠释学地预设了 $L_0 = L_1, L_0 = L_2$。尽管诠释学不承认L_0的客观性,但是从互动的有效性讲,它是必须作出的。孟子的诠释之所以能与孔子的诠释互动,也在于诠释学地预设了 $L_1 = L_2$。孟子的诠释学必须作出承诺:与孔子的诠释学是同"道"的。尽管孟子的诠释学是在战国的历史性、脉络性之中,而孔子的诠释学是在春秋的历史性、脉络性之中,孔孟诠释学的结果都只能是L_0。心学式诠释学没有向我们证明:在具体的历史性、脉络性中的诠释为什么能够得出普遍原理?不同诠释者的体验的结果为什么必然是相等的?

黄俊杰教授是基于思想史研究而提出"中国诠释学"的,包含了他对史学研究的很多真知灼见。他试图化解西方诠释学从个体意识出发所带来的相对性问题,"所谓'脉络化',从研究方法来看,就是将思想史所见的各形各色的经典诠释言论,加以'历史化'与'客观化'"[③]。但是,我们发现相对性并没有很好地

① 陈立胜:《朱子读书法:诠释与诠释之外》,李明辉编:《儒家经典诠释方法》,上海:华东师范大学出版社,2007年,第175页。

② 全林强:《有物必有则:一种以朱熹为基础的客观主义重构》,厦门大学哲学系博士学位论文,2021年,第125页。

③ 黄俊杰:《"中国诠释学"的类型与研究方法》,"《中国诠释学》与中国诠释学建构:行动20年的汉语哲学"学术研讨会论文,青岛,2023年8月,第154页。

解决。诠释学过程是从解释者开始的,而不是从解释者所在的历史开始的。历史仅仅是解释者理解自身存在的一种途径,也就是历史仅仅充当一种工具性的角色,它是要为解释者的自我价值意义的理解服务的。历史也是解释者所理解的历史,而不是客观的历史,那么,历史本身也是一种主观性建构。即使它拥有客观内容,但是它也是主观的。因此,中国诠释学试图从解释者转移到解释者的历史性、脉络性来解决客观性问题,便是不成功的。如何证明对于经典的诠释是有客观性的? 这仍然是中国诠释学的一个任务。

三、诠释者与群体关系:客观性的另一个维度

中国诠释学是否有客观性,这一问题关系到诠释者之间能否对话。孟子与孔子之所以能够对话乃在于他们对经典文本的诠释包含了某种共同的承诺,以至他们能够在不同的时代通过不同的方式来表达相同的内涵。这是就内容层面而言的。这种客观性的需求不仅为批评者所关注,同时诠释者也在尽力地避免客观性的缺失,“儒家经典中的普遍理则(‘道’)及其具体化(圣人及其在历史上的遭遇),却又有巨大落差,而使两者间恒存有紧张性。这种紧张性处处挑战着经典中的‘道’的普遍必然性”[①]。

内容性的客观性缺失是中国诠释学客观性问题的一个维度,这点备受研究者关注。但是,人们普遍忽略了诠释学的另一个客观性维度。诠释者对于儒家经典的解释是以儒家团体(学派)的形态来体现的,“大凡经典传统之形成,总会有内敛性和外散性这二向的辩证发展,由之乃形成一具有家族相似性的学派。学派中的各支及个人所以认同于某一经典传统,往往不在于其中有一不变的、共同的核心义理,甚或是本质主义的道统、心法等,而在于家族相似性中聚敛出一些大部分成员都接受的基本概念及基本论旨,亦即某些理论的基型”[②]。诠释者对于经典所作出的解释是要通过学术团体的形态来体现出来的。孔子、孟子之所以属于儒学团体乃是在于他们对于“五经”的解释是以L_0为范型的,他们的时代性、历史性、脉络性虽然不同,但是L_0是诠释的共同结果。假设存在一个孔子、孟子之后的“五经”诠释者——朱熹,他要想成为孔孟之徒,那么他的诠释结果也必须是L_0。假如朱熹的诠释结果是L_0',则朱熹便不属于孔孟之徒。这里,

① 黄俊杰:《东亚儒学史的新视野》,第76页。

② 冯耀明:《经典诠释与理论转移:中国哲学经典诠释之三大变例》,李明辉编:《儒家经典诠释方法》,第45页。

诠释结果L_0不仅仅体现了"五经"内容的客观性问题，而且体现了诠释者在学术团体中的地位问题，是诠释者与其他的"五经"诠释者在学术团体中的社会关系的客观反映。朱熹之所以是儒家学者，在于他的"五经"诠释结果为L_0。

诠释学的客观性问题不仅仅是内容性的客观性，而且是社会关系的客观性。诠释活动既是经典文本的解释活动，又是社会关系的构建活动。诠释者在进行经典文本的解释活动时，也是在构建自己与该学术团体之间的关系。我们把它们看成中国诠释学的客观性的双重维度：内容性的客观性和社会关系的客观性。二者是共同存在的、相辅相成的。基本理论的趋同意味着学术关系的成功构建，而基本理论的背离则导致学术关系的崩溃。儒学内部本身具有很强的派系特征，学术理念的差异往往又体现为派系之间的对立。已往的研究只关注了内容性的客观性，而忽略了社会性的客观性。

儒学史上，朱熹就"中和"问题与湖湘学的先合后离的关系体现了中国诠释学的客观性的双重维度。朱熹先是从李侗的"静中体认天理"传统中脱离出来，感到无所适从，"莫知所适"。接着，从胡宏《知言》中发现"主敬"、以性为未发、以心为已发的"中和旧说"思想。此时，朱熹与湖湘学的基本理论大体类似，并对加入湖湘学表现出了强烈的意向，朱熹赞美张栻"之学所以超脱自在，见得分明，不为言句所桎梏，只为合下入处亲切。今日说话虽未能绝无渗漏，终是本领是当，非吾辈所及"[①]。关于《中庸》"中和"问题的诠释也是朱熹与湖湘学者之间的关系的构建活动。这种学术关系是客观实在的，朱熹也确实获得了湖湘学者的认同。朱熹在长沙之行中与湖湘学者广泛交流，并参与编撰《二程文集》，在此过程中发现湖湘学者病痛不少，而且具有禅学的流弊，"湘中学子从之游者，遂一例学为虚谈，其流弊亦将有害。比来颇觉此病矣……胡氏子弟及它门人亦有语此者，然皆无实得，拈槌竖拂，几如说禅矣"[②]。此时，朱熹开始怀疑湖湘学基本理论的正确性，进而探索新的理论。对于新理论的探索是与和湖湘学者的关系的崩溃相随的，"朱熹在同湖湘学者的广泛讲学接触中，在心里对湖湘学风形成了一个总的看法，已使他对湖湘学隐隐产生了一种意外的失望，竟使他隆兴元年李侗逝世依赖心头一直燃烧的一股向往推崇湖湘学人情开始冷却了"[③]。"中和新说"提出后，实际上朱熹与湖湘学的关系已经破裂了。对《中庸》"中和"问题的诠释不仅仅是基础理论的转变，同时也是朱熹与湖湘学团体的学术关系

① (宋)朱熹撰，朱杰人、严佐之、刘永翔主编：《朱子全书》第22册，上海：上海古籍出版社，合肥：安徽教育出版社，2010年，第1822页。

② (宋)朱熹撰，朱杰人、严佐之、刘永翔主编：《朱子全书》第22册，第1922～1923页。

③ 束景南：《朱子大传："性"的救赎之路》，上海：复旦大学出版社，2016年，第223页。

的转变。朱熹与湖湘学团体的归属关系已经消解,转而为一种对立性的学派关系。

我们通过朱熹与湖湘学的事例来说明中国诠释学的客观性的双重维度,对于L_0的共同承诺构建了诠释者与L_0学术团体的社会关系的客观性,同时,诠释者与L_0学术团体的社会关系的破裂会导致L_0转化为L_0'。归属性的学术关系转化为对立性的学术关系,这一过程也是社会关系的客观性之转化。黄俊杰教授也认为解释者的"历史性"会影响解释者对于经典内容的诠释,"经典解释者的'历史性'——也就是解释者所身处的时代政治氛围或历史背景,的确会影响他们对经典内容的诠释"[①]。儒家参与政治的形式多以学派性质来表达,对于经典文本的诠释不仅仅是内容性的,而且包含学术派系定位的问题。比如南宋庆元党禁中道学和反道学的对立,不仅仅是儒学内容两种不同的观点的对立,同时也是政治关系的对立,"庆元党禁中的道学与反道学矛盾本来是从绍熙内禅政权危机中直接引发出来的一场政治斗争……这场政治斗争的两方体现了两种不同的文化背景:前者代表了保守的陈腐的传统儒学文化,后者代表了进取革新的新型理学文化"[②]。

解释者之所以对经典文本作出"如此这般"的诠释,其目的之一是要在一个合适的学术群体中获取自己的参与、发言、交流的机会,把自己转变为团体之一员,从而获取某种学术利益。这是中国诠释学的客观性的双重维度之一。这也解释了解释者的"历史性"如何能够影响"对于经典内容的诠释"。黄俊杰教授提出了"历史性""脉络性"对经典诠释的影响,但是没有使"影响"明确化,没有回答"为什么解释者的历史性、脉络性会产生影响"。本文在这里作一个回应:中国诠释学的客观性有两个维度——内容性的客观性和社会关系的客观性,这两者是相辅相成的。解释者期待加入某一学术团体时,他必须赞同该团体的基本理论,必须获得团体成员的认同,如此解释者才能在该学术团体中收获自己的利益。如果解释者收获到的学术利益是符合他的预期的,那么他会更加倾向于维护他与该团体及其成员的社会关系。如此,解释者的行动便是学术团体的一种表象,他所表达的便是该团体的本身的利益诉求。但是,如果解释者从学术团体获得的利益低于预期,那么他会倾向于突破他与学术团体的关系,甚至退出该团体,放弃与该团体的其他成员的社会关系。历史性、脉络性是在解释者与学术团体之间的社会关系的聚合与分离过程中被纳入经典诠释过程中的。

① 黄俊杰:《东亚儒学史的新视野》,第40页。

② 束景南:《朱子大传:"性"的救赎之路》,第776页。

结 论

黄俊杰教授"历史性""脉络性"的提法对于克服诠释学的客观性问题是极为有益的。经典的诠释所体现的是解释者对于自身所在政治、文化、经济等方面的历史性的把握,如此,诠释便包含了客观化的内容。但是,笔者认为黄俊杰教授"中国诠释学"的方法仍然是不完善的,因为它本质上是一种心学式的诠释学,我们可以称之为"心学式的中国诠释学"。"历史"被视为一种"意义创造的活动",而不是客观实在的,"过去的历史经验不是与读史者疏离的'客观的存在'……在孟子的论述里,阅读历史是一种意义创造的活动"①。"历史"仍然被看成主观意识建构性的结果,即使拥有客观成分,但是它本质上还是主观的。客观历史的内容被我们有意图地剪裁成能够实现我们目的的片段,进行拼接,建构成为我们意义世界的"历史"。因此,通过这样的"历史"来回答诠释学的客观性问题,应当是不成功的。

在黄俊杰教授"历史性"的基础上,我们把"历史"翻转。我们所谓的历史是客观实在的,我们是在客观历史脉络中理解中国诠释学的。中国诠释学不仅仅是经典文本内容的解释,也是解释者的社会关系的体现。解释者与学术团体的客观社会关系是理解历史如何作用于经典文本内容的诠释以及为何经典文本的诠释具有客观性的一种重要途径。

① 黄俊杰:《东亚儒学史的新视野》,第62页。

“中国诠释学”的特色以及可能性

——以黄俊杰《“中国诠释学”的类型与研究方法》为基础思考

[日]藤井伦明*

摘　要:中国有着悠久发达的经典诠释传统,中国文化的经典“诠释”特色在于:与西方诠释学对文本的理解模式单纯为理性层次的认知模式不同,中国诠释学脉络在此之上还有“身心一体”层次的理解。“中国诠释学”的第二点特色在于中国经典诠释模式有其多元性,具体表现在中国的经典诠释有以“实证”为主要理念的汉学系统,以及以“体认”为主要理念的宋学系统,这两种诠释模式展示着诠释行为的不同面向以及可能性,可以说都有其价值。吾人必须审视中国传统的认知模式、诠释理论,将它整理、系统化以建构“中国诠释学”。如此建构系统性、学术性的“中国诠释学”,也才能与“西方诠释学”进行深入的、建设性的对话,从而进一步追求“更有普适性意义的新的诠释学”。

关键词:身心一体;实证;体认;中国诠释学

历史上,在中国乃至东亚地区成为主流且发挥深刻影响的思想,毋庸置疑乃是儒学以及佛教。而无论是儒学还是佛教,皆拥有权威性的经典,对儒、佛两家而言,如何正确解读、掌握经典内容才是主要课题。于是,彼等于历史上留下大量的经典注释相关著作。其实,无论儒家还是佛家,其思想表现都离不开经典,其亦依据经典才能建构其自身之思想。因儒、佛两家所依据之经典有所不同,故儒、佛之间有其思想上的异同乃是理所当然之事。但同样属于儒学,以某一相同之儒家经典为根据,却产生不同之学统、学派。又或者即使同样被归类于儒家思想,但因汉学系统与宋学系统有所不同,甚至同样属于宋学系统,也有朱子理学与阳明心学之对立。依据同一本儒家经典却形成不同思想,其主要原因就出在对经典的解读、理解上的异同,也就是说在经典诠释上产生差异。

在儒学思想系统中,经典诠释的差异直接涉及思想上的差异。其实经典

* 藤井伦明,日本九州大学准教授。

诠释与思想表现有着密切关系这一点，佛学思想系统也完全一样。在儒、佛思想系统中，“思想表现”与“经典诠释”是分不开的，所以在中国乃至东亚地区，历来经典“诠释”这一作业非常发达。就儒学方面而言，历史上曾出现《五经正义》《四书章句集注》《十三经注疏》等著名的经典诠释作品。因此，吾人要理解中国思想、东亚思想的发展过程以及特色，绝对不能忽视这些经典诠释、经解作品。在这个意义上，吾人亦可将中国思想、东亚思想史视为经典诠释史。

在现代儒学研究领域中，所谓的“经学”主要是以自古以来儒家所作的经典注解、诠释为其研究主题。虽然在过往的中国乃至东亚世界并没有“诠释学”这一套专门学术领域，但对经典“文本”的“诠释”这一活动本身却是确实存在的，此点乃是毋庸置疑之事实。只要有“诠释”这一活动，则道理上一定存在“诠释”的方法、“诠释”的态度等有关“诠释”的技术、理念。笔者认为，在以“义疏”“集注”等儒家经典的批注为研究对象的“经学”中，按理来说含摄“诠释学”的某种部分。从这一角度而言，我们或许可将中国“经学”视为广义的“诠释学”。若如此看待，则中国堪称拥有非常悠久的“诠释学”历史，其经典“诠释”相关之方法、理念等相当发达。而且，既然在儒学系统中“思想表现”与“经典诠释”有密切关联，则在儒家思想中“诠释学”就具有相当重要的角色。

所谓的“诠释”，主要是阅读文本，进行解读，进而理解该文本所欲表达之意义的这一作为，而这一作为本身可以视为人类一般所做的普遍行为，此行为表面看来应该没有国家、民族之间的差异。但关于应该抱持何种态度、使用何种方法而来诠释文本，则因为国家、民族不同而可能产生各种不同的立场。且关于以何种“诠释”为理想，西方文化与中国文化并不一定完全一致。西方文化脉络下所发展出的“诠释学”，与中国文化脉络形成过程中所发展出的经典诠释传统，两者之间肯定有不同之处。儒家所追求的经典诠释方法、理念中，确实存在着与西方“诠释学”不同的地方。在这个意义上，将中国文化脉络下的经典诠释相关主张、理论，与西方文化脉络下的“诠释学”加以区别，并将之加以整理、统括为“中国诠释学”，进而深入分析之、探讨其特色，此乃非常合理而且必要。按理我们不是从西方的“诠释学”脉络，而是应该从“中国诠释学”的脉络切入，才能精确理解生根于中国文化的经典“诠释”特色。

那么“中国诠释学”到底有何种特色?“中国诠释学”的“中国性”又表现在何处？本文拟以黄俊杰教授《“中国诠释学”的类型与研究方法》一文为基础，进一步探讨、思考“中国诠释学”的特色以及其可能性。

一、"身心一体"之认知模式的中国诠释学

黄俊杰教授认为"中国文化特色的中国诠释学"有三种类型:第一种类型是"实践诠释学",第二种类型是"生命诠释学",第三种类型是"政治诠释学"。黄俊杰教授进而指出:"'中国诠释学'的'中国性'尤见之于经世致用之精神、政治之取向以及生命增上之愿景。"[①]笔者认为黄俊杰教授的分析非常精准地说明了"中国诠释学"的特色。对儒家而言,诠释经典不仅是为了"解释"经典,更是为了"实践"经典,也就是说,诠释经典的目的是"改变"自己的生命,提高道德境界,甚至试图"改变"世界。诚如黄俊杰教授所指出的,"中国实践诠释学最为突出之表现,正是'诠释文本'与'使用文本'之绾合为一"[②]。对经典的诠释影响到诠释者自己个人的"安身立命",自己个人的"安身立命"又可联结到"经世济民"。如此一来,在"中国诠释学"的脉络中,"诠释""实践""生命""政治"彼此互相关联,无法切割。[③]

若是如此,"中国诠释学"脉络中的"诠释"这一行为,指的并不是客观地、理性地"说明"文本的内容、意义。在现代学术界,无论何种研究领域,都被要求必须以理性客观的"科学"式来从事研究。人文学领域也不例外,"人文学"已经被称为"人文科学",无论是思想、文学抑或心理、信仰范畴的问题,皆必须从"科学"的脉络加以分析、探讨。而一般所谓的"科学"式研究,无非意味着理性、客观、实事求是的实证性研究。为了符合"科学"式研究的条件,人文学领域的研究者也往往试图与研究对象保持距离,站在客观的、冷静的、中立的立场来探讨、分析研究对象。若从这一标准来看,则"诠释""实践""生命""政治"连在一起的"中国诠释学",或恐不得不说其未必符合"科学"式研究。

但我们要问的是:人文学研究领域套用"自然科学"脉络的、所谓"科学"式的研究方法,就一定真的能够阐明研究对象吗?其实将人文学与自然科学视为根本不同性质之学术领域,对于人文学领域不应也不能套用自然科学之研究方法的这一观点,西方学界也曾有学者提出过。例如,德国历史学家德罗伊森(J. G. Droysen)就将历史学与自然科学视为不同原理的学问,进而提

① 黄俊杰:《"中国诠释学"的类型与研究方法》,"《中国诠释学》与中国诠释学建构:行动20年的汉语哲学"学术研讨会论文,青岛,2023年8月,第146页。

② 黄俊杰:《"中国诠释学"的类型与研究方法》,第151页。

③ 众所周知,这一特色在从"格物、致知"出发,最后到达"治国、平天下"的《大学》八条目中明显可见。

倡“方法论上的二元论”。据丸山高司先生的说明，德罗伊森认为“自然科学”的本质在“说明”对象，而“历史学”（人文学）的课题在“理解”对象。“自然科学”用归纳方法探究法则，依据法则演绎，亦即“说明”各个现象。相对于此，“历史学”（人文学）试图“理解”人类精神的感性表现，这种“理解”的模式采取的原理当然与归纳或演绎等方法有所不同。根据丸山高司先生的研究，德罗森的此种观点，日后由狄尔泰（Wilhelm Dilthey）所继承，狄尔泰同样对抗以“说明”为原理的“自然科学”，主张以“理解”为原理的“精神科学”“心理学”。对狄尔泰而言，“诠释学”乃是“理解的理论”，而所谓“理解”是以文本的“表现”为线索来掌握作者的“体验”的。这种“体验”无非就是“自己的体验投影到他者的表现中，也就是由‘自我投影’的方式‘重新体验’或‘重新构成’他者的体验的这种行为”[①]。狄尔泰这种注重“体验—理解”的诠释方法，后来被伽达默尔（Hans-Georg Gadamer）视为立足于“主观与主观的神秘交流”的浪漫主义诠释学而加以批判，伽达默尔进一步提倡“哲学诠释学”。如此一来，西方诠释学的发展也可说是有一相当复杂的演化过程，又若试图探讨诠释学的问题，当然应该理解迦达默尔的哲学诠释学的内涵。但关于这一方面，由于笔者完全外行，实在无法深入探讨之。[②]正因如此，上述的简略整理或许也有不恰当之处，但吾人在此至少可以确认的是，在过往的西方文化脉络中，也曾出现主张人文学研究与自然科学研究有所差异，故而反对套用自然科学的方法而来研究人文学的学者，此系不争之历史事实。

而作为“实学”的“中国诠释学”，其重视的也是文本的“体验”式“理解”，因此“中国诠释学”在某种程度上与以“体验—理解”为原理的西方浪漫主义诠释学较为相近。但笔者认为西方诠释学脉络中所谓的“体验”式“理解”，基本上只属于“理性”（大脑、心理）层次的作用。相对于此，“中国诠释学”脉络中的“体验—理解”则有不同层次的理解，除了单纯的“理性”层次的理解之外，还有“身体”层次或“身心一体”层次的理解。诚如黄俊杰教授所指出的，王阳明将读经的模式区分为“讲之以口耳”与“讲之以身心”两种。黄俊杰教授将“讲之以身心”的立场解释为“将自己的生命经验与体认，读入经典诠释之中，携古人之手、与古人偕行”，进而强调说“这种解释经典的方法正是中国生命诠释学的最大特

---

① ［日］丸山高司：《ガダマー：地平の融合》，东京：讲谈社，1997年，第54页。引文为作者自译。

② 管见所及，将朱子的经典诠释与迦达默尔的诠释学进行比较的代表性研究有邵东方的《朱子读书解经之诠释分析——与迦达默尔之比较》、郑宗义的《论朱子对经典诠释的看法》等。两篇论文皆收入钟彩钧主编：《朱子学的开展——学术篇》，台北：汉学研究中心，2002年。

征”。[1]据此，笔者认为西方浪漫主义诠释学脉络的“体验—理解”，其实仍然停留在“讲之以口耳”的程度，尚未进入“讲之以身心”的境界。

而在中国诠释学脉络的“理解”中，除了单纯的“理性”层次的理解之外，还有与身体、生命相关的更深层的理解，这一点从中文词语中，除了“理解”“理会”等词语之外，还有“体会”“体认”等词语这一事实也可以了解。众所皆知，宋儒非常喜爱“体认”一词，宋儒的语录中亦常出现“体认”概念。《朱子语类》中也看到如下几个例证。

> 或问读书工夫。曰：“这事如今似难说。如世上一等人说道不须就书册上理会，此固是不得。然一向只就书册上理会，不曾体认着自家身己，也不济事。如说仁义礼智，曾认得自家如何是仁？自家如何是义？如何是礼？如何是智？须是着身己体认得。……”[2]
>
> 人之为学，也是难。若不从文字上做工夫，又茫然不知下手处；若是字字而求，句句而论，不于身心上着切体认，则又无所益。[3]
>
> “仁者，人也。合而言之，道也。”此是说此仁是人底道理，就人身上体认出来。又就人身上说，合而言之，便是道也。[4]
>
> 体认者，是将此身去里面体察，如中庸“体群臣”之“体”也。[5]

由上述所举数例可知，“体认”这一理解方式不是大脑层次的表面理解，而是用人身心全部而来进行领悟的深层的、本质性的理解。所以我们或许可以说：“体认”是全人格、生命层次的理解。在这个意义上，黄俊杰教授将“中国诠释学”的第二种类型称为“生命诠释学”是非常中肯的。

若“理解”只是属于单纯大脑、理性层次的认知作用，那就只要加强对文字的思辨、分析能力就好。但“理解”若涉及身体、人格、生命层次，为了提高其认知的水平、精确度，除了增强思辨、分析能力之外，还需要身体方面的修炼，亦即工夫、修行。以“体认”为基础的“中国诠释学”认为只有经过身心层次的修养工夫，才能达到透彻、圆满的经典诠释。笔者认为在“诠释”与“工夫”连在一起掌握这一点上，也可以看出“中国诠释学”的特色。附带一提的是，关于这一点，西谷启治先生将日本前近代的传统世界的“知”与近代以还的现代世界的“知”之间的差异，从所谓“知”与“行”(修行)两者是否联结在一起这一角度来进行说明，其说也可供吾人参考。西谷先生说道：

---

① 黄俊杰：《“中国诠释学”的类型与研究方法》，第147页。

② (宋)黎靖德编：《朱子语类》卷11，北京：中华书局，1986年，第182页。

③ (宋)黎靖德编：《朱子语类》卷19，第435页。

④ (宋)黎靖德编：《朱子语类》卷61，第1459页。

⑤ (宋)黎靖德编：《朱子语类》卷95，第2454页。

所谓近世或近代这一历史阶段所具有的本质上的特征,乃是在人格形成之道中,“行”这一要素消失不见这点。也就是说,尤其是在知性方面,有关客体事物的知,亦即以科学为代表的客观之知成为主流,而对客观的阐明与对主体的自我探究,两者之间原本无法切割的这种知的次元,却被封闭掉了。而这种被封闭掉的知,其特色就是在体会某种事物的知,且在体会事物的过程中,同时从内部改变作为认知主体的自我本身这一点。进而从其被改变的自己进一步产生对事物进行更深入的体会,且其知又再改变自己。这与科学性的那种向外发明的客观知不同,那是往外的方向;与这种往内的方向并成为一体的知不同。也就是说,这是在超越客观知的次元上而成立的知。①

笔者认为,中国的“生命诠释学”脉络下的“知”,必须与“行”(工夫、修行)联结,这种性质的“知”若脱离“行”,就无法圆满完成。因此,中国“生命诠释学”脉络下的对文本的理解,吾人不能单纯地将之归类为“理性”层次的认知活动。相对于此,无论浪漫主义诠释学抑或哲学诠释学,西方诠释学脉络下的对文本的理解模式,基本上仍然属于理性层次的认知活动。也就是说,它是在logos的世界里开展的。在此,它可能无法脱离“形式逻辑”的基本公理(“同一律”“无矛盾律”“排中律”“充足理由律”等)。但在中国以及包括印度、伊斯兰等东方历史世界中,存在超越logos的认知、理解模式。中国的道家思想、大乘佛教,尤其禅宗思想中,最能明显看到这种超越logos的认知模式,儒家思想系统中的宋明理学也可看到这种认知模式。上文提到的“体认”式的理解,确实是无法单纯地从logos的脉络来加以说明的认知模式。这种不同于logos的认知模式应该如何称呼,学界目前看似没有共识。日本近代著名的佛教学者铃木大拙用《金刚经》中的词语,将之称为“即非的论理”②。而玉城康四郎将之称为“全人格的思维”③。另如山内得立以及中泽新一则用来自希腊语的lemma来称呼之。山内得立主张,这世界的“逻辑”不是只有西方文化脉络的logos体系,还有东方文化脉络的lemma体系,作为世界性的思想体系我们应该将这两者结合才更为完整。

---

① [日]西谷启治:《行ということ》,《宗教と非宗教の間》,东京:岩波书店,第95页。引文为作者自译。

② 参见[日]铃木大拙:《金剛經の禪》,《鈴木大拙全集》第5卷,东京:岩波书店,1968年,第380~383页。铃木大拙将“即非的论理”另外叫作“波若的论理”或“灵性论理。”

③ 玉城康四郎先生所谓“全人格性思维”,主要是相对于“对象性思维”所说的。“对象性思维”乃是“思考的自己”与“被思考的对象”相对立而成立的一般性思维,也就是“头脑上的思维”。“全人格性思维”则与之完全不同,是“头脑、心性以及灵魂,甚至连身体也融合成一体而运作的思维”。在“全人格性思维”上,“思考的自己”与“全世界、全宇宙”成为一体。详参[日]玉城康四郎:《悟りと解脱:宗教と科學の真理について》,东京:法藏馆,2021年,第17~18页。

> 一般说西洋文化是logos性的,相对于此,东洋的文化是pathos性的,之所以如此称呼,是因为logos与pathos两者都作为人类精神的基本要素,且互相依靠而构成人类精神的整体。此事虽然无非是一般性区别,或许不必特别指出,但我们试图将此事作为logos与lemma的区别而来加以掌握。也就是说,西洋文化是logos的体系,相对于此,东洋文化是依据lemma的方法的。logos发展为逻辑,但lemma也延展出另一种逻辑性。[①]
>
> logos的发展到了黑格尔到达极限,除了logos之外没有其他逻辑,这种观点是西欧思想的越权,甚至为倨傲的看法。在东洋有另一种逻辑,那就是lemma的逻辑。吾人通过提倡它,提示与西欧思想相对立的东洋思想的特色,同时试图在某种意义上树立整个世界的思想体系。lemma的逻辑不仅为东洋文化的Idealtypus,而作为承担世界思想体系的一部分,笔者认为我们虽将两者加以区别,但同时又必须包摄两者,借此才能完成世界性的思想体系。[②]

将东方文化脉络的逻辑用lemma这一概念来说明究竟恰当与否,关于这点在此暂且不论,因为这可能需要另外撰文探讨。但中国传统的认知模式中确实存在着异于logos的认知模式的另一种认知模式,此点恐怕是无法否定的事实。笔者认为吾人在探讨"中国诠释学"的特色时,也应该考虑这种认知模式的异同问题。

人类的认知模式其实有多种,除了logos之外,还有另外不同的认知模式,对此我们还可以参考著名的语言哲学、伊斯兰神秘思想研究大家井筒俊彦的研究。[③]井筒俊彦从"意识"与"本质",以及"言语"的脉络来分析东方各种思想,试图阐明东方思想的特色。据他的研究,东方传统思想家所理解的"意识"具有多层结构,有从表层到深层的不同层次。在表层意识上的认知乃是依据logos的分析模式,在此展现出来的是"有名"(有本质)的"分节"世界,亦即以"秩序"为真相的"有"的世界。相对于此,在深层意识上的认知乃是超越logos的直感模式,在此展现出来的是"无名"(无本质)的"无分节"世界,亦即以"浑沌"为真相的"无"的世界。显然,儒家思想属于前者,而道、佛思想属于后者。当然实际上儒家思想也并不局限于表层意识的世界,也重视深层意识的开发(如《中庸》所谓"未发之中"等);道、佛思想也不能完全脱离表层意识的世界,日常生活以及思想表现也必须依据logos。因此,无论儒家抑或道、佛二家,其认知模式应该

① [日]山内得立:《ロゴスとレンマ》,东京:岩波书店,1974年,"序",第Ⅶ页。引文为作者自译。

② [日]山内得立:《ロゴスとレンマ》,第89页。

③ 关于井筒俊彦的观点,主要参考[日]井筒俊彦:《意識と本質》,东京:岩波书店,1991年。

是表层与深层互相渗透，是相当复杂的。但无论如何，吾人透过井筒俊彦的分析可以确认的是，在东方传统的世界里，认知世界的模式绝对不是那么单纯的。笔者认为，中国传统的认知模式中存在着与现代所谓“理性”“logos”不同系统的认知模式，此点是毋庸置疑的。

二、中国经典诠释的两种类型——“汉学”与“宋学”

另外值得注意的是，不仅儒家与道、佛二家之间在认知、诠释模式上有所异同，而且同样属于儒家的汉学系统与宋学系统，围绕经典诠释的理念或方法，历史上也产生过不同的立场，此系不争之事实。汉学系统乃是汉唐训诂学以及清代考据学，宋学系统乃是朱子理学以及阳明心学。概括而言，汉学系统的学者以“实证”为经典诠释的基本方法，宋学系统的学者以“体认”为经典诠释的基本方法。无论汉学抑或宋学，经典诠释的目的就在于阐明圣贤的“义理”(道理)，亦即这世界的普遍真理。但笔者认为，这两者所持的“语言—义理”观有所不同。汉学的立场非常注重“文字”与“义理”的必然关系，认为“文字”与“义理”绝对不容二分开来，“文字”直接反映着“义理”内容。因此，在经典诠释上，“文字”层次的训诂考证成为核心方法。清代考据学大家戴震说道：

> 言者辄曰:“有汉儒经学，有宋儒经学，一主于故训，一主于理义。”此诚震之大不解也者。夫所谓理义，苟可以舍经而空凭胸臆，将人人凿空得之，奚有于经学之云乎哉？惟空凭胸臆之卒无当于贤人圣人之理义，然后求之古经。求之古经而遗文垂绝，今古县隔也，然后求之故训。故训明则古经明，古经明则贤人圣人之理义明，而我心之所同然者乃因之而明。贤人圣人之理义非它，存乎典章制度者是也。[①]

如引文所述，戴震将“贤人圣人之理义”(真理)、“古经”(经典文本)与“训故”(文字的诠释)三者绾连在一起来加以掌握。钱大昕也指出：

> 有文字而后有诂训，有诂训而后有义理。训诂者义理之所由出。非别有义理出乎训诂之外者。[②]

钱大昕也认为“文字”“训诂”“义理”三者是一体时，无法单独分开。就汉

① (清)戴震:《题惠定宇先生授经图》，张岱年主编:《戴震全书》(六)，合肥:黄山书社，第505页。

② (清)钱大昕:《经籍籑诂序》，《潜研堂文集》卷24，《四部丛刊初编缩本》97，台北:台湾商务印书馆，1967年，第219～220页。

学的立场而言,“文字”的意义明白了,经典文本的意义以及圣贤的义理也就同时可以知晓明白。[①]相对于此,我们可以说宋学在某种程度上可能是将“文字”与“理义”分开掌握、理解。首先,“理义”并不是由圣贤创造出来的,而是在圣贤出现之前作为“天理”,其本来就独立存在的。朱子说:“虽圣人不作,这天理自在天地间。”[②]后来圣贤出现,此种形而上的、看不见的“义理”,借由使用“文字”作为形而下的、得以看见的“文本”而被表现出来,这就是“经典”。因此,从宋学的脉络而言,“文字”“圣贤”“义理”三者乃属于不同层次的要素。具体而言,“文字”的背后有“圣贤之意”,“圣贤之意”的背后有“义理”,经典被如此理解为由不同层次的要素所构成的文本。因此,即使“文字”层次上的训诂考据非常透彻,也未必就能真正体会“圣贤之意”以及“义理”。故朱子说道:

> 圣人言语,一重又一重,须入深去看。若只要皮肤,便有差错,须深沉方有得。[③]
>
> 未见道理时,恰如数重物色包裹在里许,无缘可以便见得。须是今日去了一重,又见得一重,明日又去了一重,又见得一重。去尽皮,方见肉。去尽肉,方见骨。去尽骨,方见髓。[④]
>
> 看文字,若便以为晓得,则便住了。须是晓得后,更思量后面尚有也无。且如今有人把一篇文字来看,也未解尽知得他意,况于义理。前辈说的恁地,虽是易晓,但亦未解便得其意。须是看了又看,只管看,只管有。[⑤]

从宋学的脉络而言,经典诠释的目的,首先是透过经典文本的“文字”来理解“圣贤之意”,其次依据“圣贤之意”进一步理解“义理”(天理)。

> 读书以观圣贤之意。因圣贤之意,以观自然之理。[⑥]

在宋学系统的经典诠释中,“文字”“语言”是获得“圣贤之意”的媒介、工具,阐明的对象不在于经典文本的文字“本身”的“意义”,而在于经典文本的“作者”(圣贤)的“意图”。用朱子的说法,经典诠释的目的就在“因其语而得其心”[⑦]。笔者认为,不仅仅只是停留在“文字”层次上的理解(训诂考据),而是从“文字”

---

① 关于清朝考据的“语言—义理”观,参见[日]滨口富士雄:《清代考據學における解釋理念の展開》,《日本中国学会报》第43集,1990年,第186~200页。

② (宋)黎靖德编:《朱子语类》卷9,第156页。

③ (宋)黎靖德编:《朱子语类》卷10,第162页。

④ (宋)黎靖德编:《朱子语类》卷10,第172页。

⑤ (宋)黎靖德编:《朱子语类》卷10,第173页。

⑥ (宋)黎靖德编:《朱子语类》卷10,第162页。

⑦ (宋)朱熹:《四书章句集注》,北京:中华书局,1983年,第30页。

进一步掌握其背后存在的“圣贤之意”，继而透过“圣贤之意”再进一步体会“义理”，这一整个过程就是宋儒所谓“体认”的具体构造。而吾人如此之所以能够“体认”，无非就在于“义理”原本就存在于吾人己身。故“体认”无非是经典文本上的“义理”与“自家心相肯”的状态。

大凡看书，要看了又看，逐段、逐句、逐字理会，仍参诸解、传，说教通透，使道理与自家心相肯，方得。读书要自家道理浃洽透彻。①

读书，不可只专就纸上求理义，须反来就自家身上推究。秦汉以后无人说到此，亦只是一向去书册上求，不就自家身上理会。自家见未到，圣人先说在那里。自家只借他言语来就身上推究，始得。②

上述所言，无非黄俊杰教授所谓“受经典感召”，经典的义理“回向读者的身心”，“被经典义理转化”的事态。③因为追求的“义理”本来就在吾人身上，不是从外面勉强撷取过来的，所以其方法必须“自然”而“不可助长”，而且是以“虚心”与“切己”为基本态度的。朱子说道：

读书须是虚心切己。虚心，方能得圣贤意。切己，则圣贤之言不为虚说。④

看文字须是虚心。莫先立己意，少刻多错了。又曰：“虚心切己。虚心则见道理明，切己，自然体认得出。”⑤

也就是说，杜预所谓“优而柔之，使自求之，餍而饫之，使自趋之。若江海之浸，膏泽之润，焕然冰释，怡然理顺，然后为得也”⑥，之所以能被宋儒视为理想的读书方法，其原因就在这里。⑦

如上所述，中国的经典诠释有以“实证”为主要理念的汉学系统与以“体认”

① (宋)黎靖德编：《朱子语类》卷10，第162页。

② (宋)黎靖德编：《朱子语类》卷11，第181页。

③ 参见黄俊杰：《“中国诠释学”的类型与研究方法》，第146～147页。

④ (宋)黎靖德编：《朱子语类》卷11，第178页。

⑤ (宋)黎靖德编：《朱子语类》卷11，第179页。

⑥ “国立”编译馆主编：《十三经注疏13 春秋左传正义(一)》，台北：新文丰出版公司，2001年，第19页。

⑦ 程颐说：“志不可不笃，亦不可助长。志不笃则忘废。助长，于文义上也且有益，若于道理上助长，反不得。杜预云：‘优而柔之，使自求之，餍而饫之，使自趋之。若江海之浸，膏泽之润，焕然冰释，怡然理顺，然后为得也。’此数句煞好。”[(宋)程颢、(宋)程颐：《河南程氏遗书》卷23，《二程集》，北京：中华书局，第305页]朱熹也说：“大凡看书，要看了又看，逐段、逐句、逐字理会，仍参诸解、传，说教通透，使道理与自家心相肯，方得。读书要自家道理浃洽透彻。杜元凯云：‘优而柔之，使自求之，餍而饫之，使自趋之。若江海之浸，膏泽之润，焕然冰释，怡然理顺，然后为得也。’”[(宋)黎靖德编：《朱子语类》卷10，第162页]

为主要理念的宋学系统两种。若套用上述的logos(表层意识)或lemma(深层意识)的分类,笔者认为汉学系统基本上是在logos层次的诠释,宋学系统则不局限于logos层次,也涉及lemma层次的诠释。总之,这两种诠释模式展示着诠释行为的不同面向以及可能性,可以说都有其价值。笔者认为结合两者才能实现比较完整的经典诠释。而在中国历史上曾出现此两种诠释模式这一点,正表示着中国经典诠释的多元性。因此,吾人在思考"中国诠释学"的特色时,这种诠释模式的多元性也值得注意。

结　语

黄俊杰教授在结论中指出:"中国诠释学并不是对西方诠释学的反叛而成为某种'折射的东方主义',也不是西方诠释学的对立物,而是与西方诠释学亲切互动,共创更有普适性意义的新诠释学。"[①]其又说:"所谓'中国诠释学'的研究与建构,正是为了改善现阶段'以西摄中'之状况,而迈向一个中西共生共荣的新愿景。"[②]笔者完全赞成黄俊杰教授这一观点。"中国诠释学"的研究与建构,绝对不是为了对抗西方诠释学,以中国诠释学为绝对化或权威化,试图取代西方诠释学的地位。笔者认为对文本的诠释这一活动,乃是人类普遍的作为,无论哪一个地区、民族,若有文字、有文本,广义而言,就一定会开展诠释这一作为。不同地区、民族具有不同的历史、文化背景,可能形成不同的诠释理论、诠释方法。中国地区必然有与西方地区不同的诠释理论以及方法,因此诠释的形态本来就是也应该是多元性的。虽然"诠释学"这种学术专业领域(框架)是在西方学界成立的,但诠释相关的具体理论、方法(内容)在西方之外的地区也普遍存在。因此,若我们试图建构具有普适性意义的诠释学,当然不能也不应该局限于西方国家的诠释学,必须扩大视野而关注全世界曾有的诠释作为。

现代的东方世界基本上以西方价值观、思维模式为典范,故出现黄俊杰教授所谓的"以西摄中"的状况。在这种状况下,往往出现忽略乃至否定东方传统的文化价值的现象。东方传统文化中当然也有需要克服的价值观、习俗,这一点无法否定,但也有许多不必也不应低估的,甚至不能忽视的重要思想遗产,这也是不容否定的事实。笔者认为,中国传统的认知模式、诠释理论就是其中一个。吾人必须审视中国传统的认知模式、诠释理论,将它整理、系统化以建

① 黄俊杰:《"中国诠释学"的类型与研究方法》,第157页。
② 黄俊杰:《"中国诠释学"的类型与研究方法》,第157页。

构"中国诠释学"。如此建构系统性、学术性的"中国诠释学",才能与"西方诠释学"进行深入的、建设性的对话,进一步可以追求"更有普世性意义的新的诠释学"。

沟口雄三先生晚年提倡"作为方法的中国"[①],其目的就在借由中国价值将西方价值加以相对化,进而追求世界性的价值。对沟口雄三先生而言,"以中国为方法,就是以世界为目的"[②],而"以世界为目的",意味着"在相对化了的、多元化的真理之上,进一步创造出高层次的世界理想图"[③]。笔者认为,"中国诠释学"的研究与建构在将西方诠释学加以相对化,进而摸索、建构更完整、更有普世价值的"诠释学"时,其作为方法其实相当有效且有益。

最后,我们也应该注意:若要建构完整的"中国诠释学",可能不能局限于儒家思想系统的范围,吾人同时必须关注佛家以及道家系统的认知模式、诠释理论,一并对之加以全面性的分析、探讨。

---

① 参见[日]沟口雄三:《方法としての中国学》,东京:东京大学出版社,1989年;[日]沟口雄三:《日本人视野中的中国学》,李甦平、龚颖、徐滔译,北京:中国人民大学出版社,1996年。

② [日]沟口雄三:《日本人视野中的中国学》,第94页。

③ [日]沟口雄三:《日本人视野中的中国学》,第95页。

从生命诠释学看朱子对"合下工夫"的伦理抉择内涵

张昆将*

摘　要:本文呼应黄俊杰教授所提中国诠释学中以"生命诠释学"最为重要,选择朱子对"合下"的工夫修养进行"生命诠释学"的分析,以呈现儒家有关生命诠释学的特色。本文首先说明朱子常用"合下"用语来描述权变伦理的应用。其次,深入地探讨朱子常言的"合下工夫"所带有的"本来性""整全性""信仰性""恒常性"等内涵,这四项内涵均有"即工夫即本体"的生命诠释学之特质。再次,由于生命诠释学最核心之处在于生死抉择,本文扣紧"合下"的抉择工夫,针对面临生死抉择的两难伦理之四个类型进行分析:功利主义型、浪子回头型(如子路)、弃守仁义型(如洪承畴、秦桧)、贯彻仁义型(如文天祥)。最后提出这类"合下工夫"的当下抉择,表面看似一个"即兴的抉择",却又带有超越时空的"当下即永恒"的生命永续课题。

关键词:生命诠释学;合下工夫;生死抉择

黄俊杰教授在《"中国诠释学"的类型与研究方法》一文中,提出了中国诠释学主要有三个类型:"实践诠释学""生命诠释学""政治诠释学"。虽然在西方的经典诠释中亦不乏这三类型,但因中国文化有"自成一格"的"中国性",不能简单视为"西方诠释学在中国",三类型都具有丰富的经世致用之精神、政治之取向及生命增上之愿景,与西方诠释学特重知识论及基督宗教文化的背景因素迥然有别。[①]以上黄俊杰教授所提中国诠释学三类型,实则以"生命诠释学"最为重要,也最具儒家经典诠释的特色。该文并说:

---

*　张昆将,台湾师范大学东亚学系教授。

①　参见黄俊杰:《"中国诠释学"的类型与研究方法》,"《中国诠释学》与中国诠释学建构:行动20年的汉语哲学"学术研讨会论文,青岛,2023年8月,第144～146页。

> 因为中国的生命诠释学，具有以上所说回向自己身心之特征，所以生命诠释学虽然时或涉及本体论或宇宙论甚至知识论问题，但莫不落实于当下即是的人生课题，20世纪当代新儒家精神导师熊十力先生所说“体神化不测之妙于人伦日用之间”[①]一语，最能说明这种生命诠释学的特质。中国经典诠释者虽或涉及“极高明”之层次，但终不离“道中庸”之关怀。[②]

文中更强调生命诠释学特重“自己的生命浸润在经典义理之中，并被经典义理所转化”，并且在诠释文本时，关心“如何受经典感召”这个问题，远过于“如何了解经典文本”这个问题，故讲究成圣成贤的进德修业之“成人”(becoming)之学甚于生命“存有”(being)问题。[③]易言之，黄俊杰教授引用汤用彤先生所谓“中国之言本体者，盖可谓未尝离于人生也。所谓不离人生者，即言以本性之实现为第一要义”[④]，这是中国儒、释、道诠释经典或论述本体论所共有的特征，不能单纯用西方存有论理解中国知识人的经典诠释。用牟宗三先生的话来说，是一种“摄存有于活动”，下学而上达自我修炼过程[⑤]；这种“摄存有于活动”也带有牟先生所谓“内在超越性”相对比于西方基于上帝神的“外在超越性”，以凸显中国文化与西方文化在思想模式及世界观方面的根本差异。[⑥]

黄俊杰教授更在此鸿文中，特以朱子的经典诠释为例，提及“在中国诠释学史中，朱子毕生生死以之的解经事业正是‘生命诠释学’的典型代表”，又在前引文中特论及“生命诠释学虽然时或涉及本体论或宇宙论甚至知识论问题，但莫不落实于当下即是的人生课题”。[⑦]笔者受此启发，刚好阅读朱子文本时，常看

① 熊十力：《读经示要》，台北：广文书局，1970年，第67页。

② 黄俊杰：《“中国诠释学”的类型与研究方法》，第147页。

③ 参见黄俊杰：《“中国诠释学”的类型与研究方法》，第147～149页。

④ 汤用彤：《汉魏两晋南北朝佛教史》(上)，台北：台湾商务印书馆，1968年，第200页。

⑤ 牟宗三指出：“在孔子，存有问题在践履中默契，或孤悬在那里，而在孟子，则将存有问题之性即提升超越面而由道德的本心以言之，是即将存有问题摄于实践问题解决之，亦即等于摄‘存有’于‘活动’(摄实体性的存有于本心之活动)。如是，则本心即性，心与性为一也。至此，性之问题始全部明朗，而自此以后，遂无隔绝之存有问题，而中国亦永无或永不会走上西方柏拉图传统之外在的，知解的形上学中之存有论，此孟子创辟心灵之所以为不可及也，而实则是孔子之仁有以启之也。”(牟宗三：《心体与性体》第1册，台北：正中书局，1993年，第26页)

⑥ 学界对“内在超越”与“外在超越”之二分中西文化有诸多争议，特别是美国学者郝大维(David L. Hall)和安乐哲(Roger T. Ames)合著的《孔子思想探微》(*Thinking Through Confucius*)一书对新儒家有关内在超越性的说法提出批评，李明辉先生在《儒家思想中的内在性与超越性》一文中已有详细响应，笔者甚为赞同李明辉的观点。该文收入杨祖汉编：《儒学与当今世界》，台北：文津出版社，1994年，第55～74页。

⑦ 黄俊杰：《“中国诠释学”的类型与研究方法》，第147～148页。

到“合下”一语,其实就是现代话语的“当下即是”,细检之下,“合下”(也就是“当下”)一语所涉及的工夫修养,实带有丰富意义的生命诠释学内涵,不可轻忽看过,亦可说是生命诠释学的重要诠释特色。若用儒门的工夫修养话语,生命诠释学是一种“即本体即工夫”的生命修养课题。至于什么是“本体”与“工夫”?简言之,一专讲求性命道德,一专致力于世道上的实学上,如荒木见悟先生所称,前者是“本来性”,后者是“现实性”。[①]前者着重追求普世价值的生命根本性,后者强调经世致用的生命实用性,二者实相辅相成,不可分割,但又常互存紧张性关系,呈现“本体即工夫,工夫即本体”的“即本体即工夫”的生命诠释特质。儒者虽皆知“体用兼备”,但要善用恰到好处,着实困难,也涉及平日工夫修养是否到位或是否有偏差的问题。因此,本文关注“合下”一词概念,实涉及儒门工夫与本体之间修养的课题,又由于朱子使用颇多的“合下”一语,即是今日所说的“当下”,故本文拟以朱子学说作为探讨主轴,分析“合下”此一丰富概念所引发有关生命诠释学的课题。

一、朱子的“合下”用语与道德两难情境

“合下”一词不是自古有之,最初使用的年代当为唐代,而且来自禅门。唐朝文益禅师语录中即有“合下”用词:“师谓小儿子云:‘因子识得尔爷,尔爷名甚么?’儿无对(法灯代云,但将衣袖掩面),师却问僧:‘若是孝顺之子,合下得一转语。且道,合下得甚么语。’僧无对。师代云:‘他是孝顺之子。’”[②]文中问其是否认识父亲之名,实是问“本性”之意,“转语”是禅门惯用的参禅话语,带有用“反问”“反诘”方式以逼出禅门之悟,“若是孝顺之子”当指弟子若真切承事师父,当下应有所体悟,其中提到“合下”,就有眼前、当下的机智与体悟之意涵。文中有两个“无对”,“僧无对”是真不知,“儿无对”则有“无对”胜“有对”的证悟。

不过中国古典此前虽无“合下”一语,不代表古代没有类似的表述概念,经典中亦不乏例子可举。如《论语·乡党》中有一段:“厩焚,孔子问:‘伤人乎?’不问马。”孔子当下念头不是考虑马伤了没或房子烧了可惜,而是考虑有无伤到人,由此可窥孔子的人本初衷(但不能过度解读孔子不爱护动物)。又如《孟子·

① 参见[日]荒木见悟:《序論——本來性と現實性》,《佛教と儒教》,东京:研文出版,1993年,第3~7页。

② (唐)文益禅师:《金陵清凉院文益禅师语录》,《大正新修大藏经》第47册,东京:日本大正一切经刊行会,1934年,第588页。

离娄上》中孟子面对淳于髡的质疑"嫂溺，则援之以手乎"，回答道："嫂溺不援，是豺狼也。男女授受不亲，礼也；嫂溺援之以手，权也。""嫂溺"当下心里的念头是"救人"或"男女授受不亲"，孟子这里权变地思考，判定伦理有大有小，"救人"当然高过"男女授受不亲之礼"。再如《孟子·公孙丑上》提到"乍见孺子将入于井"，"乍见"引发的是当下心里的念头，是救人者与婴孩的父亲有交情或无交情，或救婴孩这项行为可以得到赞扬，或纯粹是"救人"，孟子由此推判人性中本有的善性。从以上孔孟的权变思考抉择可知，孔孟强调的"当下"抉择，具有强烈的人本主义的"道德心"。

唐代以后最多用"合下"一词者，当属朱子。笔者检索《朱子语类》有关"合下"一词，便有157笔之多，足见"合下"在朱子时代已是常用语，且是相当口语白话的用法，用今日话语即是"当下"。朱子也偶用"当下"，二义虽相通，不过"合下"用法多过"当下"，且意义较为深远。今人常用"活在当下"，鼓励人把握此时此刻美好或幸福的一切，殊不知"当下"一语在儒、佛中各有其深厚的人生哲理或宗教情怀。佛教所谓"把握当下"一语，带有相当"死生无常"的佛理，故需把握当下精进修行，方不枉难得的暇满人身。儒家用"合下"一流行语，当来自宋代，多少也受到佛教或禅门的这种用法的影响，特别强调"心"上的工夫修养。"当下"或"合下"，常用来描述"心"的状态，特别在描述两难的伦理情境时，期盼可以作出不违背"本心"的智慧正确抉择，而当下那种智慧抉择也带有生死之间意义的思考与行动，具有丰富的生命诠释学意义。

值得注意的是，朱子常用"当下"或"合下"来描述"心"的状态，特别在描述两难的伦理情境时，朱子应该是最常用"合下"一词的儒者。如朱子解释《孟子·尽心》中的"桃应问曰"一章与弟子的问答，涉及"法"与"理"的冲突伦理。内容如下：

> 问："瞽瞍杀人，在皋陶则只知有法，而不知有天子之父；在舜则只知有父，而不知有天下。此只是圣贤之心坦然直截，当事主一，不要生枝节否？"曰："孟子只是言圣贤之心耳。圣贤之心合下是如此，权制有未暇论。然到极不得已处，亦须变而通之。盖法者，天下公共，在皋陶亦只得执之而已。若人心不许舜弃天下而去，则便是天也。皋陶亦安能违天！法与理便即是人心底，亦须是合下有如此底心，方能为是权制。今人于事合下无如此底心，其初便从权制去，则不可。"[①]

① （宋）黎靖德编：《朱子语类》卷60，北京：中华书局，1986年，第1450页。朱子答语中"法者，天下公共"一语，最早的出处是西汉张释之对汉文帝所说"法者，天子所与天下公共也"一语。参见《张释之冯唐列传》，《史记》卷102，台北：鼎文书局，1991年，第2754页。

以上引文出现的三次关键词“合下”,即“圣贤之心合下是如此”“合下有如此底心”“今人于事合下无如此底心”。足见“合下”是一种“心地工夫”。“合下”如果用到两难的伦理情境,便涉及伦理变通的问题,所谓“圣贤之心合下是如此,权制有未暇论。然到极不得已处,亦须变而通之”。理解这个“合下是如此”相当关键,有进一步深入探讨的必要。

上述引文中,朱子强调“法与理便即是人心底,亦须是合下有如此底心,方能为是权制”,说明不论是“法”抑或“理”的处置皆是“不离人心”。换言之,“人心”是联系“法”与“理”之间的关键,也是运用权变伦理的根据,若是离开了“人心”就成为“法是法”(流于法家)、“理是理”(流于道德理想家)二分状态,关键在于“合下”有无此心在做判断。“有此心”,“法”与“理”的冲突可因此而有权通之可能,找到“合理”与“合法”之间的适当性;若“无此心”则恐流于朱子这里所说“今人于事合下无如此底心,其初便从权制去,则不可”,也就是错置或误用权变的方法,还自认为“合理”与“合法”。最典型的例子便是《论语·子路》所记载叶公认为其乡党中有正直者,采取的是“父攘羊,而子证之”的表面“合法”举发父亲的行为,孔子在此深层地看到“正直”的关键在当下“有无此心”(孝心),采取的是“父为子隐,子为父隐”的权变原则。

“法”或“理”的处置要“不离人心”,但这个“本心”也是不离“天理”,“本心”与“理”系处于不即不离的关系,如朱子在章句中对舜背父窃逃之例批注:“盖其所以为心者,莫非天理之极,人伦之至。学者察此而有得焉,则不待较计论量,而天下无难处之事矣。”[①]此处所言“不待较计论量”,指的是“当下”一念的抉择,只想到天子尊贵地位随时可抛,但人伦之至的父亲谁也无法取代,不会计较天子地位抛弃之可惜或不舍。我们在此可以看到,朱子在“心”与“理”的不即不离关系中,以“合下”作出的抉择作为心地工夫的关键,而这个关键常在“一念之间”的抉择。朱子即便在给宋孝宗的奏札中也强调“本乎一心”或“一念之间”。他说:

> 臣闻人主所以制天下之事者,本乎一心,而心之所主,又有天理、人欲之异,二者一分,而公私邪正之途判矣。盖天理者,此心之本然,循之则其心公而且正;人欲者,此心之疾疢,循之则其心私而且邪。公而正者,逸而日休;私而邪者,劳而日拙。其效至于治乱安危,有大相绝者,而其端特在夫一念之间而已。舜、禹相传,所谓“人心惟危,道心惟微;惟经惟一,允执厥中”者,正谓此也。[②]

朱子又在《戊申封事》中提到人主须省察那“一念之萌”:

① (宋)朱熹:《四书章句集注》,台北:长安出版社,1991年,第360页。

② 陈俊民校编:《延和奏札二》,《朱子文集》第2册,台北:德富文教基金会,2000年,第418页。

伏愿陛下自今以往，一念之萌，则必谨而察之：此为天理耶？为人欲耶？果天理也，则敬以扩之，而不使其少有壅阏；果人欲也，则敬以克之，而不使其少有凝滞。①

“心”在此介于“理”与“人欲”之间，循“天理”则“心”是“公且正”，依“人欲”则“心”是“私而邪”。我们比较好奇的是，朱子给皇帝的奏札中，为何还要强调“本乎一心”与“一念之间”，并且常因向皇帝面陈时不忘讲“正心诚意”，而被讽刺为不切实际。②这可能是因为朱子要用圣王的标准要求人君，期待宋孝宗撑起圣王事业，这当然有朱子“得君行道”的时空背景。不过，朱子的“本乎一心”并不像阳明“心即理”的直贯超越的“心”与“理”关系的思维，故王阳明常批评朱子将“心”拆解为“人心”与“道心”。实则“工夫”才是二者关键之别，因依朱子所说，“一念之间”是圣王十六字心法工夫，背后带有恒常不断的积累穷理之工夫。但这“一念之间”，在王阳明处比较不强调穷理工夫的时间累积进程，而是带有像禅门超越时空的“刹那即永恒”“当下具足”“烦恼即菩提”的体证实践工夫。换言之，在朱子那里，凡人并无所谓“当下具足”这种体证，这类体证唯有生而知之的圣人或修养到圣人之心的境界者方可。朱子之所以要求宋孝宗不断地“正心诚意”，是因为从根源上期待王者自己以身作则，达到上行下效的效果，这是国家“治乱安危”的关键，一切的开始也存乎人君的“一念之间”的抉择。所以，没有平日的积累工夫，“一念之间”的当下抉择，常有“人欲”干扰“天理”的成分，而人君的决策又往往攸关国计民生甚至国家兴亡，可不慎哉！下一部分将进一步分析朱子使用“合下工夫”所涉及的具体内涵，以利于我们更清楚掌握朱子“合下”用语中有关生命诠释学之特质。

二、“合下工夫”所涉及的生命诠释学内涵

朱子的理学当有两个层面：一是“当然之理”，一是此理之“所以然”。朱子

---

① （宋）朱熹：《戊申封事》，朱杰人、严佐之、刘永翔主编：《朱子全书》第20册，上海：上海古籍出版社，合肥：安徽教育出版社，2010年，第597页。

② 如日本德川初期儒者伊藤仁斋有段问答讽刺朱子：“问：‘宋孝宗召朱熹，或有要之于路，以正心诚意为所厌闻者，晦翁曰：吾平生学问，只在正心诚意，岂可回互欺吾君乎！如何？’曰：‘愚谓其说固善，然在学者则可，非所以告人君也。如学者，固不可以不以此自修；在人君，则当以与民同好恶为本。其徒知正心诚意，而不能与民同好恶，于治道何益……且如庸暗之主，岂能受诚意正心之说，而得从事之哉！正所谓欲其入而闭之门也。”（[日]伊藤仁斋：《童子问》第17章，家永三郎、清水茂等校注：《近世思想家文集》，东京：岩波书店，1976年，第224～225页）

几乎不用“所以然之理”,仅用“道理所以然”或“理之所自来”,想必朱子视“理”既涵摄“所当然”,也涵摄“所以然”,故而这两种理对朱子而言是一体之两面。“当然之理”是指我们“应做什么”的价值判断,而“理之所以然”是指对此“应做什么”再进一步问及此一背后的道德法则。无论如何,朱子的“当然之理”与“理之所当然”都离不开前所言“摄存有于活动”的人生伦理课题。以下分别论述朱子常言的“合下”所带有的“本来性”“整全性”“信仰性”“恒常性”等内涵,让我们更能掌握其中所涉及的生命诠释学之特质。

(一)合下工夫的“本来性”

“当下一念”的行动抉择,是一种积累工夫的展现,但工夫不离本体,所以本处所言的“本来性”,就是本体意涵的本来性,朱子此类用法颇多,如以下三项资料:

> (1)克去己私以复于礼,自然都是这意思。这不是待人旋安排,自是合下都有这个浑全流行物事。此意思才无私意间隔,便自见得人与己一,物与己一,公道自流行,须是如此看。①
>
> (2)读书已是第二义。盖人生道理合下完具,所以要读书者,盖是未曾经历见许多,圣人是经历见得许多,所以写在册上与人看。而今读书,只是要见得许多道理。及理会得了,又皆是自家合下元有底,不是外面旋添得来。②
>
> (3)试看天下岂有假做得仁,假做得义,假做得礼,假做得智!所以说信者,以言其实有而非伪也。更自一身推之于家,实是有父子,有夫妇,有兄弟;推之天地之间,实是有君臣,有朋友,都不是待后人旋安排,是合下元有此。又如一身之中,里面有五脏六腑,外面有耳目口鼻四肢,这是人人都如此。存之为仁义礼智,发出来为恻隐、羞恶、恭敬、是非,人人都有此,以至父子兄弟夫妇朋友君臣,亦莫不皆然。至于物,亦莫不然。③

从以上三引文中,可窥“合下”均与“不是待人旋安排”“不是外面旋添得来”“不是待后人旋安排”连言:引文(1)中“自是合下”有“自然”或是“本有”之意;引文(2)中“合下完具”“自家合下元有底”也有“本来”之意涵;引文(3)中的“合下元有此”特表示仁、义、礼、智等四端之心也是“本有”或“本真”,以相较于“假仁”“假义”“假礼”“假智”。因此,“合下”在此均是描述本性状态的用语,印证汤用

① (宋)黎靖德编:《朱子语类》卷6,第111页。

② (宋)黎靖德编:《朱子语类》卷10,第161页。

③ (宋)黎靖德编:《朱子语类》卷14,第256页。

彤先生所言:“中国之言本体,盖可谓未尝离人生也。”

(二)合下工夫的“整全性”

“整全性”是相对于“部分性”而言,朱子在表达“合下”一语时,往往带有“整全性”。如以下两笔材料:

> (1)且如恻隐、羞恶、辞逊、是非,不是四件物,合下都有。“偏言则一事,总言则包四者”,触其一则心皆随之。言“恻隐之心”,则羞恶、辞逊、是非在其中矣。[①]

> (2)问:“或言今日之告君者,皆能言‘修德’二字,不知教人君从何处修起?必有其要。”曰:“安得如此说!只看合下心不是私,即转为天下之大公。将一切私底意尽屏去,所用之人非贤,即别搜求正人用之。”[②]

引文(1)阐述孟子的四端之心并不是四件事,而是“合下都有”,此一“合下”有“整体”涵摄“部分”的意味,且扣紧“四端之心”之整全而言,背后当然有孟子性本善论的内涵。引文(2)有关人君如何“修德”之问,朱子答以“只看合下心不是私,即转为天下之大公”,强调“合下心”是否“私”或“公”的重要性,“私”是出于自己偏私偏党之心,属于部分的考虑,“公”则出于不私不党之心,属于整全的考虑。

(三)合下工夫的“信仰性”:“信得及”与“信不及”

对朱子而言,“合下”既是一种“心”至为关键的“工夫”,故特注意这种“合下工夫”所面临的“难处”。如朱子所说:

> 致知、格物,固是合下工夫,到后亦离这意思不得,学者要紧在求其放心。若收拾得此心存在,已自看得七八分了。如此,则本领处是非善恶,已自分晓。惟是到那变处方难处,到那里便用子细研究;若那分晓底道理却不难见,只是学者见不亲切,故信不及,如漆雕开所谓“吾斯之未能信”。若见得亲切,自然信得及。[③]

以上朱子论“格致”工夫,认为最终还是离不开“合下”的心地工夫,但随又点出面临“到那变处方难处”的关键判别,需要“仔细研究”分晓其中的道理。所谓

---

① (宋)黎靖德编:《朱子语类》卷97,第2496页。

② (宋)黎靖德编:《朱子语类》卷108,第2679页。

③ (宋)黎靖德编:《朱子语类》卷15,第292页。

“到那变处方难处”,应指处于两难困境该如何当下抉择,由于需要作出符合本然之心的正确“抉择”,例如小至是否怕亲人担心而向亲人说谎的当下抉择;大至担任政府要员,面临巨额贿赂时的当下抉择;乃至生死关头之际,选择救人或逃离的当下抉择;或是一位将领被敌军俘虏,面对敌军的威胁或利诱时,选择宁死不屈或是叛国投降的当下抉择;等等;都涉及“合下”的心地工夫。值得注意的是,朱子在此区分学习者为“见不亲切,故信不及”与“见得亲切,自然信得及”两类。“亲切”二字在朱子思路中是特别语汇,黄俊杰教授分析朱子读书法中,“亲切”带有两层意涵:一是经由读书而使自己跟圣人合一,因为圣人就是书中的“道”之具体化;二是经由读书,使我们自己跟圣人合一,从而与宇宙合一,使“本然之心”与“天理自然”合而为一,完成了“天人合一”。①换言之,“合下”的心地工夫,带有上述二层“亲切”的以己心与圣人之心合一,以及以己心与天心合一的信仰层面。至于“信得及”与“信不及”之间,当然涉及内在拉拔的心地工夫,而“合下”的心地工夫要作出正确的抉择,正是在这种平日恒常且坚定的信仰或信心下,所积累的工夫呈现结果。但论及“信得及”的信仰问题,又不得不兼具以下“恒常性”的内涵。

(四)合下工夫的“恒常性”

当下一念看起来是一种“随机的”内心行为,细究之则不然,因行动是否正确或得当,与惯习的心理活动“抉择”有关。“当下一念”的正确抉择实取决于平日的积累修养工夫,有助于自己在临事之际因应各种场合及适当的时机作出正确的抉择,不受私意或欲望的感受污染,这与能否维持恒常的道德心有关。朱子曾对学生问及人性虽本善,但遇事或面对外面情境时,因各人气质之高低各所有偏,会产生善恶,或初善后恶的问题,朱子驳斥这样的说法,并用水流长短的精辟比喻作答:

> 不当如此说,如此说得不是,此只当以人品贤愚清浊论。有合下发得善底,也有合下发得不善底,也有发得善而为物欲所夺,流入于不善底,极多般样。今有一样人,虽无事在这里坐,他心里也只思量要做不好事,如蛇虺相似,只欲咬人,他有甚么发得善!明道说水处最好,皆水也,有流而至海,终无所污;有流而未远,固已渐浊;有流而甚远,方有所浊。有浊之多者,浊之少者。只可如此说。②

① 参见黄俊杰:《“亲切”:朱子读书法的一个关键词》,《经学》(韩国)2020年2月创刊号,第163~190页。

② (宋)黎靖德编:《朱子语类》卷4,第73~74页。

朱子用水流的远近比喻人性受外界污染的清浊程度，来取代学生直接用气质清浊高下说明人性本善受污染的情况，若不细看，难以窥出其中不同。笔者认为，上述“合下”的关键词不应漏看，朱子至少分出三类人：(1)合下发得善；(2)合下发得不善；(3)合下发得善而为物欲所夺，流入于不善。当然朱子又说“极多般样”，也就是不只这三类，并用水流比喻，水如同本善的清净源头，但有一类是流到海里，终不受污染；有一类是还流不到远处，就受到污染；也有一类流得颇远，才受到污染。后两类因中途受到污染，也有受污染的多或受污染的少的种种不同程度情况。以上三种“合下”都是当下所发的心境，但那当下念头能否一路都发出善念，不受污染，这种人当是少数。多数情况下，都是第二类人或第三类人，尤其是第三类人为多，也就是当下发出善念，但持续不久，最终流入不善。

这里最要注意“当下”所发出的善念能否恒常持久的工夫问题，也就是最终流到海而能不受污染的最深切工夫。依朱子重视格物穷理工夫而言，这种“恒常性”得须扣紧格物穷理的工夫意涵而说，如朱子所说：“求放心不须注解，只日用十二时中，常切照管，不令放出，即久久自见功效，义理自明，执守自固，不费气力也。”[①]可窥合下工夫所发的念头是来自“日用十二时中，常切照管”的恒常性工夫而来。因此，朱子对佛教的当下顿悟常表示无法苟同而说：“以某观之，做个圣贤，千难万难，如释氏则今夜痛说一顿，有利根者当下便悟，只是个无星之称耳！”[②]又批评道：“比因朋友讲论，深究近世学者之病，只是合下欠却持敬工夫，所以事事灭裂。其言敬者，又只说能存此心，自然中理。至于容貌词气，往往全不加工。设使真能如此存得，亦与释老何异？”[③]换言之，“合下”具有工夫时间进程中的完善状态之显露，持敬工夫如此，穷理工夫亦如此，故朱子更说“穷理盖是合下工夫”[④]，在此“合下”成为穷理工夫的当下显露。易言之，以时间进程而言，当下念头是由前此时间不断积累工夫而来，“合下工夫”的“恒常性”特质即在此。

以上虽稍整理朱子“合下工夫”的生命诠释学之四个内涵，但这四者自有紧密关联性，有其不可分割性之关系，特别是“本来性”“整全性”“信仰性”课题在陆象山、王阳明的心学中也都具备，至于“恒常性”则是心学与理学之间对“当下即是”工夫所常出现的不同理解。心学家理解的“恒常”是“常存得此心”“主宰

---

① (宋)朱熹：《答李叔文》，《晦庵先生朱文公文集》卷52，朱杰人、严佐之、刘永翔主编：《朱子全书》第22册，第2470～2471页。

② (宋)黎靖德编：《朱子语类》卷115，第2784页。

③ (宋)朱熹：《答林择之》，《晦庵先生朱文公文集》卷43，朱杰人、严佐之、刘永翔主编：《朱子全书》第22册，第1968～1969页。

④ “(问)：‘穷理是寻个是处，然必以恕为本。’但恕乃求仁之方，试看穷理如何着得恕字？穷理盖是合下工夫，恕则在穷理之后。”[(宋)黎靖德编：《朱子语类》卷18，第417页]

常定”“常知常存(良知)”去应对日常周遭事物,但依朱子强调格物穷理的恒常工夫而言,他当然反对禅门常言“当下即是”的顿悟工夫,而陆象山心学常表现出这类顿悟话语,频为朱子所批评。如以下对学生的回答:

问:“陆象山道,当下便是。”曰:“看圣贤教人,曾有此等语无?圣人教人,皆从平实地上做去。所谓‘克己复礼,天下归仁’,须是先克去己私方得。孟子虽云‘人皆可以为尧舜’,也须是‘服尧之服,诵尧之言,行尧之行’,方得。圣人告颜子以‘克己复礼’,告仲弓以‘出门如见大宾,使民如承大祭’,告樊迟以‘居处恭,执事敬,与人忠’,告子张以‘言忠信,行笃敬’,这个是说甚底话?又平时告弟子,也须道是‘学而时习’,‘行有余力,则以学文’,又岂曾说个当下便是底语?大抵今之为学者有二病,一种只当下便是底,一种便是如公平日所习底,却是这中间一条路,不曾有人行得。而今人既不能知,但有圣贤之言可以引路。圣贤之言,分分晓晓,八字打开,无些子回互隐伏说话。”①

依朱子之论,陆象山“当下便是”实违反圣门之言,圣贤之言教人明明白白、分分晓晓都须“从平实地上做去”,带有恒常性的实践工夫或穷理工夫,没有所谓“当下便是”的顿悟工夫,这也就是朱子少言“合下一念”或“当下一念”,顶多说“合下发得善”或“合下发得不善”,盖有意要区隔陆象山“当下便是”的易简工夫。而讨论工夫能否“恒常性”课题,最可注意者当是面临生死两难伦理情境的当下抉择课题,以下论之。

三、面临生死两难伦理的“合下”抉择工夫

黄俊杰教授曾针对儒家生死哲学,提出儒家有种坚持道德价值永远优先于生理性的生命价值这个特点,他说:“儒家生死观通达人情而曲通理性,勇敢面对死亡的必然性,但不祈求人格神的救赎,也不祈求往生极乐净土,而在生死抉择之中,彰显其社会文化价值与意义。”②笔者也认为生命诠释学中最核心的课题,便是生死学的课题,而触及生死学最可引发伦理冲突的便是面临生死抉择的道德两难困境。可以说,道德两难情境的最极致的时空点便是攸关“生死”的抉择,如朝鲜朝朱子学者李瀷所说:“举天下之物,莫切于身;举天下之事,莫急

① (宋)黎靖德编:《朱子语类》卷124,第2980页。

② 黄俊杰:《儒佛同调与异趣》,第15讲“生死观”(待出版)。

于死生。"[1]又如我们常说"慷慨杀身易,从容就义难""死非难也,处死为难""死有轻于鸿毛,重于泰山"等,此类皆涉及死的时机,当下可能没有太多思考与抉择时间,甚至"当下抉择"出现多重挣扎,此所以何以需要工夫愈精熟愈能应变,临机处变才愈能"死得其所""死得其时"。

朱子曾对《论语·微子》中孔子所称"殷有三仁者"的"微子去之,箕子为之奴,比干谏而死"的去就死生,主张三位殷商仁者进谏商纣王所表现出"当去""当留""当死"三种状况,认为他们是"切当不可易处",并特别针对比干与箕子如是说:"盖谏行而纣改过者,二子之本心也;谏不行而或死或囚者,二子所遇不同尔。使纣而囚比干,意比干亦未敢即死也;使纣而杀箕子,箕子敢求全哉?二子易地则皆然矣。"换言之,三子的去就死生的结果虽不同,但论其动机均非为己身计,皆出于公心,故朱子评曰:"其制行不同,各出于至诚恻怛之心,无所为而为之,故孔子并称三仁。"[2]所谓"至诚恻怛之心,无所为而为之"便是涉及本文所要阐释的"合下"工夫。

值得注意的是,殷之三仁的"当去""当留""当死"三种状况,皆可成就仁德,因此,抉择仁义的当下并不一定只有选择死亡一途。《朱子语类》有一段问答:

> 上蔡谓:"义重于生,则舍生取义;生重于义,则舍义取生。"此说不然。义无可舍之理,当死而死,义在于死;不当死而死,义在于不死,无往而非义也。[3]

这段对话看似简短,但意义深远,稍不慎就容易曲解孟子的"舍生取义"。显然,弟子举出谢上蔡(良佐)有关"舍生取义"与"舍义取生"的说法,朱子认为此说有问题,而补充提出"义无可舍之理","当死"与"不当死"全在于"义"。换言之,面临生死抉择,有人选择"死"固然是"义",即"当死而死,义在于死";但有人选择"生"也是"义",即"不当死而死,义在于不死"。如此,"不当死而死,义在于不死"如何理解呢?在什么状况下,可以"不当死而死"?又"不当死而死"会否给予贪生怕死的人一个合理的借口?这的确是很难判断,但中国的历史审判源远流长,又深受儒家影响,舍死就生之后的人,此后人生的行为,还须在历史显微镜下一一被检视是否"合义"。国破家亡的儒家士大夫的"遗民儒学"涉及此一

① 李瀷:《孟子疾书》,《韩国经学资料集成》第39册,汉城:成均馆大学大东文化研究院,1988年,第359~360页。

② (宋)朱熹:《答董叔重》,《晦庵先生朱文公文集》卷51,朱杰人、严佐之、刘永翔主编:《朱子全书》第22册,第2358页。

③ (宋)黎靖德编:《朱子语类》卷59,第1404~1405页。

课题,过去黄俊杰教授曾对宋末及明末遗民,如不仕异族的刘因与黄宗羲之“仕”与“隐”的抉择,以及亡命异乡的朱舜水等做过分析。[①]以上遗民儒者都涉及死生去就的两难当下抉择,潜藏有丰富且深刻的生命诠释学之内涵。

若我们回顾历史上的忠臣义士与叛臣贼子,就会发现他们皆饱读诗书,均深谙圣贤道理,但临危或临死之际,却作出南辕北辙的抉择。例如,秦桧初为抗金,靖康之变,二帝被金人俘虏时,欲立张邦昌为伪皇帝,秦桧不畏权势,慷慨激昂直言上书斥责张邦昌是天下仇人。秦桧后随二帝被掳至金国,三年后被放回南宋,之后独揽相权19年,力主议和,迫害抗金名将岳飞,成为历史上的奸臣。再如,洪承畴投降皇太极,最初绝食而终投清。这是典型“当下”可以挺住诱惑,但接下来受不住诱惑,工夫不到位,第一时间的“当下”可以宁死不屈、不降,但生死当头,敌人也用心理战,百般引诱,结果在第二时间或第三时间的“当下”就破功,抉择了“舍死就生”,扭转了道义与利诱之抉择关系,从此其现实生活中也许一生荣华富贵,但终究敌不过历史审判的道德判断。洪承畴之型者,正是前节朱子水流比喻下的“(合下)发得善而为物欲所夺,流入于不善”之类者。

但是,同样的情况用在汉代使臣苏武及宋代文天祥身上就完全不同。以文天祥为例,他兵败被俘后,被囚禁长达四年,其间,无论蒙古兵如何劝诱文天祥,他当下的第一时间、第二时间……的抉择都是宁死不屈,最后写下脍炙人口的《正气歌》。文天祥之型者,正是朱子水流比喻的“流而至海,终无所污”之类者。与洪承畴两相对照,同样读圣贤书,为何一开始都可以坚持仁义,但经过一段时间,有人抛弃,有人继续坚持,这不可不让我们深思。由于儒家自孟子以降坚守性本善论,所以仁心是人所先天固有[②],在道德根源上都相同,但因后天熏染的结果,笔者勉强稍整理如下四类型:

(1)初不守仁义,最后也以自利为主的生命抉择。(功利主义型)

(2)初不守仁义,最后因学习或启蒙而良心发现,选择仁义。(浪子回头型,如子路)

(3)初守仁义,经不起迷惑,最后选择背叛仁义。(弃守仁义型,如秦桧、洪承畴)

(4)初守仁义,最后还是贯彻仁义。(坚守仁义型,如文天祥、郑成功)

以上四类型,最可探讨的是第三类弃守仁义型的秦桧、洪承畴之类者,从他

① 参见黄俊杰:《论东亚遗民儒者的两个两难式》,《台湾东亚文明研究学刊》2006年第1期。

② 如同朱子所言:“仁是本来固有之理,不因公而有,特因公而存尔。如沟渠窒塞,故水不通流,去其窒塞,则水流矣。水固不因去塞而有,然亦非既去其塞而又别有一段工夫使水流通也。”[(宋)朱熹:《答董叔重》,《晦庵先生朱文公文集》卷51,朱杰人、严佐之、刘永翔主编:《朱子全书》第22册,第2220页]

们最后叛国成为奸臣的行为看来，其最初能守仁义，恐怕也只是懂得表面上的仁义，也就是仅将仁义当文字看，未真正入心改变气质，故平日处事极有可能常是一种经过权谋计算的仁义，也就是回到第一类的功利主义型，这一类型者，读书目的往往只是谋取功名利禄，难以变化气质，故在临危之际，还是选择自利叛国。换言之，第三类与第一类之间实有着不即不离的关系。第二类的浪子回头型，证明得到好的老师、透过学习，还是可以变化气质的，子路若没得到孔子的引导，努力成为君子，恐怕只能成为盗亦有道的浪子，可见读书能否变化气质，与能否遇到真正好的老师指导及自己能否及时醒觉息息相关。第四类型最难能可贵，从一而终，从生到死，坚守仁义，这类型总能赢得历史价值判断。这种透过历史的价值审判衡量人的一生作为，从孔子作《春秋》即开始，如明代丘濬在《大学衍义补》言及："说者谓《春秋》以一字为褒贬，一字之褒荣于黼衮，一字之贬严如斧钺。"[①]以历史价值判断做褒贬，堪称中国的史学精神与特色，同时也具备徐复观先生所谓"史学中的宗教精神"，是透过道德性的因果报应观念，用史学代替神对人间的善恶最后的审判。[②]

但是，如何在两难困境的当下作出"正确的抉择"或抵住死亡威胁，特别是生死交关之际，例如孔子及其弟子在陈蔡绝粮之际是生死交关；又如王阳明在面临宦官刘瑾派人追杀时，困顿龙场之际也深感死亡这一关尚未克服，才使其凿石墩训练自己超越生死。[③]对此生死抉择课题，黄宗羲曾对《孟子·告子上》"舍生取义"的义理有所阐发：

> 凡人之学问，不着到于生死，终是立脚不定。盖世间所最不可忍者，只有死之一路。功夫到此都用不着，如欲从生死上研磨，终如峭壁，非人力攀援所及，唯有一义能将生死抹去，死之威力至此而穷，化险阻而为平易。程子曰："能尽饮食言语之道，则可以尽去就之道。能尽去就之道，则可以尽生死之道。"故孟子只将辞受取与之间，说得平常，而至烦难者即此。[④]

黄宗羲承认"死亡"是极猛的威力，如攀爬峭壁，非人力所及，并且往往"功夫到此都用不着"，但也承认只有坚持"义"方能克服"死之威力"。问题是，能抵住死

---

① (明)丘濬:《大学衍义补》卷84,《景印摛藻堂四库全书荟要》经部第67册,台北:世界书局,1985年,第14b页。

② 参见徐复观:《论〈史记〉》,《两汉思想史》,台北:台湾学生书局,1993年,第427页。

③ 年谱载王阳明龙场顿悟时提及:"时瑾憾未已,自计得失荣辱皆能超脱,惟生死一念尚觉未化,乃为石墩自誓曰:'吾惟俟命而已!'"

④ (清)黄宗羲:《孟子师说》,《景印文渊阁四库全书》第208册,台北:台湾商务印书馆,1983年,第889页。

亡威胁的"义"从何而来？黄宗羲引用程子的话说,"义"的力量需要在平常饮食言语之间就要有所培养,不是临生死之际忽然就会有的。

实则,孟子在舍生取义的论述之后,就讨论到平日修养工夫的重要性,《孟子》原文接着说:

> 是故所欲有甚于生者,所恶有甚于死者,非独贤者有是心也,人皆有之,贤者能勿丧耳。一箪食,一豆羹,得之则生,弗得则死。嘑尔而与之,行道之人弗受;蹴尔而与之,乞人不屑也。万钟则不辨礼义而受之,万钟于我何加焉？为宫室之美、妻妾之奉、所识穷乏者得我与？乡为身死而不受,今为宫室之美为之;乡为身死而不受,今为妻妾之奉为之;乡为身死而不受,今为所识穷乏者得我而为之,是亦不可以已乎？此之谓失其本心。①

以上略有二种情境,一是涉及尊严受辱情境时宁死不生,二是不当得利接受贿赂的情境。前者是逆境之极,攸关生死,为了维护尊严,宁可饿死也不得食;后者是安逸状态行不义之事。吊诡的是,尊严受辱当下宁死不生,安逸状态反而比较无法抵住不义的诱惑,孟子在此敏锐地觉察到出卖道德良心之时刻往往是身处安逸的状态,而不是身处尊严受威胁的状态。这充分可以理解,洪承畴在第一时间被俘虏劝降当下时,尚维护尊严,宁死不降,但在对方给予安逸一段时间,也想方设法照顾其尊严后,最终抵不住诱惑而出卖仁义。这就是"慷慨杀身易,从容就义难"的原因。孟子对出卖仁义的最后判别在于"失其本心",可窥两难困境出现时的当下抉择,关键抉择在"是否失去本心",朱子解释此"本心"为"羞恶之心"(义),亦即孟子引文中所说"不辨礼义"之心。朱子在《孟子集注》中说:

> 此章言羞恶之心,人所固有。或能决死生于危迫之际,而不免计丰约于宴安之时,是以君子不可顷刻而不省察于斯焉。②

又在《朱子语类》中说:

> 或曰:"'万钟于我何加焉？'他日或为利害所昏,当反思其初,则不为所动矣。"曰:"此是克之之方。然所以克之者,须是有本领后,临时方知克去得。不然,临时比并,又却只是择利处之耳。"③

"羞恶之心"人人皆有,如同今日我们谈人权概念时,必须维护人的尊严一样,具

① (宋)朱熹:《四书章句集注》,第333页。

② (宋)朱熹:《四书章句集注》,第333页。

③ (宋)黎靖德编:《朱子语类》卷59,第1450页。

有普遍性。这种人人固有的“本心”要如何发挥或维持？朱子在上述前一引文提及“省察”的工夫须“不可顷刻”离开，有一恒常且不间断的特色，才会有后一引文所凸显的真正的“本领”，方可在两难情境中的当下作出正确的抉择，抵住死亡的胁迫，这种道理如同训练军队一样，养兵千日，用在一时，“本领”来自这种恒常不间断的精进工夫，否则临事之际根本派不上用场。这种“当下”不仅足以应付短时间或突然间的“慷慨赴义”的当下，也能应付在比较长时间折磨下仍抉择“从容就义”的当下。从时间角度来说，这种“当下”是从一而终，均不变初衷，正所谓“当下即永恒”之真意味也，而不是“此时当下坚持，彼时当下放弃”的不统一情况。朱子在这里所说的“本领”到底用得出或用不出，即取决于平日修养工夫积累得够不够精熟，如果不够精熟或只是假工夫，那么临事极有可能在道德两难过程中作出舍义就利的抉择。

结语：“合下工夫”的“永恒的抉择”

本文透过朱子对“合下”的工夫修养进行分析，在第一部分说明朱子常用“合下”来描述权变伦理的应用，笔者称为“合下工夫”，这也是朱子用的词语，尤其是“格物”“穷理”之论下的偶用词语。第二部分则深入地探讨朱子常言的“合下工夫”所带有的“本来性”“整全性”“信仰性”“恒常性”等内涵，这四项内涵均有“即工夫即本体”的生命诠释学之特质，彼此之间又具有不可分离性与内在的紧张性关系。由于生命诠释学最核心之处在于生死抉择，论“合下”工夫也必然触及此一丰富而深刻的议题，故在第三部分分析了面临生死抉择的两难伦理之四种类型：功利主义型、浪子回头型（如子路）、弃守仁义型（如秦桧、洪承畴）、坚守仁义型（如文天祥）。

从朱子的“合下工夫”来看，朱子要人用工夫于“当下”是第四类型的“坚守仁义型”，但也需严防堕入弃守仁义或功利主义型。易言之，朱子的“合下工夫”当是从一而终、恒常不间断的精熟工夫，由此才能在真正面临生死攸关之际，体现出“当下即永恒”的工夫境界。易言之，当下抉择表面看似一个“即兴的抉择”，但从上述四项“合下工夫”内涵来看，当下抉择却又是个“永恒的抉择”，特别表现在生死两难的伦理情境，既带有坚实工夫修养的时间因果关系，又带有超越时空的“当下即永恒”的生命永续课题。就笔者所知，“合下工夫”在中国经典诠释学上尚未有人深入着墨探析，但此课题作为生命诠释学的一环，相当重要且内涵丰富，本文作为引玉之砖，是所愿也。

寻求与新的伟大的东方伙伴会话

——伽达默尔的开放性思想姿态与汉语哲学建构

张能为*

摘　要：伽达默尔的哲学思考蕴含着极强的开放性、未来性意识，尊重“他者性”思想，吁求与“他者性”思想对话，成为其解释学与实践哲学的“标识性”理论性质和思想目标，也塑造出了一种鲜明的堪称典范的现代开放性思想姿态，尤其是其后期发出了积极“寻求与新的伟大的东方伙伴会话”的思想强音。基于人类团体性意识和对西方既有哲学文化的自省反思，作为不源出于希腊文化而又相似于亚里士多德的一种“另类的、不同的”实践哲学类型或范式，古老悠久的中国思想文化展现出的不同于西方主导性纯粹理论哲学形态的异质性、具体性和实践性，因其既能为西方哲学文化批判纠偏又可予以补充发展，而受到伽达默尔的深度理解和肯定，并构成其思考人类哲学创造与发展的一个重要面向。伽达默尔有关东亚文化特别是针对中国思想文化的诸多论述，从哲学的开端性、实践哲学范式和汉语语言之于表达思想普遍性等维度，深层次地为当代学界讨论的汉语哲学建构提供了奠基性基础和意义理解的可资借鉴的思考。也因此，汉语哲学作为一种哲学形态何以可能的合法性问题获得了新的有力的论证与辩护，中国哲学文化重新理解、自身思想表达与自我理论主张具有深度的哲学文化语境，确立起了能够也应该敞开自身资源的世界性思想空间和哲学版图。

关键词：伽达默尔；解释学实践哲学；中国思想文化；汉语哲学

伽达默尔(Hans-Georg Gadamer)十分注重相互倾听、对话、交流(后期推广至不同宗教文化、思想文化之间)之于解释学实践哲学创造性作用与意义，在其

* 张能为，安徽大学哲学学院教授。

看来，今天我们不断地强烈意识到人类的语词和姿态具有交往能力[①]，不仅是民族国家的而且包括欧洲范围在内的思维框架都将证明是过时的。孤绝将不再是可能的[②]，真正的经验意愿，就是对真理要求的开放性姿态[③]，“没有这样一种彼此的开放性，就不能有真正的人类联系。彼此相互隶属（Zueinandergehören）总是意指彼此能够相互听取”[④]。此种开放性姿态，既是一种现代的思想文化态度、姿态，更是事情本身和问题所要求于思想创造的开放性、无限性之需和“一体性”新思考之表现。

何卫平先生在其《走向政治解释学——伽达默尔后期思想中的世界主义眼光》一文中有过这样的评价：伽达默尔不是一位欧洲中心论者，而是强调不同文化之间的平等交流，其后期有一种明确的世界主义眼光，突破了历史上原有的狭隘的民族主义局限，使其解释学意义得到了根本性的提升，将解释学的普遍性追求同全人类的自我拯救和自我解放联系起来了。[⑤]应该说，这一评价是准确的，也是深刻的。不同于黑格尔、胡塞尔、海德格尔和德里达等人公开地否定中国哲学，伽达默尔表现出了对不能被同质化的“他者性”的充分尊重与对话吁求，从文化间性或跨文化上明确强调，当今文化处于一个巨变阶段，而且还处于一个不确定的、缺乏自信的阶段，因而，“我们坚持建立与其他所有不同文化的联系，即那些不同于我们自己的、不是发源于希腊的文化”[⑥]。在伽达默尔这里，这些不同于发源于古希腊的文化主要就是指以中国思想文化为典型形态的东亚文化。

伽达默尔认为，古希腊的科学知识是一种通过理性抽象诉求于对事物的绝对的普遍的本质和规律的认识，经验性的知识是无法纳入科学知识的范围的，科学知识成为一种绝对必然、确定不变和永恒性的理解。然而，在伽达默尔看来，“当希腊人形成这种科学之时，他们就使西方与东方相区别并使西方走上了自己的发展道路”[⑦]，正是这一道路越来越表现出其科学或哲学的难以克服的问题，“科学概念是西方文化的特征，如果我们把西方文化与伟大的高度发展的亚

---

① 参见严平编选：《伽达默尔集》，邓安庆等译，上海：上海远东出版社，1997年，第553页。

② 参见[德]伽达默尔、[德]杜特：《解释学 美学 实践哲学——伽达默尔与杜特对谈录》，金惠敏译，北京：商务印书馆，2005年，第72页。

③ 参见[德]伽达默尔、[德]杜特：《解释学 美学 实践哲学——伽达默尔与杜特对谈录》，第27页。

④ [德]伽达默尔：《真理与方法》，洪汉鼎译，上海：上海译文出版社，1999年，第464页。

⑤ 参见何卫平：《走向政治解释学——伽达默尔后期思想中的世界主义眼光》，《广东社会科学》2012年第4期。

⑥ [德]伽达默尔：《哲学的开端》，赵灿译，上海：华东师范大学出版社，2019年，第1页。

⑦ [德]伽达默尔：《诠释学Ⅱ：真理与方法》，洪汉鼎译，北京：商务印书馆，2010年，第56～57页。

洲文化作比较,则它的厄运也许就在于这种科学概念之中"[①]。也就是说,这种科学知识观是绝对性的、超越性的,正因为坚持其纯粹的绝对性和普遍性,才忽视了不确定性的经验知识和理解性知识作为一种科学知识的整体性理解,也造成了科学知识与人的存在和实际生活经验的脱离。由此,伽达默尔明确指出,西方思想与思想道路是有别于东方智慧的[②],古老悠久的东方文化尤其是中国文化是一种完全异质性的知识文化,其本质上是一种相似于由亚里士多德发端但后续受制于纯粹理论哲学而未能保留和真正发展起来的"不同的、另类的"科学知识,即实践科学或实践哲学。

伽达默尔通过对亚里士多德、康德等人的实践哲学传统思想资源的重新发掘、接续,使得一种不同于西方2000多年来主流形态"纯粹理论科学"的另类科学知识范式即实践哲学受到了当代的重视和复兴,从而也为重新更好地理解中国传统思想文化的思想价值和意义打开了新的空间,开辟了新的道路。伽达默尔的哲学思考表现出了一种极大的开放性思想姿态,尤其是,他后期公开明确地发出了需要积极"寻求与新的伟大的东方伙伴会话"[③]这一思想强音,要求尊重、正视和重视包括中国思想文化在内的东亚文化,加强东西不同思想文化间的深层理解对话、互鉴融合,以便更有效地推进和实现当代人类哲学的新整合、新建构与新发展。伽达默尔强调,实践哲学是完全不同于纯粹理论科学的另一种知识类型和"科学理论范式",作为实践哲学具体化的精神科学知识形态,重要的不是像自然科学一样客观地去作说明,而是参与到精神活动之中进行意义理解和解释,"在精神科学中问题在于理解,更确切地说,在于理解社会的整个现实;如果人应当互相共同生活,那他们在社会中确实就必须互相理解"[④]。而要进行和达成"相互理解",一种世界性视野中的开放性态度或姿态就是必不可少的,于此,伽达默尔宣称:"要注意对一切保持开放的态度,并且要记住世界上的一切并非都是科学的对象或能够成为科学的对象。"[⑤]

1988年,我国学者丁东红教授曾前往海德堡大学拜访伽达默尔,时年88岁高龄的伽达默尔在交谈中表达过"我很想到遥远的中国去"的愿望,只是因身体状况不再适于长途旅行,觉得"提这件事太晚了",但对于未能到遥远的中国走走是心存遗憾的。[⑥]在丁东红看来,"在中国思想界把眼光投向世界的今天,伽

① [德]伽达默尔:《诠释学Ⅱ:真理与方法》,第401页。

② 参见严平编选:《伽达默尔集》,第555页。

③ 严平编选:《伽达默尔集》,第264页。

④ [德]伽达默尔:《科学时代的理性》,薛华等译,北京:国际文化出版公司,1988年,第2页。

⑤ 严平编选:《伽达默尔集》,第132页。

⑥ 参见丁东红:《访当代解释学大师伽达默尔》,《现代哲学》1988年第3期。

达默尔无疑是一个极富魅力的人物”[①]。根据伽达默尔学生、美国解释学家帕尔默(Richard E. Palmer)来华的学术讲演,伽达默尔与孔子儒学之间是有相似性的,夏威夷大学教授成中英先生在一次与伽达默尔的会见中就专门讨论过伽达默尔与儒学的类似性问题,正因此,中国学界会发现伽达默尔哲学是饶有趣味的。[②]伽达默尔是一位“以哲学表达西方命运”的哲学家,也是一位具有世界性情怀和人类存在“一体性”(Solidarität)意识的哲学家,其哲学思想在很大程度上内在地蕴含着关于人类生活命运和思想使命的思考,主张“介入生活”,做人的生命存在和生活的“戏剧的演员”,而不是看客,是其作为一位真正学者的职责与使命。2001年,伽达默尔在为洪汉鼎先生翻译的其代表作《真理与方法》所写前言中就说:“我自己很了解人们彼此进行交往和联系的活生生的话语的优越性。……我们深刻地感到一种毕生的使命,我们为了人类文化的共同未来这一使命必须完成。”[③]依照洪汉鼎先生的看法,解释学能够沟通中外古今思想,“诠释学是横跨中外和通达古今之桥梁”[④]。在当今这个世界科学技术化、思想文化日益全球化甚或“一体化”的时代,普遍交流日益密切,对话互鉴尤为重要,关于伽达默尔这样一位具有世界性影响力的哲学家如何看待和理解中国思想文化的开端性、知识范式、语言表达、思想性质和当代价值及意义的研究,无疑具有重要的学术理论价值和实践性现实意义。

一、基于何种“知识图谱”或“理论范式”来理解与中国思想文化对话之可能

伽达默尔哲学解释学表明,解释学并非一种方法论,而是关于世界事物和文本意义之理解的哲学性反思,是一种哲学性形态,也因此,解释学是一种知识理论,这种知识理论不同于西方主导性的纯粹理论科学,而属于西方“更早哲学知识的一种变形,这种哲学知识不是建筑在关于科学的近代概念之上,而是统括人的判断力的整个其他领域。这在欧洲传统中自亚里士多德以来称为‘实践哲学’”[⑤]。将解释学与一种更早的知识类型即实践知识或实践哲学关联起来,

---

① 丁东红:《访当代解释学大师伽达默尔》,《现代哲学》1988年第3期。

② [美]R. E. 帕尔默:《伽达默尔哲学的七个关键术语》,《安徽师范大学学报》(人文社会科学版)2002年第5期。

③ [德]伽达默尔:《诠释学I:真理与方法》,洪汉鼎译,北京:商务印书馆,2010年,“中译本前言”,第1页。

④ 洪汉鼎:《诠释学:它的历史和当代发展》,北京:中国人民大学出版社,2018年,第1页。

⑤ [德]伽达默尔:《科学时代的理性》,第2页。

是伽达默尔所有思想理论的底层逻辑,当然,也是其之所以能够开放性地看待和理解东方思想文化意义与价值的思想基础与理论框架。尽管伽达默尔曾表示,对他所不熟悉的领域和不掌握其语言的文化不愿多说什么的,但实际上,关于东方思想文化尤其是中国传统思想,伽达默尔还是在各种问题的讨论上发表了他不少的表述和看法,这些看法不是系统性的、集中性的,也非源出于其对中国传统思想文化本身的具体研究,但这些论断因其基于对整个西方哲学的反思性思考和人类哲学思想的当代与未来重建而提出,故具有重要的宏观性、整体性与方向性启示和意义。

古希腊时期,柏拉图的"理念论"奠定了哲学以追求绝对的不变的普遍性知识为根本的理论形态和思想道路,也构成了后续西方哲学的一种主导性哲学形态。亚里士多德则通过人类知识的"三分法"此种"知识图谱"将不同于"纯粹理论科学"的"不同的、另类的知识"即实践知识单列独立出来,这既是一种平衡,更是开辟了哲学可能发展出的另一种形态和方向的开端性思考。人类的科学知识有三种不同类型,既有追求不变性和普遍性的"理论科学"(epistem,数学、物理学、神学和形而上学为其代表性知识形态),也有为了实现具体的有限的外在目的的"技艺科学"(teche,修辞学、诗学为其代表性知识形态),而最特别的是,还有一种既追求普遍性又总是充分考虑到处境性变化性的与人的存在和行为相关的"实践科学"(phronesis,伦理学、政治学和家政学为其代表性知识形态),这类知识是与人自身的存在和行为活动相关的,从根本上就是人关于自身存在和行为意义的反思性实践知识,以"善"本身为最高目的,其目的内在于知识之中,需要结合人的行为的具体化处境才能使这种知识的正当性与合理性确立起来,因而,它总是复杂多变的,是实际性境况化的。与其说,实践知识是一种知识,毋宁说,它是人作为人而成为人的存在性知识,从根本上讲,就是一种人的生存论意义上的"实践智慧"。三种知识形态的区分体现出了亚里士多德在科学知识观上的一个伟大贡献,那就是将实践看作关于人类实际活动与生活的反思行为,将人的存在和行动的知识作为同样具有普遍性的一种"不同的、另类的知识"[①]使之独立和单列出来,这类知识就是实践知识或实践科学,也即后人所称的"实践哲学"。

伽达默尔高度肯定了亚里士多德将实践知识的分类和单列,称亚里士多德为"区分开科学、技术与实践智慧第一人"[②]。在其看来,希腊文"实践"(praxis)

① 参见[古希腊]亚里士多德:《尼各马科伦理学》,苗力田译,北京:中国社会科学出版社,1999年,第131页。伽达默尔也指出:"实践知识,即phronesis,是另外一类知识,它首先表示:它是针对具体情况的,因而它必须把握'情况'的无限多的变化。"([德]伽达默尔:《真理与方法》,第26页)

② [德]伽达默尔:《科学时代的理性》,第106页。

一词原指一切生命体的活动，正是亚里士多德用此概念专指人的实践行为，且在“不同的、另类的”知识类型上，将实践看作关于人类实际活动与生活的反思，具有依理性或原理而实践的品质[①]，揭示出了一种不同于纯粹理论知识或理论哲学的“另类的、不同的”实践知识或实践智慧，由此实践哲学成为一门探讨人类存在和行为意义的理论反思性学问。不仅如此，受到库恩“范式”(paradigm)思想影响，伽达默尔还进一步上升到不同的理论范式来看待实践科学，明确指出，实践哲学就是一种不同于纯粹理论科学的“科学理论范式”，“存在着一个与科学理论相关的范式，它可以为人们重新有条理地深化关于‘精神科学’的意识提供一种合法性证明。这就是亚里士多德所确立的实践哲学”[②]，“亚里士多德提出的实践科学纲领为我们提供了‘理解’科学可据以参照的唯一科学理论范式”[③]，“正是亚里士多德的实践哲学——而不是近代的方法概念和科学概念——才为精神科学合适的自我理解提供了惟一有承载力的模式”[④]，甚至宣称“实践哲学这种范式必须取代‘理论’(theoria)的地位……实践哲学这种范式乃是真正的哲学任务”[⑤]。伽达默尔将实践知识视作不同于纯粹理论科学的另一种“科学理论范式”，这意味着，这种实践知识、科学具有自身完全不同的对象、论题、性质和话语方式，根本上它就不再是一种绝对不变和永恒性的知识，而是关于人的存在和行为意义反思的存在性知识或智慧性思考。实践知识是变动的、处境化的，其目的内在于知识之中，一切知识、行动趋向善本身，这种知识具有人的存在生活的整体性和普遍性反思意义。伽达默尔宣称：“实践哲学是哲学，它是一种反思，更精确地说，就是一种对于人类生活形式所必须是什么的反思。”[⑥]这种“不同的、另类的”实践哲学才是人文精神科学的真正的“科学理论范式”，它所讨论的并不是与某个既成存在相脱离的理性和知识，而是被这个存在所规定并对这个存在进行规定的理性和知识，一切伦理的、道德的科学知识只有置于此种“另类的、不同的”的知识范式即“实践哲学”范式上，才能获得其思想实质的真正理解，也才能真正为人文科学或精神科学作出理论奠基和合法性辩护。

不过，欧洲近代却是一个推崇和强调“科学万能”“理性至上”的科学知识论时代，也是一个古希腊实践哲学传统沦丧的时代，亚里士多德所创建的实践知

① 参见[古希腊]亚里士多德：《尼科马科伦理学》，第126页。

② 参见[德]伽达默尔：《科学时代的理性》，第102页。

③ [德]伽达默尔：《真理与方法》，第795页。

④ [德]伽达默尔：《诠释学Ⅱ：真理与方法》，第401页。

⑤ [德]伽达默尔：《真理与方法》，第795页。

⑥ [德]伽达默尔：《真理与方法》，第654页。

识或实践哲学传统并没有很好地发展起来,而是受制于近代以来的科学的理论哲学,解释学至多也只是被视作一种论证和捍卫精神科学的方法论①,"实践哲学的传统完全落到了下风,哲学问题的重点完全转移到了所谓的认识论范围"②,出现了哲学上的"认识论转向"。与此不同,这种为欧洲近代科学文化所缺乏的实践智慧或者说实践哲学理论范式却在其他的文化中获得了保留与传续,"其他的文化在它们自己的道路上已获得并保留着一种智慧,而这种智慧正为近代科学文化所缺乏"③。正因如此,作为一种不同于西方主导性理论形态"纯粹理论哲学"的"他者性"思想文化即"不同的、另类的"实践哲学,古老悠久的中国思想文化受到了伽达默尔的深刻理解和肯定。可以说,伽达默尔不囿于西方的主导性哲学理解,对不同的"他者性"的关注以及"寻求与新的伟大的合作伙伴会话"的思想,展现出了其哲学思考的一种突出的开放性、包容性思想姿态。

近代时期明确将中国传统思想文化作为一种"不同的、另类的"实践哲学加以讨论的是莱布尼茨。莱布尼茨一生都对中国哲学非常感兴趣,依其看来,西方哲学思想只是在思辨科学方面略胜一筹,而东方的中国哲学则重在实践哲学方面,也因此,中国哲学的重大性质与特征不在于突出形而上学存在性思考的"心性之学",而在于注重将普遍性与实际的行为活动处境相结合的实践之知或实践哲学。伽达默尔基于亚里士多德奠定的实践哲学传统和理论范式,更是鲜明地指出:"智慧型的东亚思想在提问和表述方式上,都与所谓西方的哲学之间缺少一种'可检验(比较)关系'","东亚和印度的情况有所不同。这真的是另外的世界,它们对哲学家而言也恰好是必须的。这些古老高度文明的宗教特色,是一种完全自己的特色。东亚的智慧作为'中国智慧'(sapientia sinica)在18世纪就已经通过欧洲哲学而得到了某种接受"。④尤其是"当克里斯蒂安·沃尔夫以自己的著作投身于'中国智慧'时,'中国智慧'在18世纪便首次在欧洲思想

① 当然,伽达默尔绝不是要否定人文科学中方法论的价值,而是说方法论不构成人文学科这些领域的学术内涵。尽管人文科学也有其自身的方法,但相对于我们投身并嵌入其中的文化传统和文化生活所具有的价值而言,这些方法对人文学科只不过是一些自明的假定罢了。参见伽达默尔:《哲学的开端》,赵灿译,第34页。伽达默尔也在其他地方说过,科学的方法相对于人的存在的理性整体而言,是微不足道的。

② [德]伽达默尔:《科学时代的理性》,第3页。

③ [德]伽达默尔:《科学时代的理性》,第2页。此段话是伽达默尔为其《科学时代的理性》中译本出版所写序言论述的,显然,此处的"其他文化",可理解为伽达默尔所意指的是中国思想文化或以中国思想文化为代表的东亚文化。

④ Hans-Georg Gadamer, *Gesammelte Werke, Band 10, Hermeneutik im Rückblick*, Tübingen: J.C.B. Mohr (Paul Siebeck), 1995, pp. 267-268.

中得到了特殊推崇”[①]，正是“沃尔夫将‘中国智慧’明确表述为‘实践哲学’”[②]。

将“中国智慧”称作“实践哲学”，这一定位是准确恰当的，意义重大，也被伽达默尔高度认同和肯定。在其看来，亚里士多德实践哲学之“善”的“德行”思想体现的就是伦理与习行的结合问题，这和中国传统儒学文化的人的善的行为道德思考具有十分重要的相似性。以孔子为代表的中国儒学传统文化，虽然不是一种基于纯粹理性的“纯粹哲学”，但仍不失是一种关于人的经验和道德生活的普遍性思考，具有亚里士多德的实践知识层面上的“经验的普遍性”。亚里士多德批判柏拉图的善的理念乃是一种空疏的共相，他以“对人的行为来说什么是善”这个问题取代了人的善的一般问题，指出“善”(arete)和“知”(logos)的等同乃是苏格拉底—柏拉图“善论”的基础，但这是一种绝对理智主义，陷入了一种纯粹理性思辨的空疏。而实际上，人的道德知识的基础是orexis，即“努力”，及其向某种固定的态度(hexis)的发展，所以“善”概念既包含善本身之意，也蕴含善的实行意义，即“善行”或“德行”。善本身与善行或德行是有区别的，伦理学要研究的是人的存在的善的问题，这样一来，亚里士多德就“把德行学说带回到正确的尺度上。伦理学(Ethik)这一概念在名称上就指明了亚里士多德是把善建立在‘习行’(Übung)和‘Ethos’(习俗)基础之上的这一关系”[③]。基于此，以儒学为代表的中国传统文化与亚里士多德创立的实践哲学就具有本质上的一致性，都以“善”本身为最高目的，都是一种关于人之存在和行为意义与价值反思的实践智慧，强调将“善”与善的实行(德行)结合起来，体现出了实践哲学的处境性、具体化思想性质与特征。

基于亚里士多德的实践哲学这一理论范式，中国思想文化无疑具有其独特的思想生命力，实践哲学真正构成了儒学文化的理论特质和理论范式，凸显了与西方理论哲学相异的自身鲜明的特点。恰如金岳霖先生对中国哲学文化所作评析，中国哲学不以知识论为基础，根本上不是一种知识性的纯粹理论哲学，逻辑和认识论的意识不发达，几乎一直到现在。[④]中国哲学与亚里士多德的第一类的纯粹必然不变的理论哲学是完全不同的，在中国文化的“天人合一”思想中，伦理与政治、个人与社会是合一的，此种哲学形成了自身的“模式”：“那模式就是哲学和政治思想交织成一个有机整体，使哲学和伦理不可分，人与他的位

① [德]伽达默尔：《科学时代的理性》，第2页。

② [德]伽达默尔：《科学时代的理性》，第2页。1725年，克里斯蒂安·沃尔夫根据其演说出版有专门著作《中国实践哲学》，就中国哲学基本问题及其性质、特征进行了深刻的探讨。

③ [德]伽达默尔：《真理与方法》，第401页。

④ 参见金岳霖：《中国哲学》，《哲学研究》1985年第9期。

分和生活合而为一。"[①]这里所讲的自身的"模式"就可以理解为亚里士多德创建的"实践哲学范式"。以儒学为主体的中国思想文化属于实践哲学范式的道德伦理文化,侧重处理的就是人与人之间的关系以及人与社会的行为调整问题。中国的儒学文化既不是那种诉求于理性思辨以获得世界事物之普遍性、不变性和绝对性知识的理论科学,也不是目的外在于制作活动的创制性知识。从根本上说,儒学文化是从生命经验的具体处境中来体察事理,是"由事而理",是作为一种反思人的本质性存在和意义的具体化文化,这是一种如亚里士多德所言的基于"何者为宜"的"经验的普遍性",而非纯粹的科学的"概念的普遍性"。因此,在儒学文化中,因循周易思想,其天、地、人"三才之道"是合而为一的,道、义就在担水砍柴、人伦日用之中,表现出的是强调处境性的典型的实践哲学性质。中国哲学文化之所以独具特色,并构成与西方不同的另一种重要的哲学理论形态,从根本上说,就在于中国的哲学文化特质,这种哲学文化特质就是贯穿于中国"经学""子学""史学"等学说中的"实践哲学",实践哲学才是定位、理解和创新中国传统哲学文化的真正的思想"理论范式",也才是中国哲学思想的最大理论特色,正如王国维先生在其《论哲学家与美术家之天职》一文中所言,"我国无纯粹之哲学,其最完备者,唯道德哲学,与政治哲学耳"[②]。

据亚里士多德考证,"实践"一词源于"心脏"(phreen),这意指一种官能,更意喻所有感知和认识能力中的关键部位或核心处。尽管亚里士多德本人在纯粹理论哲学与实践哲学的地位关系上的看法存在着犹豫摇摆性,但总的说来,他还是主张形而上学的理论哲学是"第一哲学"。不过,亚里士多德有关实践知识是最高主宰性知识等表述也为后来颠倒理论哲学与实践哲学地位关系的思考奠定了基础,打开了思想空间。康德深刻讨论了理论哲学与实践哲学的地位关系,明确提出了一切理论哲学的思考都是为实践哲学做准备的,实践哲学高于理论哲学。伽达默尔的解释学实践哲学则对亚里士多德实践哲学传统和理论范式做了重新肯定、接续,并在继承康德的作为一种纯粹实践理性思考的实践哲学基础上,综合性地推进了实践哲学的现当代复兴和发展,从而彻底扭转和改变了纯粹理论哲学与实践哲学的地位关系,不仅肯定实践哲学高于、优于理论哲学,而且在解释学基础上真正确立起了"实践哲学"作为"第一哲学"的理论地位。后来的法国哲学家列维纳斯(Emmanuel Levinas)更是提出伦理学就是"第一哲学"之看法。应该说,这些思想新变化无疑为重新理解作为实践哲学

① 金岳霖:《中国哲学》,《哲学研究》1985年第9期。

② 王国维:《论哲学家与美术家之天职》,周锡山编校:《王国维文学美学论著集》,太原:北岳文艺出版社,1987年,第35页。

的中国思想文化的当代理论地位和思想意义打开了新的阐释空间，也预示了其可能具有的一种更高的世界性思想地位。中国传统思想文化本质上就属于“实践哲学范式”，它是一种不同于理论哲学范式的实践哲学理论。作为一种实践哲学范式的中国传统思想文化，相比于强调纯粹的理论科学的西方主导性哲学形态，呈现其自身的特点和思想色彩，其诉求的并非关于世界事物是什么的知识论回答，而是将事物是什么融合于人的存在和道德意义的实践哲学思考中，要为人的现实性生命、生活经验提供整体性、普遍性的理解和解释，并让一切知识和行为活动在囊括人类的实践哲学的整体性、共同性中呈现其意义和价值。海德格尔有言，“科学本身不思”，正是于实践哲学思考中，人类才能为科学的能力设定位置，也才能给社会文明的发展显现方向。作为一种深刻反映自身性质、属性和思想特质的“实践哲学范式”，中国哲学文化的现代建设和创造性发展拥有新的阐述空间和贡献世界的资源，也意味着它有着敞开其意义自身并能够获得开放性理解的有生命力的未来。

二、“寻求与新的伟大的东方伙伴会话”：将“他者性”纳入思想视域的开放性姿态

雅斯贝尔斯认为，“在公元前800年到公元前200年产生的精神过程。那里是历史最为深刻的转折点。那时出现了我们今天依然与之生活的人们。这一时代，我们可以简称其为‘轴心时代’。非凡的事件都集中在这一时代发生了……几乎同时在中国、印度和西方这三个相互间并不了解的地方发生了”[①]。此“轴心时代”理论认为，世界上相距遥远的古希腊、印度和中国于公元前5世纪左右各自独立地建立起来了人类思想文化的几大理论体系，奠定了后来的思想文化发展的精神基调、理论形态和思想方向。古希腊哲学家以一种抽象思维的方式诉求于世界万物的概念性的整体理解和把握，世界本原、本质和存在问题构成哲学理性思考的中心性主题；印度佛陀通过洞见、自知和自我意识，返回内心的自省，超越万物的性相，以一种超越的信仰的方式领悟世界之真谛和本质；不同于古希腊的抽象理性文化，也相异于印度的超越性宗教信仰文化，中国以孔孟为代表的儒家学说是从人的现实的生存经验和生活实际出发，以血缘人伦为基础，阐述生命与社会之道，从道德伦理上来理解和解释世界，本质上是一种属于“实践哲学范式”的道德哲学文化。

① [德]雅斯贝尔斯：《论历史的起源与目标》，李雪涛译，上海：华东师范大学出版社，2019年，第8页。

众所周知,黑格尔在其《哲学史讲演录》(由其学生、朋友等后人整理出版)中对中国传统儒家思想评价不高,否认中国传统思想中有真正的哲学,认为孔子只是一个实际的世间智者,在他那里思辨的哲学是一点也没有的——只是一些善良的、老练的、道德的教训,以孔子为代表的儒学思想只不过是任何一个民族都会有的道德性洞识,但还没有上升到诉求于理性本身的普遍性思考,并非一种真正的哲学,因为,"哲学以思想、普遍者为内容,而内容就是整个的存在"[①]。正因此,"真正的哲学是自西方开始。惟有在西方这种自我意识的自由才首先得到发展,因而自然的意识、以及潜在的精神就被贬斥于低级地位。在东方的黎明里,个体性消失了,光明在西方才首先达到灿烂的思想,思想在自身内发光,从思想出发开创它自己的世界"[②]。现象学家胡塞尔在维也纳讲演中也对中国哲学作了否定,其学生海德格尔同样指出,"只有西方—欧洲哲学——没有别的哲学,既没有中国哲学也没有印度哲学"[③]。后现代解构主义哲学家德里达在访华时也谈到,中国没有哲学,只有思想。但雅斯贝尔斯与上述这些认识不同,其于1957年在给阿伦特的信中,对以孔子为代表的儒学思想给予了恰当也更为合理的评价:"孔子给我的印象极深。我并不是捍卫他什么,大多数汉学家的缘故使他变得平庸乏味,但实实在在他对我们来讲是取之不尽的。"[④]还在其《论历史的起源与目标》一书中指出:"在亚洲存在着我们所缺乏、但又与我们密切相关的东西!我们从那里获得的问题,停留在了我们自己的心灵深处……于是,中国和印度的哲学史就不是我们业已存在的哲学史的一次多余的重复,也不仅仅是一个我们可以从中研究有趣的社会学影响的现实,而是直接关系到我们自身的东西,因为它告诉我们人的潜力,并将我们带入了与另一种'人之存在'的真实起源的关联之中,这一'人的存在'不是我们的,但也有可能是我们的,它是在历史存在中独特的不可替代的东西。"[⑤]应该说,在雅斯贝尔斯这里,对于世界的各种思想文化形态的态度,比起黑格尔那里多少带有些傲慢性的、偏见性的看法,要宽容得多,也更为开放公允得多。对此,伽达默尔就给予了肯定性评价,认为雅斯贝尔斯《大思想家》的第一卷"显示了雅斯贝尔斯的与众不同之处:他大胆地在世界范围内扩大了哲学辩论的范围。或许只有在理性观察方面像精神病学家卡尔·雅斯贝尔斯一样训练有素的智者才能执行这个冒险行

① [德]黑格尔:《哲学史讲演录》第1卷,贺麟、王太庆译,北京:商务印书馆,1983年,第101页。

② [德]黑格尔:《哲学史讲演录》第1卷,第98页。

③ [德]海德格尔:《什么叫思想》,孙周兴译,北京:商务印书馆,2017年,第262页。

④ [德]雅斯贝尔斯:《大哲学家》(上),李雪涛等译,北京:社会科学文献出版社,2010年,第6页。

⑤ [德]雅斯贝尔斯:《论历史的起源与目标》,李雪涛译,上海:华东师范大学出版社,2018年,第81~82页。

动,即超越欧洲的哲学传统和从源头获得的知识,并且在亚洲的高度文明中唤起人类思想的伟大见证。耶稣、佛陀和孔子与西方哲学传统中的'权威人物'苏格拉底一起出现"[①]。

不仅如此,伽达默尔还认为,黑格尔《哲学史讲演录》"是一个相当不充分的版本,尽管它固守黑格尔的思想范围,但其遗作仍没有以这位多产思想家所应得的勤奋态度而加以编辑"[②]。从思想观点上,伽达默尔更不同于黑格尔,而是像雅斯贝尔斯一样承认在中国思想文化中有着西方"不可替代的东西",西方哲学有着其自身特定的思想形态、对象内容、思维概念和理性问题,而谜一样的沉思和智慧的东亚文化与源自古希腊的科学化的哲学是完全不同的。应该说,伽达默尔洞识到了东方文化与西方文化的极大不同,但他并不因此而否定东亚文化作为一种哲学思想文化的存在,相反,恰恰是在强调重视不同于西方主导性哲学形态的其他文化的差异性上,明确指出,"对普遍性的要求就包含如下内容:从解释学方面说,将全部科学变成一个整体;从每一种科学方法(在任何地方,它们都可以适合于既定对象)的方面说,为知识寻求各种机会,并在其全部可能性中将它们展开"[③]。因此,"要注意对一切保持开放的态度,并且要记住世界上的一切并非都是科学的对象或能够成为科学的对象"[④]。

海德格尔创造性地提出了"存在的遗忘"思想,却"疏忽了这种使一切思想尝试相互连接在一起的伙伴关系"[⑤]。伽达默尔要强调的是"解释学的元模型是对话"[⑥],"一场真正的对话只存在于这样的地方,在那里,对话不断地导入向可能的进展开放"[⑦]。解释学的任务可以界定为"沟通两个精神个体之间的或历史的间距的桥梁"[⑧],"解释学为精神之间的间距架设了桥梁,并揭示了其它精神的外来性"[⑨],意义理解的有限性或一种有限的形而上学需要在交谈中从有限走向无限,这种交谈联系着我们大家,事物本身意义和其得以显现的人的自身理性规定之思想需要通过对话这一理解事件来发生、显露和展开,"当我们向彼此谈话时,我们与其说是在传达清晰界定的事实,不如说是将我们自己的灵感和知

① Hans-Georg Gadamer, *Gesammelte Werke, Band 10, Hermeneutik im Rückblick*, p. 399.

② [德]伽达默尔:《哲学的开端》,第3页。

③ [德]伽达默尔:《科学时代的理性》,第121页。

④ 严平编选:《伽达默尔集》,第132页。

⑤ 严平编选:《伽达默尔集》,第458页。

⑥ Hans-Georg Gadamer, *Gesammelte Werke, Band 10, Hermeneutik im Rückblick*, p. 436,162.

⑦ Hans-Georg Gadamer, *Gesammelte Werke, Band 10 , Hermeneutik im Rückblick*, p. 436,162.

⑧ 严平编选:《伽达默尔集》,第473页。

⑨ 严平编选:《伽达默尔集》,第478页。

识都通过与其他人的对话而放入一个更更广更为丰富的视界之中”[①]。伽达默尔在1977年发表的《存在、精神、上帝》一文中指出:“思想的交谈在早已成定局的无家可归、远离上帝的世界之夜(这个世界之夜已日益临近)中寻找它的伙伴。我们大家都参与到这个交谈之中。”[②]在1985年发表的《毁灭与解构》一文结尾处更是发出需要寻求与东方伙伴会话的明确呼声:“我在存在特有的思想中继续进行的会话,或许在我们的时代会发展为与新的伟大的合作伙伴(他们来自全球性扩展的人类遗产)的会话,这种会话理应广泛地寻求其会话伙伴,尤其是那些与我们自身完全不同的会话伙伴。”[③]这清晰地表明,伽达默尔具有世界主义眼光和人类生活共同体意识,对不源自古希腊文化且与西方哲学文化根本不同的各文化思想形态(“他者性”思想文化)持有一种极大的开放性、包容性思想姿态,其十分注重和强调理解对话的解释学实践哲学为世界性哲学文化之交流对话奠定了存在论与方法论理论根基。作为“实践哲学范式”的中国传统思想文化就是被伽达默尔视作与西方主导性哲学形态不同的“他者性”思想,他以积极的开放态度寻求与这一新的伟大的伙伴会话,“在这个过程中,不仅实现了我们每个人在思想中与自己的对话,而且也实现了我们大家都卷入并且会永远不停地卷入的那种对话”[④],今天的人们需要认识到,“世界的传统并不只是欧洲的!在精神科学中实际上也同样有理的是,我们不仅要承认在其他者性之中的世界传统,而且还要承认这一他者性的吁求。在此意义上即是说,世界经验对于我们是有价值的。为此就需要开放性”[⑤]。

黑格尔否定中国哲学的存在,但还是肯定儒学文化作为一种“道德哲学”存在的事实和重要性的,“孔子的教训在莱布尼兹的时代曾轰动一时。它是一种道德哲学”[⑥]。儒学文化是中国传统思想文化的主导性形态,其哲学文化本质上就是一种关于人的存在和行为意义思考的实践哲学,是一种关于“人”而不是关于“物”和“神”的文化,实践哲学“理论范式”根本性地体现了以儒学为基本形态的中国哲学思想文化的重大理论性质。在中国思想文化中,人的精神的理性方面,最本质的便是具有人的普遍价值意识和道德伦理,以及价值意识和道德伦理的境遇性和具体实行,人是世间一切价值的源头,人之根本又在于德性,“德者本也,财者末也”,“德性”与人的本质具有直接的同一性。正因此,伽达默尔

① 严平编选:《伽达默尔集》,第535页。

② 严平编选:《伽达默尔集》,第458页。

③ 严平编选:《伽达默尔集》,第263~264页。

④ [德]伽达默尔:《科学时代的理性》,第17页。

⑤ [德]伽达默尔、[德]杜特:《解释学　美学　实践哲学——伽达默尔与杜特对谈录》,第29页。

⑥ [德]黑格尔:《哲学史讲演录》第1卷,第119页。

提醒人们谨慎地对待中国传统思想文化,“我们要谨防仓促的尝试,比方说,用我们的观念论哲学的概念去如此掌握印度的智慧或中国的智慧,以致它们显得像是康德主义者或黑格尔主义者抑或海德格尔主义者的真理。这是今天在我们的眼睛中的几乎幼稚的先行把握”①。也就是说,中国思想文化是不同于西方主导性的纯粹理论哲学的,倘若完全以西方主导性的纯粹理论哲学范式或观念论哲学来照搬套用与理解,一定是不恰当的,这也几乎是某种幼稚的先行把握或想当然之事。1986年,伽达默尔发表《理性与实践哲学》一文,在文中着重谈到了实践哲学源于人的现实性存在和原始生活本身这一看法,即实践哲学的任何可能性,都离不开哲学思想的先行的空间创造(Raumschaffung),而这种空间创造又以伦理、团结、毫无疑问和无需论证的联合为依据。在此意义上,我们对所有语言游戏和辩论的碎片化特征的讨论,都仅仅是一种经验的扩展,这种经验在实践哲学的本质中就已经始终找到了对它的考虑,而且必须抵制与近代意义上的科学连在一起的那种错误的绝对性要求。伽达默尔在他超出百岁高龄时更是声称,他是一直很注意政治的实践智慧的,并意味深长地说道:“中国人今天不能没有数学、物理学和化学这些发端于希腊的科学而存在于世界。但是这个根源和承载力在今天已枯萎了,科学今后将从其他根源找寻养料,特别是要从远东找寻养料。”②

与西方主导性纯粹理论哲学强调完全基于理性本身的哲学思考不同,中国传统哲学文化恰恰立足于经验事实本身来对人的存在和行为意义予以实践性反思和道德价值思考,展示了一种思想文化、理性规定的源始发生地。中国实践哲学的此种思想方式或道路为伽达默尔所肯定和赞许:“事实上,在其他语言中,特别是在不属于欧洲文化圈的语言中更是如此,即自然的语言用法在诗作和冥想的陈述领域中总是一起起作用的。我们在一个有趣的讨论中论述了这样一个事实,即中国的‘Tao’实际上意味着‘道路’。当希腊人为此说‘方法’(Methodos)时——它意指人们必须要探究的道路,我们在此绝不是由于一个大陆,由于几个世纪或几十个世纪而远离了今天的中国。这个希腊词在希腊人那里当然不是指现代的科学理论概念。海德格尔喜欢说‘道路’而不是‘作品’。”③质言之,思想绝非一种绝对不变的抽象的东西,而只是事情本身得以显现出来的一种方式或道路而已。伽达默尔要强调的是,普遍性的和超越性的存在不能只是停留在绝对理性规定或信仰寄托上,“真正生活的推知——它事实上构成

---

① Hans-Georg Gadamer, *Gesammelte Werke*, *Band 10*, *Hermeneutik im Rückblick*, p. 284.

② 洪汉鼎:《百岁西哲寄望东方——伽达默尔访问记》,《中华读书报》2001年7月25日。

③ Hans-Georg Gadamer, *Gesammelte Werke*, *Band 10*, *Hermeneutik im Rückblick*, p. 41.

全部实践理性的本质——务必具体化”[①],一个解释学问题就是,“惟有对总体的具体化才赋予所谓的应当以其确定的内容”[②],而这恰恰只有在不同于纯粹理论哲学的“不同的、另类的”实践知识或实践哲学中才能达成如此任务的实现,因为,实践哲学所注重的是行为的具体处境性,是在以理性的方式将超越性存在之意义既普遍化又具体化、现实化,从而给予了人的存在之普遍性意义的具体的实行(Vollzugssinn)。

伽达默尔不仅通过具体的普遍性或普遍性的具体规定强调了中国传统思想文化作为一种“实践哲学范式”的重要性质,而且还从中国思想文化中的另一重要派别即道家道教思想中发现这一性质并作出相似理解。黑格尔在《哲学史讲演录》中考察分析过道家道教思想,肯定过此宗派“以思辨性作为它的特性”,其核心概念“道”就是“理性”。《道德经》是关于理性和道德的书,那可以理论的(或可以用言语表达的)原始的理性,即是超自然的理性,它没有名字,便是天与地的根源,有了名字,便是宇宙的母亲。这种超自然的理性是普遍的东西,类似于西方哲学开始时的东西,其完善性和不完善性只是标志同一泉源的两个方式,这个泉源可叫作“不可钻入的幽深”,包含着一切事物在它自身。但黑格尔同时指出,道家道教的此种普遍性的“道”其规定(概念)停留在无规定(或无确定性)之中,因此,它是不可描述的本质,如果我们从它那里出发,则我们认识不到任何原则,因为没有什么东西是在它的外面。应该说,黑格尔的分析从其思辨哲学或以柏拉图的纯粹的理性理论哲学来说,是有道理的,停留于超越性的理性上而不能形成具体的概念规定,则纯粹的理性哲学思考无法进行。但伽达默尔却从另一方面来表达了他的不同理解,在其看来,中国思想文化中的道教或神道教其“道”的普遍性意义是普遍的、抽象的、绝对的和超越性的,但它恰恰不是通过诉诸理性的概念(仍然是抽象的)来获得自身的规定,而是在普遍性的“道”与人的存在和生活方式的具体关联上来显现其本质、获得意义理解,道的普遍性意义和规定就具体性地表现于人的存在实践中,是在生命事实经验和行为境况中展现和确立起来的。也就是说,普遍性超越性的东西如何使之具体化,道教的文化提供了一种不同于西方的纯粹理性概念化而是具体生存化的方式和道路。故此,伽达默尔就认为,中国人用他们的神道教(Shintoism)或道教完成的东西,对于如何以某种理性的方式理解和组织“超越的渴望”和普遍性的理性规定意义,给予了人们重要的启示,“在我们欧洲的思想中,对超越的渴望无处不在,而又隐而不显,我们必须以某种方式把它组织起来,以至于我们能够

① 严平编选:《伽达默尔集》,第250页。

② [德]伽达默尔、[德]杜特:《解释学 美学 实践哲学——伽达默尔与杜特对谈录》,第74页。

通过它彻底地获得例如中国人用他们的神道教完成的东西"[①]。

应该说,中国哲学这门学科自产生才有百余年的历史,其整个框架和性质都是在西方柏拉图以来的理性理论哲学的主导下构建起来的,往往造成了对中国传统思想文化作为一种实践哲学"理论范式"的忽视,遮蔽了其自身的性质和特点,"实践哲学"也始终未能在中国学术史上作为一门独立的学科来加以研究。随之而来的是,中国哲学合法性问题不时地成为一个令人焦虑的讨论问题。在伽达默尔看来,这种焦虑就源于注重和强调纯粹的理论哲学是一种普遍的世界哲学文化现象,"人们不能不完全看看世界:今天在日本,或也在中国,在印度,在南非,或也在南美,亦即也在欧洲或盎格鲁萨克逊思维的这一文明母国之外,同一的数学化和形式性思维在取得上风"[②]。然而,伽达默尔不是赞同而是反对这样来理解以中国传统思想文化为代表的东亚思想,因为世界性流行的这种普遍现象或认识会遮蔽东方思想文化的差异性与真正的思想特色,真理并不必然地就存在于命题的纯粹形式上,也不就绝对地存在于纯粹抽象的理性同一规定中,伽达默尔力图另辟蹊径,从一种不同于西方主导性纯粹理论哲学的"不同的、另类的"的实践知识或实践哲学上来重新打开理解中国思想文化的意义空间,阐发其不同于西方哲学开端的另一种可能的开端和道路的哲学意义与思想价值。

1966年,伽达默尔在其《解释学问题的普遍性》一文中有着这样的发问:"面对着建筑在现代科学之上的整个文明,我们必须不断地询问是否有什么东西被忽略了。如果使这些认识和创造成为可能的先决条件仍然处在半明半暗之中,对这些知识的应用难道不会造成破坏性的后果吗?"[③]时间过去半个多世纪了,一切科学化、技术化不仅没有得到很好的反思与纠正,反而愈演愈烈,成为当下时代的特征,伽达默尔的问题依旧存在,我们的整个文明到底忽略了什么?需要重新找回抑或更加重视起来的思想是什么?应该说,这就是自亚里士多德那里所创立的实践哲学传统和文化被忽略或被丧落了,重新接续肯定、复兴重建实践哲学是关涉人类命运与未来的思想之途。正缘于此,人类的文明发展和未来命运就不能不重视和寻求与不同于西方主导性理论哲学而以实践哲学为自身思想文化特质的东方的中国传统思想文化的对话交流,互鉴发展,"在我们这

---

① [德]伽达默尔、[意]多托利:《20世纪的教训——一部哲学对话》,王志宏译,北京:生活·读书·新知三联书店,2022年,第191页。

② [加]让·格朗丹编:《伽达默尔读本》,图宾根,1997年,第102页,转引自薛华:《诠释学与伦理学——纪念伽达默尔逝世五周年》,《学术研究》2007年第10期。

③ [德]伽达默尔:《哲学解释学》,夏镇平、宋建平译,上海:上海译文出版社,1994年,第10页。

个日益缩小的世界里人们必须更多地认识到,并不仅仅是出于技术经济发展的差异才使国与国产生分离,也不会因为这些差异就排除了他们联合起来的可能性。人们应该理解,正是这些他们之间的不可消除的差异,正是这些基于自然和历史原因而形成的差异,使我们作为人而联合在一起”[①]。

三、汉语哲学建构之奠基性基础与意义的解释学实践哲学理解论证

康德在其《逻辑学讲义》中区分了哲学的“学院”概念与“世界”概念,“就学院概念而言,哲学是一门哲学知识或来自概念的理性知识体系,而从世界概念来说,哲学是关于人类理性的最后目的的科学。这种崇高的概念赋予哲学以尊严,即一切绝对价值……并赋予其他一切知识以价值。作为世界概念的哲学,与可用性有关,哲学是关于智慧——理性的立法者——的学说”[②]。也就是说,世界概念的哲学乃是关于人类理性的最终目的的一切知识和理性使用的科学,对于最高目的的最终目的来说,一切其他目的都是从属性的,并且必须在它之中统一起来。[③]不仅如此,康德还高度评价了实践哲学家的地位,认为“实践的哲学家,借助于学说和榜样传授智慧的教师,是真正的哲学家。因为哲学是一种完美智慧的理念,它给我们指出人类理性的最后目的”[④]。马克思也有言:“哲学不是世界之外的遐想”,“任何真正的哲学都是自己时代的精神上的精华。因此,必然会出现这样的时代:那时哲学不仅在内部通过自己的内容,而且在外部通过自己的表现,同自己时代的现实世界接触并相互作用。哲学不再是同其他各特定体系相对的特定体系,而是变成面向世界的一般哲学,变成当代世界的哲学”。[⑤]雅斯贝尔斯同样认为,人类的思考基础是普遍交流(Kommunikation),“哲学就意味我们在为普遍交流的可能性工作”[⑥],“世界哲学”(Weltphilosophie)便是普遍交流的思想产物。可以说,康德、马克思、雅斯贝尔斯都意识到并明确提出过“世界哲学”或“世界的哲学”的概念,这是在要求和呼吁,需要有一种世

① 严平编选:《伽达默尔集》,第131页。

② [德]康德:《逻辑学讲义》,许景行译,北京:商务印书馆,2010年,第28页。

③ 参见[德]康德:《逻辑学讲义》,第29页。

④ [德]康德:《逻辑学讲义》,第29页。

⑤ 《马克思恩格斯全集》第1卷,北京:人民出版社,1995年,第220页。

⑥ Jaspers, “Philosophical Autobiography”, in Paul Arthur Schilpp ed., *The Philosophy of Karl Jaspers*, New York: Tudor Publishing Company, 1957, p. 82.

界性的哲学理性目的视野，要超越区域性文化而在一个世界性的和人类团体性意识上来展开哲学思考与思想建设。

近些年来，我国哲学界不少学者提出了“汉语哲学”概念和建构问题，力图从汉语语言之特性、文化等基础上，阐明一种不同于西方哲学而有着不同论域、哲学范式和思想特色的汉语哲学是如何可能的，彰显中国哲学文化之于世界哲学文化发展的贡献与价值。“汉语哲学”概念的提出和讨论反映了对以汉语语言为载体的思想文化特有范式的思考和强调。复旦大学孙向晨教授指出，“汉语哲学”这个概念的提出和强调，就是要逐步形成与容易造成误解的“中国哲学”的不同范式与概念，“汉语哲学”问题的提出与表达直接涉及汉语世界的精神结构、汉语概念的构成以及汉语本身的特质与规律。因而，这是一种哲学上的“范式转换”，意在突出“汉语哲学”的原创性、规范性、开放性、未来性、世界性等特征①，汲取“汉语哲学”的本原性思想，以创造性的方式来回应人类的普遍问题②。清华大学黄裕生教授主张，“汉语哲学就是以汉语思考，讨论哲学问题而形成的哲学思想”③。他特别强调的是，汉语哲学绝非“一种语言里的哲学”或单纯特殊的地域性哲学，任何哲学要成为真正的哲学，必须要对普遍性真理、普遍性原则的本原性问题进行思考，具有一种本原性觉悟，也就是说，汉语哲学之所以是哲学，需要的是通过汉语语言思考的处境性经验通向人类思想根本性问题的普遍性认识和沉思，汉语哲学是一种向世界开放的哲学，一种站在全人类立场上的哲学。④山西大学江怡教授近期也强调，汉语哲学是一种独特的哲学研究领域，是力求确立自主知识话语体系的哲学形态，“从发生形态上看，汉语哲学是国内主要从事西方哲学研究的学者们重新定位自己研究方向的一种努力；从研究内容上看，汉语哲学是研究者们从中国思想及其表达的特殊性上寻找哲学观念的普遍性特征”⑤。

基于“汉语哲学”的讨论和探索，那么，伽达默尔有关东亚文化或中国思想文化的相关论述又为我们提供什么样的重要理论启迪呢？或者说，能够为汉语哲学作为一种哲学的论证提供什么样的奠基性作用与意义呢？总体上看，伽达默尔的解释学实践哲学思想与中国传统思想文化之间有着整体的、内在的和方向的“亲近性”“应合性”联系，其前见、权威、传统、经验、体验、交谈

① 孙向晨：《“汉语哲学”论纲：本源思想、论域与方法》，《中国社会科学》2021年第12期。

② 孙向晨：《“汉语哲学”何之谓》，《中国社会科学报》2021年11月9日。

③ 黄裕生：《何谓汉语哲学？为什么需要汉语哲学？》，《中国社会科学报》2022年5月10日。

④ 参见黄裕生：《何谓汉语哲学？为什么需要汉语哲学？》，《中国社会科学报》2022年5月10日。

⑤ 江怡、王晓阳、刘梁剑：《汉语哲学的价值内涵与时代任务》，《光明日报》2023年7月24日。

(Gespraech)、偶缘性、时间性、理解对话、解释情境、视域融合、理解循环、对话逻辑、效果历史意识、具体实行、应用等思想都能融入汉语哲学建构的分析，但这里着重于从其关于哲学开端性、实践哲学范式和汉语语言之于表达思想普遍性这三个关键性方面论述，来对汉语哲学作为一种哲学建构何以是可能的作出深度论析。

首先，汉语哲学意味着当今需要一种什么样的哲学开端的新理解，并在此新理解上表明，汉语哲学是完全可能的，也是具有其哲学建构和自我思想主张的价值的。

开端问题不同于希腊哲学的"始基"或"本原"(Archē)问题。"始基"有开始之意，但主要指涉的是从其而来又复归于它的本原性存在，是关于多样性、差异性的万事万物的抽象的统一性、普遍性思考；开端问题则指的是思想的开端与起点，意指的是之所以具有后来什么样的思想，是因为有一个什么样的开端，所有的思想都只不过是某种开端的展开，思想本身的问题和关于世界事物的理解根本上都发生于开端，也因此，思想的真正突破和发展需要重新反思开端问题。黑格尔认为，哲学的开端是哲学的根据，哲学每一步的发展都是开端的展开，开端也必定保持在每一步的发展中；反过来说，哲学的每一步展开都是在寻找根据，是对于开端的回溯。所以，开端可以从结果方面去寻找。[①]在黑格尔看来，"什么地方普遍者被认作无所不包的存在，或以普遍的方式把握了存在的地方，以及思想本身被思想时，则哲学便从那里开始"[②]。黑格尔的精神的开端就是没有任何规定又无所不包的纯粹的"有"，此种"纯有"即是"无"。

当代深思开端问题的是海德格尔，海德格尔将哲学的开端与思想的开端作了明确区分，在其看来，柏拉图的理念论哲学诉求于关于一切事物的绝对普遍性思考，确立起了西方哲学的开端，但恰恰是这种开端带来了"存在的遗忘"的形而上学，丧失了关于真正的存在本身的思考。而实际上，前苏格拉底的希腊思想文化表现出也有可能发展出另一开端(the other beginning)，海德格尔将这一开端称作"思想的开端"，在这一开端中，理性的思考与实际的经验，普遍性、超越性与处境性、具体性是融为一体的，艺术经验也蕴含于思想之中。可以说，思想开端的隐失(Verschwinden)是哲学开端的肇启，哲学的开端则是思想的开端的失落，当今哲学要重新返回不是哲学的开端而是另一开端即思想的开端上去。海德格尔说："将来的思想，是一个思的过程，在这个过程中，至今还被遮掩

① [德]黑格尔：《必须用什么作科学的开端》，《逻辑学》上卷，杨一之译，北京：商务印书馆，1974年，第51～59页。

② [德]黑格尔：《哲学史讲演录》第1卷，第93页。

着的本有(Ereignis)的本质之发生的领域将得到详细的考察,因而本有将首次得到澄明,它的那些特征也将被摸清。”[①]作为本有的“是”本身不是任何所是,它是一种隐退着的澄明,照亮所是,在照亮是者中隐身而去。海德格尔要论述的是,除了以柏拉图为代表的注重理性普遍性的哲学开端之外,古希腊思想文化中存在着被人们忽视但却具有重大意义的另一种开端,即“思想的开端”,哲学开端上的哲学在现代终结了,但思想在继续,未来的思考要重拾思想的开端,返回和接续思想的开端之中,真正的思想就是以“返回步伐”(Rückschritt)而“面向思的事情”。你如何开端,就将如何保持,开端总是伟大的,“伟大的东西从伟大开端,它仅通过伟大东西的自由回转而保持其伟大”[②]。

伽达默尔也强调了开端问题的重要性,他承续了黑格尔从结果来看待开端问题之看法,更重要的是,其接受了海德格尔的新思考,看到了以柏拉图为代表的绝对理性主义普遍化哲学所带来的问题,认为海德格尔向古希腊人的另一开端返回是某种新的东西,甚至完全是某种革命性的东西,“具有决定性意义的是,海德格尔在希腊人那里再度发现了一种思想,这种思想出自希腊人的实际生命经验”[③],客体性质的东西起因于真正的体验世界。基于此,伽达默尔强调,“我们所理解的源自终点的开端从来不是确定的,这一点非常重要”[④],也就是说,从终结来理解开端,开端并无定论,并非只有那种诉求理性普遍性的哲学的开端,而完全有可能存在不同于此的其他开端。但伽达默尔并不像海德格尔那样,将思想的开端与哲学的开端作了“互不相干”的区分,而是力图将思想的开端所注重和强调的具体性、实际性、经验性融入哲学的理性化开端之中,在反思批判哲学的开端问题中,重新让人们关注和注意到实际存在经验的处境性、具体性、有限性和开放性。也因此,人们意识到古希腊那里存在着另一开端,但人们也认识到由哲学的开端所发展起来的现代高级文明。历史不能重来,意识到其他开端,并不意味着对已有的哲学的开端和知识意愿的某种弃绝,“但却可能意味着这样一种意识,即意识到:这条道路(指哲学的开端的道路——引者)并不通向所有东西,并且,思想的一种任务始终存在着,而我们不可回避这种任务”[⑤]。

在伽达默尔看来,开端反映和表现于终点和目的之中,“事物的开端乃是永

---

① Heidegger, *Contributions to Philosophy (of the Event)*, trans. by Richard Rojcewicz and Daniela Vallega-Neu, Bloomington, Indiana: Indianan University Press, 2012, p. 5.

② [德]海德格尔:《形而上学导论》,王庆节译,北京:商务印书馆,2015年,第19页。

③ [德]伽达默尔:《返回开端》,张柯译,《贵州大学学报》(社会科学版)2018年第2期。

④ [德]伽达默尔:《哲学的开端》,赵灿译,上海:华东师范大学出版社,2019年,第16页。

⑤ [德]伽达默尔:《返回开端》,张柯译,《贵州大学学报》(社会科学版)2018年第2期。

远与终点或目的相关的……如果我们没有指出我们所谈论的开端与什么相关,那么我们就是在说一些无意义的东西……开端的具体含义乃以对终点的预期作为前提"①。伽达默尔始终强调"开端"(principium)的"逻辑"意义而不是时间意义,在他这里,"开端"乃是其他东西的基础②。正是基于西方哲学的实际发展情形或结果,伽达默尔声称:"我既非从泰勒斯,也非从荷马开始,更非从公元前2世纪的希腊语言开始;相反,我从柏拉图和亚里士多德开始。在我看来,此乃哲学式地解释前苏格拉底的唯一途径。其他任何方式都是脱离哲学的历史主义。"③当然,不同于黑格尔在纯粹理性哲学之内讨论开端问题,也区别于海德格尔将思想的开端作为完全不同于理性哲学的开端问题进行思考,伽达默尔主张,哲学的开端即是思想文化的开端,其目的不是要像海德格尔那样"另起炉灶""另开新路",而是力图将两种开端的积极因素结合起来,因为人类的思想文化无法颠倒重来,哲学思想的发展是离不开已有的传统的,关键在于,通过开端性的反思批判,让人们认识到现有思想文化的开端性问题,重新重视未能进入我们哲学开端的另一种开端所具有的积极性因素。伽达默尔认为,另一开端的积极因素就是,"'开端'不是反思的,而是直接的……开端是向具体经验敞开的"④,也因此,"希腊哲学的开端,其实也代表着西方文化的开端。这个主题不仅具有历史的趣味,它还涉及我们当今的文化问题"⑤。当今的文化问题,就是在西方主导性的纯粹理论哲学中,忽视了处境性、具体性经验问题,轻视了以此为根本性质的实践哲学这种"不同的、另类的"知识或哲学问题。

基于伽达默尔此种开端新思考,中国传统思想文化就彰显出了其不同于西方主导性理性哲学思想的另一开端的宝贵思想资源和理论价值,十分注重人的具体生活经验的东方思想能够作为一种"实践哲学范式"或类型为汉语哲学建构和当代人类哲学发展提供开端性的积极思想要素。与西方哲学强调基于理性本身上的抽象普遍性思考不同,中国传统哲学文化恰恰立足于非对象化的或主客不分的原始生命经验事实本身来对人的存在和行为意义进行实践性反思,展现了与西方的哲学的开端不同的人类思想规定和共同价值意识的另一种原始发生地和开端处。于此,伽达默尔认为,当今西方的作为理性科学文化的思想离开这另一源头或开端真的是太远了,犹如同海德格尔所言,"思想待在岸地

① [德]伽达默尔:《哲学的开端》,第10页。

② 参见[德]伽达默尔:《哲学的开端》,第94页。

③ [德]伽达默尔:《哲学的开端》,第2页。

④ [德]伽达默尔:《哲学的开端》,第15页。

⑤ [德]伽达默尔:《哲学的开端》,第1页。

上久而久之，已经太久了”[①]，而这一源头似乎就存在和保留于东亚的中国思想文化里。中国传统思想文化存在着不同于西方的哲学的开端的另一开端，可理解为古希腊另一开端的东方“标本性”存在样式，呈现出由此种开端而来的不同于西方哲学的思想文化面貌和性质。中国思想文化的整体性质就是十分注重和强调人的具体行为活动的处境化、具体性和人的存在的“此在”性，人的现实的活动总是在某种具体情境中进行的，具有千差万别的情况，所有实践性规则、原理都不可能直接地适用和指导具体的实践性活动，反之，只有将实践性知识结合于人的具体处境化的行动之中，实践知识的合理性恰当性才会被真正显现和确立起来。精神分析学家荣格(Carl Gustav Jung)说：“中国人的洞察力来源于一种最大意义上的完整与真诚的生活方式，它植根于中国古老的文化。”[②]可以说，作为实践哲学范式的中国传统思想文化始终强调，人的存在性思考是和具体经验相通的，必须关注行为经验的处境化状况，人的存在和行为事实本身中表现出一种变化的性质，它具有一种知识的普遍性，但这种普遍性必须结合于具体行为之中，要通过处境化使事物之理、存在之普遍性意义向人们发生和显现出来。

雅斯贝尔斯指出：“人类靠当时所产生、所创造、所思考的一切生活到了今天。在人类每一新的飞跃之中，他们都会回忆起轴心时代，并在那里重燃火焰。自此之后，情况一直如此：对轴心时代可能性的回忆和重新复苏——复兴(Renaissancen)——引发了精神的飞跃。回归到这一开端，是在中国和印度乃至西方不断发生的事件。”[③]近期上海社科院研究员俞宣孟就发文指出，哲学的开端是唯一的，哲学的开端不同于哲学史的开端，“哲学的开端是哲学之为哲学理论上应有的开端，各种哲学史的开端都是哲学开端的可能的展开。研究表明，中国古代哲学史的开端比西方哲学史的开端更切近理论上的哲学的开端，中国哲学和西方哲学都是从哲学开端展开出来的不同形态的哲学”[④]。在其看来，不是像西方一样首先基于主客分离从抽象的理性普遍性开始，中国古代思想文化的“明德”、“诚明”(儒家)、“道无名”、“抱一”(道家)等反映的就是一种“我在其中、物我一体”的主客未分的原始生命经验状态，而这才表现出了真正的哲学思考的开端，反而，西方哲学“似乎是半路出家的哲学，它的哲学性

① [德]海德格尔：《路标》，孙周兴译，北京：商务印书馆，2001年，第368页。

② [德]荣格：《〈太乙金华宗旨〉的心理学分析评述》，[德]卫礼贤、[德]荣格：《金花的秘密——中国生命之书》，邓小松译，合肥：黄山书社，2011年，第23页。

③ [德]雅斯贝尔斯：《论历史的起源与目标》，第14页。

④ 俞宣孟：《中国哲学开端的自我主张》，《哲学分析》2023年第3期。

倒是需要证明的"[①]。应该说,此种看法虽已关注到了另一开端的积极要素,但以此完全质疑和否定既有的已成为传统的西方"哲学的开端"的哲学开端性积极性意义,则是与伽达默尔所理解和所主张的不相一致的。

阐明中国传统思想文化作为不同于西方哲学开端的另一开端的性质和地位,并不是要以此像海德格尔一样来否定哲学的开端性意义[②],来表明未来的哲学要返回另一种开端,而是要揭示出西方的哲学的开端过于注重对象化意识和纯粹理性的思辨性而忽视了一切理性思考的主客未分的原初经验性、具体性的存在起源。也就是说,中国传统思想文化可以作为另一开端来呈现其思想资源和价值作用,要像伽达默尔一样,认识到西方主导性的哲学开端的问题,更广阔地理解哲学的开端也是文化的开端,从而将中国思想文化所具有的另一开端的思想资源补充结合到哲学的开端性思考(更为合理的思考)中来。西方的理性的哲学开端造就了人类的高度文明,并不能因其存在不足就彻底否弃,同样,中国传统思想文化也需要正视和重视西方的哲学的开端,积极吸收借鉴其思想,真正使中国思想文化能在一种理性普遍化方式(Rationalisierungsansatz)上得到概念性、范畴性和命题性的言说、表达和规定。如康德所言,"形而上学是人的理性的自然禀赋尤其是对于善于思考的人来说,缺少形而上学是不行的"[③]。未来的哲学的开端需要的是综合了西方的哲学的开端和作为另一开端的包括中国传统思想文化在内的人类思想文化资源、要素的具有逻辑性意义的思想开端。正于此意义上,近年来,澳门大学王庆节教授提出了"从中国来的哲学"(Philosophy from China)这一概念,这是一个以未来为导向的"中国哲学"的概念,区别于基于中国传统思想文化研究的已有的作为"中国哲学史"的"在中国的哲学"(Philosophy in China)概念。[④]

在此种开端性新理解上,黑格尔的"精神的朝霞开始于东方"[⑤],就与伽达默尔的看法从不同的理解向度上不谋而合了。黑格尔在《海德堡大学就职演讲》中表示:"让我们共同迎接(begrüssen)一个更美好的时代的开端

---

① 俞宣孟:《中国哲学开端的自我主张》,《哲学分析》2023年第3期。

② 对此,伽达默尔指出:"海德格尔在其生命尽头甚至走得之远,以至于从根本上不再使用'哲学'一词,因为在他看来,面向新的未来视野将希腊人建立的形而上学,即由柏拉图和亚里士多德建立的概念思维的形式继续下去,是一项无法解决的任务。"(Hans-Georg Gadamer, *Gesammelte Werke*, *Band 10*, *Hermeneutik im Rückblick*, p. 268)

③ [德]康德:《未来形而上学导论》,庞景仁译,北京:商务印书馆,1982年,第163页。

④ 参见王庆节、曹青春:《让哲学说汉语与"从中国来的哲学"的可能性——王庆节教授访谈》,《学术月刊》2019年第8期。

⑤ [德]黑格尔:《世界史讲演录(1822—1823)》,刘立群等译,北京:商务印书馆,2016年,第113页。

(Morgenrönern)吧。"[①]海德格尔也有言:"走向哲学之路的出发点是实际生活经验。但哲学好像又是游离于实际生活经验之外的。事实上,上述道路在一定程度上只是走近了哲学,但却没有走进哲学。只有通过此一道路的倒转(Umwendung),才能抵达哲学本身;但这又不只是一种简单的倒转,就好像经此倒转,认识又将简单地转向另外的对象;究极而言,毋宁说,这里需要的是一种原本的转变。"[②]应该说,中国传统思想文化的根本性质恰恰表现出人类思想文化的另一开端的性质和要素,思想文化的真正源头并不在科学世界或者说理性反思的世界,而是在作为事情本身的"生活世界"之中,这是一切科学的前科学前提和基础,也是所有科学知识最终落脚之地。这种活生生的生活世界经验便是"此在"的具体的生命事实存在,它是具体化的、处境性的,本质上是人与对象的先行的原始关系,在这种原始关系中,存在着一种明见性的"自然的正当性""自然的合理性",而这才是人类共同价值意识和道德思考的真正始发地和开端处。也因此,汉语哲学作为一种哲学建构具有其思想开端性的奠基性根据和基础。

其次,汉语哲学意味着"不同的、另类的"实践知识或"实践哲学范式"的凸显,呈现为一种哲学形态的"实践哲学",蕴含着当代哲学发展的哲学范式的深刻转变和新哲学方向的确立。

亚里士多德认为,实践哲学的起点、本原、原则,是ὅτι、hoti,是"如此存在"(Daß)——这个"如此存在"并不仅仅意味着行动本身,而且也恰好意味着内在的明亮,这种明亮属于所有建立在实践智慧的决断(Prohairesis)之上,即建立在抉择(Entscheidungswahl)之上的行动。因而这始终已经是生命的某种自我解释,而实践哲学的普遍化、图式化、典型化的概念构成与这种自我解释相联结,并建立在这种自我解释之上。[③]这表明,在亚里士多德那里,就已经把实践智慧(Phronesis)概念刻画为"认识的另外一种类型",这种完全另类的认识即实践智慧,不过,这种另类的实践哲学却在近代经验科学及其数学结构领域失去了其合法证明。[④]受到亚里士多德重要影响的康德、伽达默尔力图将实践哲学重新恢复和建立起来,并使之作为一种同样具有理论性的哲学被放置在高于、优于纯粹理论哲学甚至作为"第一哲学"的地位。海德格尔曾有言:"解释学并不是

---

① [德]黑格尔:《黑格尔全集(第18卷)——讲演手稿Ⅱ(1816—1831)》,沈真等译,北京:商务印书馆,2019年,第13页。

② [德]海德格尔:《宗教生活现象学》,欧东明、张振华译,北京:商务印书馆,2018年,第10页。

③ Hans-Georg Gadamer, *Gesammelte Werke*, *Band 10*, *Hermeneutik im Rückblick*, p. 264.

④ Hans-Georg Gadamer, *Gesammelte Werke*, *Band 10*, *Hermeneutik im Rückblick*, p. 278.

要获得知识(Kenntnisnahme),而是要达到一种生存状态的认识(existenzielle Erkennen),即一种存在(ein Sein)。"[①]受到海德格尔影响,伽达默尔明确地将解释学作为一种此在的理解的存在方式与人的存在和行为意义的本质性思考联系起来,从根本上,把解释学视作"更早的另类的知识"即实践知识,视之为一种哲学,而且是实践哲学,使得亚里士多德的实践哲学传统在解释学基础上获得了重新接续、复兴,展现出了不同于纯粹理论哲学的实践哲学的当代价值与意义。

于此,伽达默尔从其解释学实践哲学本身做了大量的论述和强调,后期也基于此思想视域洞悉到中国传统思想文化作为不同于纯粹理论哲学的另一种"理论范式"在中国思想文化中的决定性意义。他明确指出,实践哲学此种智慧在欧洲近代科学文化下已丧失,但在其他文化尤其是在东亚的中国文化中却获得了保留存续[②],"诸如中国或印度那样如此伟大的古老文明,只是在最近才开始与晚近的欧洲启蒙进行对话,让我们想一想远东文明,想一想其中中国和日本的文明:借助那些完全不同于我们的一些道路,这些民族促进了我们所熟悉的德行,比如能够使我们接替欧洲科学和技术的自律、毅力、仔细"[③]。也因为此,西方传统的哲学概念"不可应用于东亚和印度的高度文明对人性问题——正如它们在欧洲一再由哲学加以追问一样——给出的那些伟大解答。我们是把一位中国智者(孔子——引者)与其学派的对话称为哲学、宗教还是文学,这从根本上说是完全随意的"[④]。这种随意性,不单是指中国思想文化中的哲学、宗教与文学是相通的,它们之间并无严格的类似于西方的学科性规定,更是指中国传统文化智慧直面的是人的生活本身,不是由抽象的理性思考有意为之而来,而是对人的存在和生活本身的直观性体察、领悟,是一件自然而然的智慧发生和显露的事情,它总是在人的具体行为的境遇性中显现和得到规定,本质上,是实践性的,其思想文化从根本上呈现的是一种"实践哲学范式"。

儒学经典《中庸》中有言:"仁者,人也,亲亲为大。"这是说,人的存在生活,仁爱为本,相互友爱为要,而爱自己的亲人最为关键,亲亲是生命存在的最基础经验状态,是一切价值、道德等思考的源头、基础,唯在家庭亲亲的生命原初经验和情态上方能洞悉和领悟世界万物普遍性之道之理,两者并不冲突,而是内

① [德]海德格尔:《存在论:实际性的解释学》,何卫平译,北京:人民出版社,2009年,第37页。

② 参见[德]伽达默尔:《科学时代的理性》,第2页。

③ [德]伽达默尔:《卡普里的对话》,[法]德里达、[意]瓦蒂莫主编:《宗教》,杜小真译,北京:商务印书馆,2019年,第235～236页。

④ Hans-Georg Gadamer, *Gesammelte Werke*, *Band 10*, *Hermeneutik im Rückblick*, p.268.

在一致和统一的。但在伽达默尔看来,“在我们生活的发达国家(西方发达国家——引者),家庭的古老基础被削弱了”[①],家庭作为一种非理性的亲亲的经验情感性存在形式在西方已经失去其存在性的基础地位和意义,而这种情感性存在起源和本质性精神却仍在东方文化中得到了保留,而这对于西方文化的纠偏和返回更为原始的存在意义本原是具有重要启示性和补充性意义的。所以,“我们应该密切关注这样一个问题:即要知道是否还存在其它宗教和文化世界,可以最终给予科学学科的普遍性及其后继者以不同于世界经济宗教的答案——世界可能会找到我们尚没有任何想法的另一种答案”[②]。伽达默尔认为,与西方世界相比,东方世界的“这些民族走工业、技术之外属于自己的道路,而完成了和我们完全不同的杰作,比如在建筑或园艺方面,还有在文字和书法方面,而这些都源远流长。同样,在他们本己宗教的内部,这些人民以无与伦比的方式,根据与西方严格意义上的人权迥然不同的种种人的权利,始终和血脉和家庭范畴紧密相关,而这些权利绝对不适合死亡在欧洲所具有的重要性”[③]。故此,伽达默尔声称:“我们的命运将在这点上决定:这一在哲学上已经通过概念世界得到表述的世界,这一通过科学铸造的世界,如何同时也与对人的命运的那些如此深刻的明见(实践智慧——引者)一起行进,适如这些明见例如在某位中国大师(孔子——引者)同他的弟子们的对谈中所表现出来的那样,或者适如其在那些我们完全陌生的、奠基于宗教上的文化中其他随一证物中所表现出来的那样。”[④]

伽达默尔还认为,海德格尔之所以对日语和汉语特别感兴趣,是因为它们作为口语已经发现了自身朝向概念表达的真正可能性,并且可能让我们注意到摆在面前的思维经验。[⑤]东亚科学今天的发展已有可能促使西方人认识到需要很好地学习中国语言,“两百年后很可能大家都学习中文,有如今天大家都学习英文一样……两百年内人们确实必须学习中国语言以便全面掌握或共同享受一切”[⑥]。伽达默尔这一预言不光是指语言上的,也不单是指时间上的,更深刻的是指作为“不同的、另类的”实践哲学范式的中国传统伦理政治思想上的。汉语哲学的提出,既是基于一种非西方的汉语语言上的哲学思考、思想自觉和主

---

① [德]伽达默尔:《卡普里的对话》,[法]德里达、[意]瓦蒂莫主编:《宗教》,第234页。

② [德]伽达默尔:《卡普里的对话》,[法]德里达、[意]瓦蒂莫主编:《宗教》,第235页。

③ [德]伽达默尔:《卡普里的对话》,[法]德里达、[意]瓦蒂莫主编:《宗教》,第236页。

④ [加]让·格朗丹编:《伽达默尔读本》,图宾根,1997年,第102页,转引自薛华:《诠释学与伦理学——纪念伽达默尔逝世五周年》,《学术研究》2007年第10期。

⑤ Hans-Georg Gadamer, *Gesammelte Werke*, *Band 10*, *Hermeneutik im Rückblick*, p. 24.

⑥ 洪汉鼎:《百岁西哲寄望东方——伽达默尔访问记》,《中华读书报》2001年7月25日。

张,而最重要的还是,基于整个人类普遍性认识和哲学思考上凸显汉语哲学作为一种实践哲学和“实践哲学范式”其特有的思想范式、性质、属性、论域和精神实质,以及作为哲学多样态思想文化的组成部分其特别性的重要理论资源,以贡献于人类世界哲学文化的当代建设和发展。由此而言,提出“汉语哲学”这一概念,其实质性意义并非要强调一种不同于西方的语言——汉语的思想表达形式问题,尽管这也重要,而根本上是要挖掘和阐论其语言表达背后的思想意义问题,并将此种意义作为当代哲学的共同性主题加以思考、理解和论述。

伽达默尔富有人类“一体性”意识,始终关注着人类整体的存在和生活命运,“人类乘坐着一叶舢板,我们必须掌握好舵,以使它免遭触礁之险。这一信念将与日俱增”[①]。人类的共在本质上是语言共同体,而这就需要同其他民族、伦理和时代的接触[②],伽达默尔强调,相互理解、交流对话和理解性共识的形成以及理解中所发生的视域融合是语言自身的功能,但其实质关涉的是生活着“一个生命共同体”。在伽达默尔看来,“世界是这样一种共同性的东西,它不代表任何一方,只代表大家接受的共同基地,这种共同基地把所有相互说话的人联结在一起”[③]。实践哲学便是从实践理性上基于人类生活共同体之上的关于人的存在和行为意义的反思,它处理的是一个整体,其中包括了我们的实践事务、我们所有的活动和行为、我们人类全体在这一世界的自我调整。在伽达默尔思想中,“团体性”或“共同体”(communality)、“全体性”或“整体性”(totality)、“一体性”(solidarity)概念频繁出现,从根本上说,解释学实践哲学就是关于人类共同体的生活形式应当如何的哲学思考。在团体性意识中,不同文化间的对话交流互鉴成为可能,要“把对谈置于解释学的中心”[④],对谈需要对其伙伴的尊重,并承认他或许是正确的,不仅要相互倾听,而且要彼此听见,“商讨的交互影响,即给出和采纳建议,具有着毋容置疑的首要意义”[⑤]。伽达默尔认为,理解就发生于对谈之中,每一真正的对话“通过与他者的相遇我们便超越了我们自己的知识的狭隘,一个通向未知领域的新的视界打开了”[⑥],在生活共同体中,“我们的一切行为都是相互的!我们的生活形式具有你—我特性、我—我们特性和我们—我们特性。在我们的实践事务中,我们被理解所指引,而理解发生于对

① [德]伽达默尔、[德]杜特:《解释学 美学 实践哲学——伽达默尔与杜特对谈录》,第72页。

② Hans-Georg Gadamer, *Gesammelte Werke*, *Band 10*, *Hermeneutik im Rückblick*, p. 278.

③ [德]伽达默尔:《真理与方法》,第570页。

④ [德]伽达默尔、[德]杜特:《解释学 美学 实践哲学——伽达默尔与杜特对谈录》,第6页。

⑤ [德]伽达默尔:《科学时代的理性》,第118页。

⑥ [德]伽达默尔、[德]杜特:《解释学 美学 实践哲学——伽达默尔与杜特对谈录》,第21页。

谈之中"[1]。

基于"解释学对谈"和人类生活共同体的"实践哲学范式",伽达默尔强调了面向东方与中国传统思想文化对话的重要意义,"我们要思考理性的以天下为己任的哲学,思考我们实践的交往特性。我们必须自己寻找出路:这出路就是理解,就是一体性。我认为今日政治最当要的任务即在于如何使我们对于真正的一体性有一总体的意识"[2]。当然,我们并不是要去创造出这种一体性,而是说,它本已存在抑或说就如此地存在,实践哲学思考、社会理性与思想文化的交流是要促使人们意识到它们的存在并使之理性具体化,实践哲学范式注重的是人类一体性的普遍意识和普遍性意义与使之具体化的理性规定的相互结合,"我们的实践乃在于在共同的深思熟虑的抉择中确定共同的目标,在实践理性反思中将我们在当前情境中当做什么具体化。这就是社会理性"[3]。2000年,伽达默尔与杜特的对谈录《解释学　美学　实践哲学》出版,在该谈话的结尾部分,伽达默尔对其20世纪70年代针对波普尔的《开放的社会及其敌人》提出的"乌托邦"思想作了重新肯定,并认为乌托邦曾经是古希腊文学的一种样式,也是当代德国哲学家布洛赫意义上的"乌托邦"或"希望"的意思,其首要功能在于:对当前进行批判,而不是设计出行动的方案。[4]人类的存在和未来需要一种思想"乌托邦"能力,即能够通过构想出希望的美好的地方来反思批判社会、超越现实存在,以趋向以"善"本身为目的的理想境界,故此,人们无论如何都不应该用教条主义扼杀乌托邦幻想和反思预备,"人最显著的特征就在于他超越了实际现存的东西,就在于他具有对未来的意识"[5]。根据对谈者杜特的表述,伽达默尔这一思想就受到中国传统思想文化或许是"天下大同"思想的影响,伽达默尔本人在20世纪70年代也自称这是一个绝对必要的"来自东方的暗示",并表示,现在"相信它继续有效"。[6]

伽达默尔思想具有世界主义眼光,有着明确的人类存在"一体性""团体性"意识,但也应该指出,在伽达默尔这里,尚没有像康德、马克思、雅斯贝尔斯那样提出建构"世界的哲学"或"世界哲学"理论主张。这是因为,作为一种实际性存在的哲学形态总是具体的,"世界的哲学"恰恰不是作为一种真实形态而是作为人们哲学思考的总体性框架和人类一体性意识才发挥出其普遍性、全面性和理

① [德]伽达默尔、[德]杜特:《解释学　美学　实践哲学——伽达默尔与杜特对谈录》,第69页。
② [德]伽达默尔、[德]杜特:《解释学　美学　实践哲学——伽达默尔与杜特对谈录》,第70页。
③ [德]伽达默尔、[德]杜特:《解释学　美学　实践哲学——伽达默尔与杜特对谈录》,第76页。
④ [德]伽达默尔、[德]杜特:《解释学　美学　实践哲学——伽达默尔与杜特对谈录》,第77~78页。
⑤ [德]伽达默尔:《科学时代的理性》,第59页。
⑥ [德]伽达默尔、[德]杜特:《解释学　美学　实践哲学——伽达默尔与杜特对谈录》,第77页。

想性的哲学意义,伽达默尔深信“哲学是人类的一种体验,这种体验保持着同一,并表明人类存在本身的性质,但在它里面无任何进步,有的只是分有”[①]。伽达默尔这一看法明显受到海德格尔的影响,海德格尔于1966年在芝加哥海德格尔研讨会上的发言中说:“不同于科学,在哲学史上是没有什么进步的,而只有理解得当的返回步伐(Rückschritt)。可是,这种返回步伐并不在历史学意义上迷失于一个神话时代,相反,它命运性地活动于现今时代的当前中。”[②]也就是说,海德格尔和伽达默尔都看到了哲学不同于其他科学的学科,其发展并不在于某种新理论形态的出现与否,而在于哲学思考的问题本身的不断和反复的探讨推进,故而,哲学似乎是没有任何进步可言,总是需要不断地返回原先已有的对根本问题的思考上去,哲学的形态也一定是具体性的,抽象的所谓人类哲学或“世界的哲学”不可能是一种实际性存在的哲学形态。伽达默尔高度重视不同思想文化形态的多样性、差异性,并强调需要一种“解释学的对谈”,通过此种对谈,让事情本身的普遍性意义向人们发生、显现出来,并形成理解性的共识。但这不意味着,伽达默尔吁求建立起一种实际性存在的统一的“世界的哲学”,实际上,其思想始终强调一种面向多样性、差异性的具体化思考。不过,尽管如此,伽达默尔对雅斯贝尔斯“世界定向”[③]的概念和思想是持肯定态度的,“世界定向”是要通过某种理念或观念来确定知识,根本上就是世界的一种观念性的哲学文化思考,任何理解和解释都内在地关联着世界定向、事物定向问题,有什么样的理解、解释总是与世界定向、事物定向思考联系在一起的,此种定向就包含着人的关于世界事物的本质性规定与应当如何的方向性理解。

显然,“实践哲学”具有一种诉诸实践理性的“世界定向”的作用,而中国传统思想文化也就具有一种不同于西方主导性理论形态的“另类的、不同的”哲学范式即实践哲学范式的理论形态意义。在汉语中,是没有西方的那种诉求于理性的绝对统一的普遍性(universality)概念的,所具有的是经验普遍性的“一般性”(generality)概念,按照伽达默尔的理解,此种经验普遍性还不是概念普遍性或科学普遍性,但它却是概念普遍性或科学普遍性的来源和基础[④]。中国传统思想文化不注重关于世界事物的不变的普遍的乃至绝对永恒性知识的认识和

① 严平编选:《伽达默尔集》,第597页。

② [德]海德格尔:《在芝加哥海德格尔研讨会上致辞》,https://www.doumiao.net/blog/89800。

③ “世界定向”概念由雅斯贝尔斯提出和使用,意为要用一种概念或理念来确定知识。知识是与自我的思考、存在的阐明不同的,如何确定知识、确定什么样的知识是与世界定向思考紧密联系的。伽达默尔指出:“雅斯贝尔斯把确定知识的概念称为‘世界定向’,将它与存在的阐明作对比,阐明是在人的知识能力和科学的边缘状态中发生作用。”(严平编选:《伽达默尔集》,第307页)

④ [德]伽达默尔:《真理与方法》,第451页。

把握，也不强调对具体特定的技艺性知识的掌握和使用（往往视之为"雕虫小技"），而关注的是事物之道之理，在意的是活的生命事实经验和生活状态，是一种以伦理、社会和政治为主要内容的关于人的存在和行为意义、价值的整体性普遍性思考，它是一种哲学，而且就是"实践哲学"。质言之，中国传统知识文化不是一种纯粹科学的知识形态，也不是技术性的有限的特定知识，而是如亚里士多德所言，是一种"另类的、不同的知识"，也因此，是不能在与纯粹理论科学知识被同等对待的框架内来思考的。从具体学科形态上说，中国思想文化就是一种关于人的存在和行为意义研究的人文科学或精神科学，依照伽达默尔的看法，"人们从精神科学及其中的哲学里得出的知识乃是另外种类、另外等级的知识"[①]。不难看出，正是作为一种"另类的、不同的"知识，实践哲学构成了中国思想文化作为一种"哲学"的特质和"理论范式"，"善"本身的目的内在于实践知识之中，与"知"相对的概念是"行"，行是指实行、践行和行动，它既有某种具体活动的含义，更根本的则是指人的存在和生活的实际性活动意义，这种整体性的关于人的"行"的反思性思考，便是人的一种存在性智慧，也即是"实践智慧"或"实践哲学"。儒家的"成德成圣""王化天下""止于至善"，道家的"无为无不为""顺应自然"，强调的都是在一种人道与天道合一的实践智慧中，形成具有人的德性的"善"的存在和生活。在中国思想文化中，不是理论科学，也不是制作知识，而是实践知识才是根本性的和决定性的知识。

需要注意的是，西方实践哲学并不排斥理论科学和技艺科学，强调的是人的一切认知和行动都是向善的，都要统含于实践哲学之普遍性和共同性上来，而中国伦理政治文化对纯粹的理论科学和制作性知识往往多有排斥，也因此，所谓片面的或者说绝对的道德主义常常成为以儒家文化为主导的中国传统文化的一个标识和因此而被批判拒绝的理由。实际上，儒学的德性为本、理想人格塑造，绝不仅仅是一种单纯的做人的品格和道德修养问题，其中根本上蕴含着对天人合一的万物之道之理的强调和相互统一，以儒家为代表的中国传统文化内在地具有关于世界万物包括人的存在和行为在内的整体性普遍性思考，强调天地万物的整体性和谐和统一。用西方的话语来说，就是其伦理、政治思考内含着逻各斯（logos），是逻各斯的具体化、现实化和象征化。而这就是伽达默尔极为赞赏的逻各斯与伦理政治的统一问题，正是这种统一，使得伦理、政治的实践性知识同样作为一门科学知识成为可能，只不过这门科学知识与纯粹理论科学相比，是一种"不同的、另类的"科学知识，即实践科学知识。在中国传统哲学文化中，知识文化的分类不像西方自亚里士多德开始所区分的那样清晰明

① [德]伽达默尔：《诠释学Ⅱ：真理与方法》，第46页。

确、相互间具有质的不同规定,而是保持着知识文化的整体观,是将整个人类的知识性思考统含于“做人做事”的实践哲学之内,而这恰恰表现出,中国传统思想文化与西方“实践哲学”之当代复兴的本质性特征和思想诉求是一致的,实践哲学是“第一哲学”,实践科学知识才是最高的知识形态(伽达默尔称之为知识的“最高负责部门”),也才是统摄人类一切认知活动和行为意义的存在性知识或存在性智慧。故此,汉语哲学的建构既有其作为一种哲学类型或范式的自身已有的悠久传统历史,更是可能成为当代哲学发展范式转换的时代需要和思想运动中的一种实践哲学的东方式“样本”与“范例”。

最后,汉语哲学不仅意味着基于一种特定语言的哲学思考与理解表达的不同,更重要的是在不同的语言表达意义上由之而显现出人类思想问题本身的普遍性和根本性的沉思,汉语哲学是一种不同的哲学,而且是一种能够表达普遍性意义的哲学。

欧洲历史上洪堡特(Karl Wilhelm von Humboldt)、赫尔德(Johann Gottfried Herder)等人曾将汉语结构特点与汉语思想特质关联起来加以分析,认为汉语(传统汉语或古汉语)与西方源于希腊语而来的欧洲语言是完全不同的,它也不是像梵语那样的屈折语。汉语“是一种字符文字”(Zeichenschrift),没有屈折动词,只有句法而无词法,缺乏词类具体规定,无明确主谓之分致使无法在思想中形成“主体”概念,也不能使谓语作为述谓而真正形成谓语的判断和规定。汉语也由于缺乏动词的时间助词、主动被动词性和词尾变化无法像西方语言一样存在着时态、主客性和不同类型,也就难以形成逻辑性的“命题”概念和形式的判断等。因其语言直接指向概念,所以汉语中上下文的含义是理解的基础,语言意义是含糊性、笼统性的,是那样的不确定,没有连接词,没有格位的变化,只是一个一个的字并列着,“汉语进行构造的想象力是缺乏的”,“汉语的风格以其令人惊诧的效果束缚了形式表达的发展”(洪堡特语)。故此,近代语言学家大多否定汉语具有用于思考和表达以柏拉图为代表的那种绝对理性哲学思想的功能与作用,否定有所谓中国哲学的存在。赫尔德甚至认为,中国的道德哲学是人们存在和生活的一副枷锁,禁锢着思想,中国历史已停滞不前;尽管其后来有所转变,在其《中华帝国的基督教文化》一书中对中国文化的功绩与成就有所肯定。

但要指出的是,洪堡特并不由上述看法就否定汉语与思想之间的关联性意义,只是认为此种非拼音语言是特殊的,无法用以表达西方的那种纯粹理性概念化的思想,但恰恰是这种语言展现出了“其语法结构的纯粹性、规律性和一致性,这些优点无疑使它得以跻身世界上最完善的语言之列”[①],也使之表达出与西方哲学文化之完全不同的关于世界、事物和人生的理解。可以说,“每一种语言都包含着一种独特的世界观”,“汉语展示了一种奇特的现象:正因为它舍弃了所有语言共享的优点,才获得了另一个不见于任何其他语言的优点。汉语放弃了许多附加于表达的东西,而正是通过这样做,它更突出了思想;它拥有并高超地运用着一种独特的艺术,能够把概念直接相互接续起来,使得概念之间的一致和对立不像在其他语言里那样被知觉到,而是以某种新的力量触动和逼迫精神,让精神去把握概念之间的纯粹关系。由此便形成了一种甚于任何其他语言的纯智能的满足感,它本身并不依赖于言语的内容,而是完全取决于概念的形式和排列”,“汉语激发起并维持着针对纯思维的精神活动,避开一切仅仅属于表达和语言的东西”。[②]在《论语法形式的通性以及汉语精神的特性》一文中,洪堡特还认为,汉语文字“与中国人从自己观点出发看待一般语言问题的方式方法密切关联。中国人几乎不可能彻底改用拼音文字……在那里发展起来的书写方式本身在某种程度上就是一件哲学作品”[③]。当然,洪堡特这里所说的“哲学作品”的“哲学”是在不同于西方以柏拉图为代表的主导性纯粹理论哲学的意义上来说的,抑或说,是在一种关于世界、社会与人生的思想文化、文化精神或思想智慧上来加以正面肯定的。

伽达默尔与洪堡特等人的看法既有联系也有很大不同,其从未基于不同于西方拼音语言的汉语语言(表意文字、象形文字)结构特点、性质来否定汉语表述普遍性的作用与功能,只是指出,由这种语言表述的思想是不同于西方的纯粹理性的或纯粹科学的哲学的,而从根本上反映出的是一种不同于西方哲学开端的思想,是一种相似于亚里士多德的“不同的、另类的知识”即实践科学或实践哲学的思想理论。伽达默尔肯定语言与思想的内在关联与统一关系,在他看来,“语言是并且一直是一个巨大框架,该框架中包括了我们人类的生活经验之总和以及诸门科学上的经验之总和”[④],人们在语言中思考、表达和传递思想,世界存在和生活经验就是一个通过语言理解和被语言表述的解释学问题,“正是通过这种语言性,语言才可以出现并且一般是由这种语言性而得以形成,同时由此语言性也形成了语言的多样性,而不仅仅是我们自己的文化圈”[⑤]。在伽达

① [德]洪堡特:《论汉语的语法结构》,《洪堡特语言哲学文集》,姚小平选编、译注,北京:商务印书馆,2011年,第134页。

② [德]洪堡特:《论汉语的语法结构》,《洪堡特语言哲学文集》,第134~135、136页。

③ [德]洪堡特:《论语法形式的通性以及汉语精神的特性》,《洪堡特语言哲学文集》,第195页。

④ Hans-Georg Gadamer, *Gesammelte Werke*, *Band 10*, *Hermeneutik im Rückblick*, p. 316.

⑤ Hans-Georg Gadamer, *Gesammelte Werke*, *Band 10*, *Hermeneutik im Rückblick*, p. 352.

默尔看来,西方思想的开端就是和希腊语言联系在一起的,希腊语言的三个特性从根本上决定了西方思想的开端和西方具有什么样的思想。第一个特性是希腊语中"中性名词的使用",它使得思想的意向对象可以作为主体表达出来,也使得概念通过中性名词的使用来表达自身成为可能,因为中性名词的使用表明的不是某种在这里或那里的具体东西,而是一般性地针对所有东西;第二个特性是"系统词 to be 的使用",系动词的使用连接起了主词和谓词,构成了命题,从而明确地呈现出思想的"真""假"性的认识论诉求;第三个特性是"字母的使用",字母文字虽非古希腊人发明,但在古希腊获得普遍引入,尤其是通过把元音引入闪米特人的字母,而使字母文字更加完善。希腊语以及后来的各种西方语言都是一种由字母组合而成的拼音文字,"相比其他文字,例如表意文字或象形文字,字母具有令人惊奇的抽象性"[①]。正因此,"希腊语本身就已经提供了一种特殊的思辨和哲学的可能性"[②],"形而上学的语言和概念系统主宰了我们大家的思想,这是正确的"[③],"曾经构成形而上学的古希腊思想所走过的道路是:探询—表达—句子—判断"[④],从中人们可以看到,"希腊语所属的语族——从这个语族产生出欧洲的思想——正如形而上学的早先形式一样,产生着作用。当希腊语言把主语和它的谓语区别开来时,它因此已是一种在先的设置,以便去思考实体和它的偶性。因此,欧洲思想早已通过其语言的原始历史而同它自己的命运走在一起了,它发展为形而上学和逻辑学,并最终发展为现代科学"[⑤]。这表明,"如果知识取决于我们抛弃错误,那么,真理就是存在者的纯净无蔽状态。这就是希腊思想家的想法,它铺就了一条近代科学最终要一走到底的道路,即认为存在者若要保持于无蔽状态中就须具有知识的正确性"[⑥]。然而,通过此种语言分析,伽达默尔不是要否定汉语语言用作表达普遍性意义的哲学思考作用,恰恰要指明的是,东方语言与希腊语言是完全不同的,也因此,东方的思维方式与思想道路就不同于希腊语言基础上的主导性哲学的思考。在伽达默看来,"东方思想已走上不同的道路。也许……在东方思想中,不像西方的路向发源于一种自由选择。这归功于如下情况:没有主项和谓项的语法结构把东方思想引向关于实体和属性的形而上学。于是,毫不奇怪,海德格尔在走向开端之路时,也感受到东方思想的某些魅力,而且他想努力借助于日本和

① [德]伽达默尔:《哲学的开端》,第8～10页。
② [德]伽达默尔:《哲学的开端》,第8页。
③ 严平编选:《伽达默尔集》,第451页。
④ 严平编选:《伽达默尔集》,第451页。
⑤ 严平编选:《伽达默尔集》,第451页。
⑥ 严平编选:《伽达默尔集》,第469页。

中国的访问学者进一步追踪东方思想”①。

与此同时，伽达默尔肯定语言与思想的统一，但反对由此走向一种过强的“语言决定论”，其在《真理与方法》中译本出版十年后给洪汉鼎先生的信中就说“一种语言中心的看法是有问题的”②，而是要人们认识到，尽管不同语言体系和概念系统会影响不同的哲学思考，也会呈现不同的哲学思想，但哲学思想之所以是哲学思想，根本上还是要看到不同语言的不同文化形态中的思想问题本身的普遍性，也就是说，不同的语言和语法只是反映如何表达的不同，之所以说语言就是一种世界观，更重要的还在于语言表达了一种关于世界事物的普遍性认识和思考，即让事物本身的普遍性存在和意义在语言中被表达出来、被规定起来。正因此，“如果人们把西方的谓词判断同东方的形象表达——其表现力要从对意和言的交互反思中获得——相比较，真正说来，这两者之不同难道不仅仅在于是言谈的不同样式？二者难道不处于同一个普遍中，即处于语言本质和理性之中？我们言说一种语言并且在其中知道如何述说我们所意味的，难道概念和判断不还是深嵌在这种语言意义的生命中？并且，反过来说，那种东方式的反思表达的意蕴难道不总是可以放到解释活动中？这种解释活动正像艺术作品的表达一样创造着普遍理解。语言总是在这种活动中出现。语言仅仅在这种活动的完成中才存在……在言说中，正如黑格尔扬弃着知性的逻辑，海德格尔扬弃着形而上学语言，东方人扬弃着存在王国的多样性，诗人扬弃着一切给定物，同样也总存在着扬弃语言之客观化倾向的可能性。但扬弃意味着持续起作用”③。这表明尽管伽达默尔十分重视语言之于哲学思考的重要性，但他更注重通过语言而被人们说出来的东西，也是在此意义上为汉语语言作为一种表达普遍性的哲学思考语言做了深刻辩护，“我们不断地更为熟悉的不仅是我们的语言中的语词和短语，而且是在这些语词中也被说出的东西……语言始终给我们提供了基本的阐述，这种阐述指导着我们对世界的理解。语言从属于与世界的同一性，这种同一性表现在，无论何时我们与另一个人交换语词，我们都拥有世界”④，质言之，“概念性思维总是模糊不清。因此，人们应该遵循语言的意义生命——这意味着：回到概念如何从说活本身中、从‘生活处境’中出现”⑤。语言交流对话的实质就在于，我们要形成和拥有一个什么样的理解的共同世

① 严平编选：《伽达默尔集》，第254页。

② 洪汉鼎、马妮：《伽达默尔、诠释学与中国诠释学——洪汉鼎先生学术访谈纪要》，https://www.sohu.com/a/239840726_696411。

③ 严平编选：《伽达默尔集》，第213～214页。

④ 严平编选：《伽达默尔集》，第544页。

⑤ Hans-Georg Gadamer, *Gesammelte Werke*, *Band 10*, *Hermeneutik im Rückblick*, p. 156.

界,即“哪一种同一性支持着作为说话者的我们？哪一种接近性环绕着我们?”[①]“正是语义学领域中的力量,正是语言的音调力和意义力这两者彼此遭遇和改变位置时在其之间所产生的张力,才构成为一个意义整体”[②],解释学反思的任务就在于扬弃出现在经典的古今之争和东西之争中的各种矛盾,从而既不替现代的进步信仰说话,也不满足于单纯地模仿古代[③];既不完全替西方思想文化说话,也不因其问题和困境又极端性地倒向东方思考;而是通过倾听、交流和相互理解,形成或建构起新的更大的意义普遍性,塑造起人类的新的共同存在本质与整体性意义理解,“解释学的要求,是、并始终是:整合到语言的世界解释的统一性当中的,并不是不可理解的或者不普遍的东西,而只是内行才‘可以理解’的东西”[④]。

还要强调的是,尽管伽达默尔在不少地方论述了东西方语言以及西方文化与东方思想的诸多重大差异,但在伽达默尔这里,主要不是着重于从其相互之间的比较来谈论东方文化的未来生命力的,而是借助于比较来对西方思想文化加以深刻的批判与反思,并基于人类存在和哲学思考的普遍性问题,力图为西方哲学和人类的共同的思想开辟出新的道路。伽达默尔指出:“如何调和西方文明和遥远国度的陌生传统及促进它们之间益处甚多的和解的问题并不是最为紧迫的,而倒是人们如何在我们自己的文化土壤上(西方近代以来的科学文化——引者)评价由科学开创的文明进程并使之与我们社会的宗教和道德传统协调起来的问题更为紧迫。因为这正是困扰我们的有关世界秩序的难题。由于欧洲科学促成的文明大获成功,这个问题便以同样尖锐的程度提到各国人民面前。”[⑤]这也就是说,任何比较只是一种思想发生的手段和方式,相较于比较本身,更为重要和急迫的是人类思想的普遍性问题的认识和解决。当今人们已经且必须要对哲学本身的性质和思想道路作出反思性思考和批判,在古希腊时期,哲学所处理的对象都远比我们今天理解的哲学要宽泛得多,而今天所理解的哲学是狭隘化的,哲学被描述为启蒙运动、柏拉图主义和历史主义的混合,“哲学被认为是最高科学。但在其终点上,我们不得不承认,哲学就其自身而言,它其实不是其他学科所说的科学”[⑥]。正是出于对哲学本身普遍性问题的重大思考,人类思想目光需要投向不同于西方主流思想形态的东方实践哲学思想

① 严平编选:《伽达默尔集》,第544页。
② 严平编选:《伽达默尔集》,第558页。
③ 参见严平编选:《伽达默尔集》,第223页。
④ 严平编选:《伽达默尔集》,第231页。
⑤ 严平编选:《伽达默尔集》,第119页。
⑥ [德]伽达默尔:《哲学的开端》,第11页。

资源和理论范式,并通过开端性批判性思考,重新为人类哲学的新发展提出完全可以借鉴于东方思想智慧的新方向和思想道路,“在科学和科学教育领域,我们面临着我们全体人民面临的相同使命。只有在能有种种意见差异的地方,为满足这项使命的力才从那里被创造出来”①。正是在汉语哲学需要也能够表达哲学问题本身的普遍性意义上,王庆节教授明确强调,“希望现在使用汉语做哲学研究和思考的学者,能更多地围绕问题本身,以我们自身的语言和生活经验为导向,借鉴已有的中国哲学资源和西方哲学资源,无论是欧陆思想还是英美思想,来进行哲学思考和论辩”②。

结　语

文化交流是人类历史发展和社会文明进步的重要方式,正是通过不断的文化交流,各样态文化之间有了相互的了解、借鉴与促进,文化交流对话是人类文明发展和综合创新的阶梯。英国哲学家伯特兰·罗素(Bertrand Arthur William Russell)指出:“不同文明之间的交流过去已经多次证明是人类文明发展的里程碑。希腊学习埃及,罗马借鉴希腊,阿拉伯参照罗马帝国,中世纪的欧洲又模仿阿拉伯,而文艺复兴的欧洲又仿效拜占庭帝国。”③文化交流既可以发生于一种文化之内,亦能够在不同的文化样态之间进行,人类文化的发展,就是通过文化相互间的交流对话互鉴而使自身的封闭性、自足性得到克服和超越,并形成一种具有世界性普遍意义的人类共同的思想文化。正是基于此,罗素高度评价了中国思想文化作为一种道德哲学文化的价值:“中国至高无上的伦理品质中的一些东西,现代世界极为需要”,“若能够被全世界采纳,地球上肯定比现在有更多的欢乐祥和”。④在德国哲学家列奥·施特劳斯(Leo Strauss)看来,“一种‘真理’由于某种历史的机缘更适合于某一个地域产生,而不适合于别的地方产生,然而一旦产生出来,它就不再仅属于那个特定的历史时空,而是具有了某种超越性,这是从它的本性的真理来说的”⑤。这就是说,不同文化间的对话交流,绝不仅仅是为了获得相互的了解和认识,更是为了在理解对话中向超越性的存在

① Hans-Georg Gadamer, *Gesammelte Werke*, *Band 10*, *Hermeneutik im Rückblick*, p. 293.

② 王庆节、曹青春:《让哲学说汉语与“从中国来的哲学”的可能性——王庆节教授访谈》,《学术月刊》2019年第8期。

③ [英]罗素:《一个自由人的崇拜》,胡品清译,长春:时代文艺出版社,1988年,第8页。

④ [英]罗素:《中国问题》,秦悦译,上海:学林出版社,1996年,第154页。

⑤ [德]列奥·施特劳斯:《什么是政治哲学》,李世祥译,北京:华夏出版社,2011年,第53~54页。

真理本身的普遍性之跃升。中国思想文化作为东方文化的主要理论形态,是世界多样态文化中的重要组成部分,并以一种从未中断过的思想文化,长久性地历史性地贡献于人类文明的奠基和发展。作为"轴心时期"的几大文化形态之一,中国思想文化是人类文明的一种奠基性文化,表现出不同于西方哲学文化的鲜明的自身特色和思想魅力,这种特色和魅力就在于,它是一种"另类的、不同的"理论范式即实践哲学,以此引导和发展起了东方文明,并于17～18世纪有过一段"东学西传",从而在一定范围内和一定程度上产生了某种世界性的影响。

黑格尔认为,思想的丰富的总体性是一项永远不能完成的任务[①],但思想的进步与发展却又是在此种思想总体性的追求与实现之途中。马克思有言:"中国社会主义之于欧洲社会主义,也许就像中国哲学与黑格尔哲学一样。"[②]也就是说,中国传统哲学思想文化与黑格尔哲学以及西方主导性哲学是完全不同的哲学文化,但正因此,东西不同哲学文化之间的对话交流成为可能且属必要,这体现的就是黑格尔的思想总体性追求和创造的重要路径和方式。伽达默尔一再强调,对话交流是关于事物意义的理解性存在方式,即使人们意识到自身意义理解的有限性,更是为了扩大视域以向意义普遍性的扩展和提升,"我们应当就某种东西共同进行谈论"(Wir sollen gemeinsam über etwas reden)[③],"我们只能在对话中抵达事实"[④]。应该说,肯定和重视实践哲学理论范式研究,不仅是对古希腊实践哲学传统的返回、接续与重建,也是符合中国传统思想文化的根本性质和内涵的重大哲学范式转变,更是实现整个人类当代哲学创造和创新性发展之需要。如伽达默尔所言,"哲学不再是我们的知识的整体和一种正在认知的整体"[⑤],哲学总在溯源中,不断开启难以预料的未来[⑥],但由"理论哲学范式"转向"实践哲学范式",注重实践哲学研究构成了当代人类哲学的真正任务[⑦]。由此而言,强调实践哲学的伽达默尔与以道德哲学为核心的儒学文化之间是有着自然的亲合性联系的。美国解释学家帕尔默就高度肯定了伽达默尔和孔子之间存在着相似性,并认为,两人都是这样的哲学家——"将其思想扎根于人际现实之中……将其哲学扎根于人类关系的现实之中,即人与人之间的网络之中";伽达默尔"是一位寻求交流和理解的更深水平的思想家。他竭力主张

① 参见严平编选:《伽达默尔集》,第561页。

② 《马克思恩格斯全集》第7卷,北京:人民出版社,1959年,第265页。

③ 参见薛华:《伽达默尔行文例示》,《云南大学学报》(社会科学版)2011年第2期。

④ Hans-Georg Gadamer, *Gesammelte Werke*, *Band 10*, *Hermeneutik im Rückblick*, p. 324.

⑤ 严平编选:《伽达默尔集》,第445页。

⑥ Hans-Georg Gadamer, *Gesammelte Werke*, *Band 10*, *Hermeneutik im Rückblick*, p. 372.

⑦ [德]伽达默尔:《真理与方法》,第795页。

开放的诠释美德。他认识到我们可以从别的文化所发现的哲学中学到东西”。[①]

在雅斯贝尔斯看来,“我们正走在经过我们时代的暮色从欧洲哲学的晚霞走向世界哲学的朝霞的路上”[②]。当今人类文明陷入了科学技术几乎控制人类生活的一切方面之困境,沦丧了人的存在和行为意义反思的实践理性,“理性万能、科学至上”情形不仅没有改变,反而越演越烈,亟待作为一种“另类的、不同的”的实践哲学范式的重建和复兴,形而上学需要“超越时空的一切时代和民族的天才的崇高对话”(叔本华语)。伽达默尔明确指出:“我们人类历史命运的独特性依据于希腊人为世界文化奠定的这种科学基础。而其他伟大的世界帝国和文化却在宗教创作和艺术创作中发现其本质的表达。”[③]正因为此,人类的文明发展和未来命运就不能不重视和寻求与不同于西方主导性理论哲学而以实践哲学为自身思想文化特质的东方的中国传统思想文化的对话交流,互鉴发展。伽达默尔常将中国思想文化称作“中国智慧”,但认同和肯定沃尔夫将中国智慧定位为一种“实践哲学”。在伽达默尔这里,还很难说存在雅斯贝尔斯的“世界主义的取向”(阿伦特语)和明确的“世界多元主义”思想,也并不试图构建起实际性存在的统一的“世界的哲学”,用受其影响的美国哲学家伯恩斯坦(Richard J. Bernstein)的一个术语来表述,或许能较为恰当、合适地评价伽达默尔的思想立场,这个术语是“engaged pluralism”,即伽达默尔的思想表现出一种基于西方哲学自身批判反思为主体和框架的“有立场的多元论”“有限制的多元论”。应该说,伽达默尔反对黑格尔式的“欧洲中心论”,要求破除西方思想文化的自恋,主张在西方哲学思想主体下加强不同思想文化之间的平等对话,尤其是寻求与完全不同于起源古希腊文化的其他文化的交流,积极地向东方寻求新的伟大的合作伙伴会话,将中国的实践哲学思想融入西方的理性科学精神中来,这都是他的十分明确的哲学思考和开放性期许。

伽达默尔指出:“也许,但或许在古印度和中国的传统中也有东西将与我们的传统竞争,但发掘它们对古希腊源头也不失为一件好事!”[④]此种朝向东方的思想姿态,既可看作伽达默尔关于西方传统思想文化的反思性批判,亦可理解

① [美]帕尔默:《伽达默尔哲学的七个关键术语》,江涛译,《安徽师范大学学报》(人文社会科学版)2002年第5期。

② Jaspers, “*Philosophical Autobiography*”, in Paul Arthur Schilpp ed., *The Philosophy of Karl Jaspers*, pp. 83-84.

③ Hans-Georg Gadamer, *Gesammelte Werke*, *Band 10*, *Hermeneutik im Rückblick*, p. 290.

④ [美]帕尔默:《伽达默尔哲学的七个关键术语》,江涛译,《安徽师范大学学报》(人文社会科学版)2002年第5期。

为其解释学实践哲学新创造、新发展的一个极其重要的新面向,即通过中西思想文化的对话交流、互鉴吸收,以克服西方传统纯粹理论哲学自身强势发展的“跛脚之行”,开拓创造出人类更为全面、更为平衡与合理的哲学思想的新局面、新气象和新未来。伽达默尔强调的是,并非诉求于不变的对象的纯粹理论科学而是注重于具体处境性实践反思的德性智慧才能够把我们带到自己面前并让人们洞察到自身认识的界限,没有任何确定性,一种纯粹理论类型上和“科学”类型上的保证是可疑的,在此总是需要洞察另一面——不仅仅是人们自己所想到的,而且还包括他人所思考的东西。因此,“在我们这个多元的世界中,他者也包括陌生的文化和地球上远处的共同居住者。将来,我们将不得不越来越多地学习这一切,即那些遗留给我们或者他者的东西,以及那些在我们全部生活形式中影响我们的东西。我们人类的目标不能是这样,即通过技术文明压倒一切。只有当我们在新的任务中引入理解的能力以及相互实现的能力时,这些能力把我们的世界带入平衡中并且保持在平衡中,我们才能创造新的秩序。为了维护这些能力,所谓的精神科学在所有的科学中作出了最大的贡献。它们迫使我们持续地面对人性——以及太人性的——全部丰富的阶梯”①。

总之,“解释学的出发点是构筑桥梁”②,“‘解释学’问题出现的一般特征,即必须把一些远离我们的东西拉近,克服疏远性,在过去和现在之间建造一座桥梁”③。扩而广之,伽达默尔所讲的解释学这座桥梁不仅是沟通古今的,同样也可理解为是联通东西方的,其根本意义在于,“沟通思想之间的距离,并揭露其他思想对我们具有的陌生性”④。解释学的普遍性是包容一切的,“能够倾听别人的话,似乎是人类向仁爱的真正提升”⑤,关于未来的“世界的哲学”思考需要面向东方文化,尤其是要加强与作为“实践哲学范式”的中国哲学思想文化的深度会话、交流与互鉴。应该说,伽达默尔的开放性思想姿态与思考为当今人们重新理解中国思想文化的哲学合法性及其性质、特点打开了新的窗口,扩宽了思想空间,这种窗口的打开和空间的扩宽,从根本上说,并不是在主导性的西方哲学形态上来实行展开的,而恰恰是通过对既有的哲学开端性反思和知识类型或范式的转换开放出一种宝贵的东方性意识和思想视野的。也因此,此种新视野的打开,既是东方思想文化被言说的可能性打开,从而为汉语哲学建构奠定

① Hans-Georg Gadamer, *Gesammelte Werke, Band 10, Hermeneutik im Rückblick*, p. 222.

② [德]伽达默尔:《科学时代的理性》,第27页。

③ [德]伽达默尔:《科学时代的理性》,第23页。

④ [德]伽达默尔:《科学时代的理性》,第101页。

⑤ 严平编选:《伽达默尔集》,第192页。

和确立了重要的有说服力的思想理论基础及其深远意义的理解;而基于普遍性的哲学发展本身而言,更是人类哲学思想的普遍性跃升的无限可能性之“虚怀敞开”(die Demütig Offenheit)。

论伽达默尔的概念史方法*

邵　华**

摘　要:概念史方法是伽达默尔哲学研究的重要方法。他认为自然的概念构成和语词构成密不可分,并且要适应事物的特殊性而不断发展。科学的概念构成则是对自然概念的抽象化,否定了概念和语词的统一,导致语言工具论。哲学应建立在自然语言的基础上,哲学的概念术语要进入日常语言中发挥其语言功能。概念史分析是哲学本身的工作,着眼于概念整体和相互关系,并且将概念史和问题史结合起来,弄清楚问题提出的概念背景。概念史分析的关键是沟通概念和日常语词的关系,澄清概念的含义,因此承担着语言批判和语言发现的功能。概念史分析能够克服哲学语言的僵化,有助于我们正确理解传统哲学,破除概念意义的遮蔽所产生的假问题,并且有益于哲学的创新。

关键词:概念史;问题史;语言批判;语言发现

伽达默尔(Hans-Georg Gadamer)非常重视概念史分析,概念史方法在他的哲学思考中是除现象学和辩证法之外的重要哲学方法。[①]在他的著作中,对于某些问题的探讨总是伴随着概念史的分析,用以史拓论的方式来表达自己的观点,具有历史的厚重感。比如在其代表作《真理与方法》中,直接或间接地进行概念史分析的概念有40多个,一些重要概念如教化、趣味、实践智慧、游戏、前见、经验、语言等构成了他哲学思想的"关键词"。可以说他是通过概念史的方法来展开哲学解释学的运思的。伽达默尔年轻时曾刻苦钻研古典语文学,是"半个语文学家",这为他的概念史实践打下了坚实的基础。在其学术生涯中,他举办过一系列概念史的学术研讨会和报告会,带动其他人进行概念史研究。他主办的杂志《哲学评论》为概念史研究提供了学术舞台。他积极支持J.利特

* 本文受到中央高校基本科研业务费资助(2023WKZD014)。

** 邵华,华中科技大学哲学学院副教授。

① 参见何卫平:《概念史的分析:伽达默尔解释学的方法与实践》,《解释学之维——问题与研究》,北京:人民出版社,2009年,第63~76页。

尔(Joachim Ritter)主编的《哲学历史辞典》的编撰工作并撰写了解释学词条,也曾参与《历史基本概念》的编撰,担任过著名的《概念史文库》的主编。可以说伽达默尔是德国20世纪下半叶概念史研究的代表人物,通过其广泛的学术活动为推动德国的概念史研究作出了重大贡献。

在伽达默尔那里概念史方法不是一种辅助性的手段,而是哲学本身研究的方式,并且和他的哲学解释学理论具有密切关联。近年来概念史方法在中国学界受到越来越多的重视,哲学研究中引入概念史的分析也较为常见,但对于概念史方法的要领及其对哲学的意义尚缺乏深入把握。有学者指出:“在伽达默尔把概念史纳入普通诠释学亦即理解理论之前,从未有人赋予其如此宽广的哲学意义。”①研究伽达默尔对于概念史方法的认识,有助于我们进一步加强概念史意识,提高我们的哲学研究水平。

一、语言和概念构成

概念史涉及语言问题,伽达默尔的语言哲学为概念史研究奠定了理论基础。语言在伽达默尔的哲学解释学中具有存在论的地位。语言不是用来认识世界的工具,而是一种联系我们和世界的中介。我们生活的世界就是一个现象学意义上通过语言显现的世界。亚里士多德对人有两个著名定义,“人是具有逻各斯的动物”以及“人是政治的动物”,这两者是统一的。伽达默尔把逻各斯解释成语言,把政治解释为社会,因此人是语言性和社会性的统一。伽达默尔接受了亚里士多德的看法,认为语言具有社会性的存在方式,是人类交往和相互理解的重要媒介。同时受柏拉图的对话的影响,他强调语言的生命在于谈话,并通过谈话得以发展。在他的解释学中,谈话被作为进行理解和获得真理的基本方式。“语言只有在谈话中,也就是在相互理解的实行中才有其根本的存在。”②“唯有在谈话里语言才存在,唯有在谈话里语言才被形成、发展和发挥作用。”③

人能超越当下的感觉,用语言表达尚未出现的东西,使人预先了解。通

① 方维规:《什么是概念史》,上海:上海三联书店,2020年,第66页。

② 《伽达默尔全集》第1卷,第449页。本文所引《伽达默尔全集》参见Hans-Georg Gadamer, *Gesammelte Werke*, Tübingen: J.C.B.Mohr (Paul Siebeck),1985-1995,其中第1、2卷的译文参见[德]伽达默尔:《诠释学I、II:真理与方法》,洪汉鼎译,北京:商务印书馆,2007年,个别地方根据德文版修改,页码指德文版页码,可根据中文版边码查找。

③ 《伽达默尔全集》第2卷,第436页。

过这种方式相互传达信息,从而拥有对共同事物的意指,这就是一般概念。概念是用语词表达的。语词具有声音和文字符号的语言形式,概念则指抽象的观念,比如"力""美""正义"等概念在不同的语言系统中有不同的语词表示。但是概念不能脱离语词而存在,概念和语词的关系可以说是内在逻各斯和外在逻各斯的关系,两者是统一的。因此概念构成(Begriffsbildung)和语词构成(Wortbildung)有着密不可分的关系。

从古代哲学家的概念分析中,伽达默尔发现自然的概念构成发生在我们的话语活动中,总是根据偶然性和特定关系,而不能用逻辑结构限制。说话并非一种将特殊事物置于普遍概念中的归类活动。虽然说话的人使用具有普遍意义的词汇,但指向的是事物直观的特殊性。语词表达的普遍概念需要直观得以充实,但直观的特殊性又促使概念和语词发生变化。"通过语词构成而被意指的普遍概念通过每次对事物的直观而得到充实,从而最终也产生更适合事物特殊性的新的、更专门语词构成。因此,说话虽然是以具有普遍意义的给定的语词为前提,但又是一种经常的概念构成过程,语言的意义生命就通过这种过程而得到发展。"[①]伽达默尔强调语词构成和概念构成的发展性,这种发展的动力在于事物的特殊性。我们经验到事物总是特殊的,说话不只是将特殊物归于已有的普遍概念中去,而总是要寻求新的概念和语词去切合事物的特殊性,这样就导致语词构成和概念构成的不断发展。我们在实际说话活动中总是会产生新的语词和概念或者赋予其新的意义内涵,因此归纳和抽象的逻辑图式不适合语词构成。

语词构成不是通过对事物共同性的明确反思,语词的使用也不是把语词所指示的东西纳入类的普遍性中。当人将一个事物的表达转用到另一个事物上(如"道",最初指道路,后又指说话、方法、规则、本体等),它们之间共同性的东西不是类的普遍性,而是由人的经验发现的类似性。人的语言意识知道如何表达这种类似性,这就使我们的语言具有隐喻性(Metaphorik)。语言的隐喻性在于语词构成是从发现事物的类似性而不断发展的,这造成了语词的多义性,同一个语词可以应用于不同事物,但它所包含的不同意义又是相互关联的。我们可以用语词的转义来表达特殊的经验,而不是通过经验抽象进行概念构成,由此也能达到对共同性的认识。

伽达默尔从古代柏拉图主义者斯鲍锡普(Speusipp)那里认识到,从多样性中发现共同性(类似性)的辩证能力接近于语词构成原则。语词从一个领域到另一个领域的转换是同语言的隐喻性相结合的。事物之间的共同性不是类意义上

① 《伽达默尔全集》第1卷,第433页。

的普遍本质，而只是一种类似性，我们的语言表达这种类似性，因此可以自由地在不同领域中转换。亚里士多德也谈道“好的转换就意味着认识共同性”(《诗学》，22，1459a8)，在《论辩篇》中他认为我们是从对共同性的观察引出对类的设定。可见，概念构成是由语言引导的依据经验类比的归纳。“用修辞学的话说，概念词的意义特征是隐喻性的(metaphorisch)。”[①]其实自赫尔德(J. G. von Herder)以来语言的根本的隐喻性特征得到了越来越多的人的承认，而伽达默尔从古代哲学中也找到了类似观点，这也反映了伽达默尔倾向于某种反本质主义的立场。

科学的概念构成与自然的概念构成有所不同。亚里士多德在《论题篇》和《后分析篇》中通过对归纳的分析阐明了自然的概念构成是在经验中看到共同性和一般性的东西，而科学是对自然概念构成的继续发展，用逻辑证明的理想取代了经验的类似性。自然的概念构成具有完全的自由，但已经为科学的逻辑分类做好了准备，“正是对概念进行上下归属的逻辑理想，现在凌驾于语言的生动的隐喻性之上，而一切自然的概念构成则都是以后者为基础”[②]。以逻辑为指导，语词自身的意义和它的转换意义被区别开来，甚至语言的意义和语言本身也相分离。因为意义是非物质性的，表示意义的概念不同于物质性的语词。科学研究的是理性的对象领域，科学的概念构成仅仅把语词作为符号，具有单一指称的理想，这就导致了语言的工具化，“从根本上可以说，凡在语词取得一种纯符号功能的地方，则说话和思维之间的本来联系(我们的兴趣也正在此)就会转变成一种工具式的关系”[③]。可见，科学的概念构成否定了概念和语词的统一，概念成为纯思维的观念，可以脱离语词而独立存在，语词只是作为工具指示概念。这种对科学和语言关系的看法从古希腊科学产生的早期就开始了，亚里士多德以及后来的斯多亚主义明确地表达了出来。

中世纪思想从神学角度重新思考思维和说话的统一性问题。意义的统一性在语词中达到完全表达，但语词首先是神的语词，即精神。通过“道成肉身”，神的语词进入人的语词，人的语词只是精神的显现，是对同一种概念的多样性的展开。以库萨的尼古拉(Nicolaus Cusanus)为代表的唯名论者使语言问题进入新阶段，突出了以人的语言为中心。在库萨的尼古拉那里，自然的概念构成不同于科学的概念构成，它不是根据事物固有的本质，而是根据它对人的关系，即根据人的需求和利益，因而具有偶然性，包含着与生活密切相关的实用的意义。但我们不能以事物的本质秩序为衡量标准而将自然的概念构成看成是纯

① 《伽达默尔全集》第4卷，第84页。

② 《伽达默尔全集》第1卷，第436页。

③ 《伽达默尔全集》第1卷，第437页。

粹的偶然性,"实际上这种偶然性是通过必要而又合法的变化范围而产生的,正是在这种变化范围中,人类精神才能表述出事物的本质秩序"[①]。在库萨的尼古拉那里,人的语词和人的精神是统一的,语词的差异必然意味着概念的差异。我们对事物的直观认识是变化的,随之而来的是概念构成的变化。这就涉及本质的不精确性,但这并不否认一切表述都反映了事物本身。只有无限的精神才能克服本质的不精确性,在无限的精神中只存在唯一的事物(理念整体)和唯一的语词(神的语词)。库萨的尼古拉和柏拉图主义、基督教保持一致性就在于,"正是一切人类语言中的事物联系,而非人类事物认识的语言束缚性才对他是根本性的。人类事物认识的语言束缚性只是表现了一种光谱的折射,真理就在这种折射中显现"[②]。

伽达默尔重视并吸收了库萨的尼古拉的思想,肯定存在着真理,即对事物本身的揭示。虽然由于语言的不完善性,人无法充分地达到真理,但人的语言也不是单纯的意义游戏,而是与事物的揭示相关,只不过这是一个无止境的过程。这反映了伽达默尔在语言观上企图调和唯名论和唯实论,也反映了他力图超越客观主义和相对主义二元对立的解释学立场。因此他主张自然的概念构成与人类的生活相关,有一定的变化范围,但同时也能表达事物的本质秩序。科学的概念构成是在此基础上进一步人为地、严格地单义化、抽象化,本身是衍生性的,并不具有典范性。前者是和语词相统一的,并且是不断发展的;后者则成为脱离语词的纯思维观念,语词就成为指示性的工具。

二、哲学概念与概念史

概念史分析对于哲学为什么重要? 这是由哲学的特点决定的。从亚里士多德到黑格尔,其他科学都有特殊的、有限的对象,可用语言和概念来规定,而哲学却没有有限的对象,它指向或追问存在本身和不同的存在方式,可以说哲学的对象就是概念本身,"把概念称作哲学的对象,也就是把思想的自我展开当作哲学的对象"[③]。

在现代实证科学中,概念的有效性是按照经验的认识来衡量的。在科学主义潮流中,科学被认为是唯一合法的知识形式。哲学是否要向科学学习,严格

① 《伽达默尔全集》第1卷,第440页。

② 《伽达默尔全集》第1卷,第442页。

③ 《伽达默尔全集》第2卷,第78页。

地对概念下定义，并运用明确的、单义的概念呢？伽达默尔认为这并不符合哲学的要求和任务。概念的明确性隐含的前提是把概念当作我们用来说明对象并将其置于认识中的工具。在某种意义上哲学概念可以被当成一种工具，但是伽达默尔认为，明确的概念语言理想是不可能的，我们不能用纯人工语言表达哲学。人工语言不是真正的语言，它没有语言生活的共同体作为基础。人工语言作为一种工具以生动的相互理解为前提，因而是附属于日常语言的，在引入人工语言的时候就需要我们所说的日常语言。伽达默尔受胡塞尔和海德格尔的生活世界理论的影响，认为科学理论植根于生活世界，而生活世界是由日常语言构造的本源经验的世界。解释学的一个重要任务就是反思科学理论，“把所有的抽象观念和科学知识都重新置于人类世界经验的整体中”[①]。

对于伽达默尔来说，哲学要立足于日常语言，柏拉图的对话就是理想的哲学实行方式。虽然哲学概念可以用清楚界定意义的术语形式表现出来，但我们不可能专门用术语讲话。术语要不断进入理解过程中，“虽说讲话也允许使用专门术语，但这只是表明，这种专门术语不断进入到讲话的理解过程中，并在这种理解过程中行使其语言功能”[②]。哲学的概念术语要进入日常语言中才能被人所理解，并且要在日常语言中发挥其语言功能。

语言是经验的产物，并且只有作为谈话的语言才有生命力。概念构成是在语言中发生的，受到人们所说语言的束缚，而且概念构成的过程没有最初的开端，而总是在我们所说的语言中的一种继续创造，这决定了概念缺乏明确性。最精确构造的概念只有在纯粹由思维产生的对象世界(如数学)中才能找到，这里没有经验的作用，而只有理性自身的构造。不同于科学和数学要求固定的术语，“我们发现哲学的语言用法具有的显示方式与语言中发生的显示方式并无二致”[③]。哲学语言的用法和日常语言的用法在根本上是一致的。哲学概念不能强求精确的定义，因为它要和活生生的语言保持着本质性的关系，哲学概念的意义和日常语言的意义不能分离。

正如前面谈到过，概念构成的过程是一种依据类比的归纳，因而具有隐喻性。哲学概念和一般概念一样并非逻辑性的、方法抽象的结果，因此具有广泛的联系。伽达默尔认为，东方的利用隐喻性的语言表达方式和哲学特别亲近，它不同于亚里士多德的形式逻辑，而是接近于黑格尔的思辨辩证法。辩证法的本质在于概念从思想运动中获得实事性规定。我们的日常活生生的语言就具

---

① 《伽达默尔全集》第2卷，第183页。

② 《伽达默尔全集》第2卷，第83页。

③ 《伽达默尔全集》第2卷，第83页。

有潜在的辩证性,它拒绝单义性,并且具有隐喻张力和召唤力。隐喻所起的作用一方面是对原初语词使用的特殊环境的抽象,另一方面是原初意义领域的继续聆听。这双重意义功能以特殊方式进入哲学概念的意义构成中。

正是由于概念构成的隐喻性特征,概念意义缺乏确定性,并且各种概念是相互关联着的,所以在伽达默尔看来,任何一个单独的概念定义都不具有哲学合法性。单个概念的功能只有在思维统一体中才规定了其合法意义。"并不是单个概念以及在各种不同语言中与之相应的语词构成概念史意识的对象,而是一个相互承载和支持的概念性整体,这种概念性就像从我们的语言世界定向中所显出的语言整体。"①在伽达默尔那里,"概念性"(Begrifflichkeit)是一个集合表达,意味着相关关联的概念整体。伽达默尔继承了柏拉图和黑格尔的辩证法思想,强调概念的相互联系和统一,一个概念总是反映或牵涉其他概念。概念史意识要着眼于概念整体,在研究个别概念时要注意和其他概念的联系。由于哲学是以概念为对象的,"哲学的概念性构成哲学的本质"②,概念史的分析就不是哲学史的补充工作,而是哲学本身的工作。"概念史不是要成为一种历史描述的新方法或者说一种对于系统的提问的单纯历史导论,而是要成为哲学思想运动本身的整合要素,一条显示自己的概念性的道路。"③

黑格尔谈到哲学就是哲学史,哲学史是哲学本身的展开。由于概念构成哲学的核心,概念史可以说就是哲学本身展开的主线,将哲学思想的运动整合了起来。虽然概念史的反思使我们对历史上流传下来的哲学思想具有强烈的批判意识,我们认识到了它们的历史性,但这并不意味着我们面对的只是历史上特定的意见。它们对于哲学思维是有效的,有助于推动我们自身的哲学思考,深化我们的哲学认识。在伽达默尔看来,哲学认识是某种意义上的再认识。概念史并未导致哲学思考的历史相对主义,而是哲学认识的更新。

三、概念史和问题史

概念史和问题史具有密切联系。19世纪下半叶新康德主义者发展出的问题史是一种具有哲学兴趣的哲学史研究,在哲学界影响很大(如文德尔班的《哲学史教程》)。这种研究改变了黑格尔的以精神的逻辑发展为核心的哲学史,确

---

① 《伽达默尔全集》第4卷,第90页。

② 《伽达默尔全集》第2卷,第77页。

③ 《伽达默尔全集》第4卷,第92页。

立了以哲学问题为核心的哲学史观念。问题史方法强调哲学问题的同一性，反对哲学的历史相对化，认为存在着永恒的哲学问题，哲学史就是对它们的不同回答。问题史的意义在于深化并不断精致化问题意识，哲学的进步就在于此。问题史方法显出独断的因素或不能信服的前提，即哲学问题的同一性。

虽然人类总是不断地提出范围广泛且根本的哲学问题，如自由问题，但是历史上的这些问题都是同一个问题吗？对自由的追问在所有时代都一样吗？伽达默尔的回答是否定的。根据他的解释学思想，任何问题背后其实都有着动机，正是动机决定了问题的意义。"每个受到真正发问的问题都受动机支配。当我们真正理解一个问题并且也许想回答它时，我们都知道我们为什么要对某事发问，我们也必然知道我们为什么受到询问。"[①]哲学史表面上总是在不断追问同样的大问题，但实际上在不同时代问题的动机和角度是不一样的，因此问题的意义是不同的。只有知道某个问题为什么被问，理解了问题是怎样提出的，才可能回答这个问题。

询问哲学问题是如何提出的，就是询问它在何种概念性中运动，因为"正是概念性塑造了问题的提出"[②]。比如在现代科学世界观背景中探讨自由问题，那么因果性概念就要进入问题的意义中。因此我们就要问什么是因果性，它是否构成了自由的边界。古代命运观背景中的自由问题、柏拉图哲学和斯多葛哲学背景中的自由问题、基督教神学背景中的自由问题，都与现代科学决定论背景下的自由问题不同。通过概念史研究，我们就能批判地意识到支配所有提问的概念性。提出一个问题就是对它进行概念的加工，使问题得到一个明确的方向意义，在此方向上才可能有答案。基本的哲学问题在历史上并不是每次都是同样的问题，因为它们的概念性背景是不同的。其实问题史研究是具有哲学意图的，即要在历史中重新认出自己的问题。概念史的研究打破了新康德主义问题史研究的基础——问题同一性的预设。在伽达默尔看来，新康德主义问题史是一种假冒的历史主义，"问题史只有在它承认问题的同一性是一种空疏的抽象并使自身转为提问时，才可能是真正的历史。事实上并不存在一种超出历史之外的立足点，以使我们站在上面可以从历史上对某个问题的各种解决尝试中去思考该问题的同一性"[③]，只有通过解释学的思考才能展示出从其动机中获得意义的问题。

伽达默尔并不反对问题史研究，只是主张要打破新康德主义关于问题同一

---

① 《伽达默尔全集》第2卷，第82页。

② 《伽达默尔全集》第2卷，第83页。

③ 《伽达默尔全集》第1卷，第381页。

性的独断,将问题史研究和概念史研究结合起来,弄清楚问题提出的概念背景。根据伽达默尔关于问题的解释学观点,我们对历史上的问题的理解实际上是一种视域融合的过程。我们把文本的意义理解为对其问题的回答,但理解一个问题就是要对问题提问,在这个过程中我们必然超越单纯的重构,思考作者未曾思考的东西,因而重构的问题被置于开放状态中。这个问题便成为向我们呈现的问题,处于我们自己的视域中。“我们试图重构传承物好像是其回答的问题。但是如果我们在提问上没有超出传承物所呈现给我们的历史视域,我们就根本不能这样做……一个被重构的问题决不能处于它原本的视域之中。因为在重构中被描述的历史视域不是一个真正封闭的视域。其实它本身还被那种包括我们这些提问、并对传承物文字作出反应的人在内的视域所包围。”[1]产生问题的问题域在发展变化,前人的问题会产生效果历史的影响,形成问题传统,我们的哲学探讨也会受到传统的制约。因此理解历史的问题的时候就涉及共同的事情,这只有从我们自己的立场出发才能弄清楚。问题史也涉及我们的自我理解。虽然伽达默尔反对哲学问题的同一性,但也并未走向相对主义,如认为历史上对自由问题的探讨都是彼此独立的、无关的,而是承认存在着某种统一性,人们可以在问题中发现某种起决定作用的思想模型或结构,这和承认语言表达的可变性是一致的。

四、概念史的核心:概念和语词的关系

由于哲学概念源于我们的日常语言,概念的意义与日常语词的意义具有密切的关系。概念既有能够主题化的明确的意义,也有来自其语词起源的隐含的意义。伽达默尔把哲学比喻成音乐,明确的意义就像声音,而隐含的意义就像泛音,正如没有泛音就没有音乐,泛音和所有声音一起发音,哲学也不能没有概念的隐含意义,正是“泛音”使思想保持了开放性。概念史分析要围绕着概念和语词的关系,才能澄清概念的意义,进入把握哲学思想本身。

一般而言,哲学思想要突破语言的经验图式才能产生。同时,哲学家只能从现存的语言中选用语词来表达哲学概念,提出哲学问题,而这些哲学概念具有特定的内涵,哲学的语言用法也不同于习惯的语言用法。哲学家经常会陷入语言困境中,哲学思想和语言表达是否合适的问题总是存在着的。我们在进行概念史研究时应该着眼于哲学思想来分析概念,甚至要超出哲学家所说的东西

---

① 《伽达默尔全集》第1卷,第380页。

去思考。“概念史跟随思想的运动，思想的运动总要超出习惯的语言用法，并且把词汇的意义方向从原来的应用范围内解放出来，对它进行扩展或限制，比较或区分。”[①]哲学概念对语词的断裂、突破或扭曲就是我们特别应该关注的地方，这里显示了思想的张力，因而是我们理解哲学思想的重要切入点。“正是对于这种承担着概念构成的继续起作用的语言生命，产生了概念史的任务。它所涉及的并非只是对单个概念作历史的阐明，而是要复活在哲学语言用法的断裂处所表现的思想的张力，而概念的努力就在断裂处‘扭曲’(Verwerfungen)。语词和概念的关系在这种‘扭曲’处裂开，而日常语词被加工成新的概念表述，这种‘扭曲’就是概念史作为哲学的真正合法性。因为这里出现的是未曾意识到的哲学，这种哲学存在于日常语言以及科学语言的语词构成和概念构成中。”[②]分析概念是如何从日常语词中产生的，就能够帮助我们理解哲学思想，这也成为证明哲学概念的合适性的方式。

哲学概念虽然是从对日常语言的突破或扭曲中产生的，但它仍然保留了其来源的意义，日常生动的语言用法也在使用哲学术语时发挥着作用，不过这并不能看成它的缺陷，而恰恰是让它具有生命力的优点。另外，哲学概念也会进入活生生的语言中，产生新的概念作用。比如“实体”(Substanz)概念进入日常语言中就具有价值意义，表示“实质性的”(substantiell)。对哲学术语的新应用，使哲学概念获得了新的生命，也表明概念可以在活生生的语言中起到反作用。由于概念构成和日常语言使用之间的相互作用，概念史只有打通概念和语词的关系才能澄清概念的意义。“概念史要做的工作就在于来回走在从语词到概念的路上，并保持其通畅。因此它完成了概念意义的共同构造。”[③]由于存在着语言困境，哲学的概念语言经常存在矛盾性和不确切性，这恰恰体现了哲学思想的辩证性。概念史研究不是要从其历史来源中完全规定一个概念的确切内容，而是要带着批判意识进行哲学研究，深入哲学概念的实际使用中。一个概念的概念史来源从属于概念本身，它像泛音一样把概念所限定、突出的意义和形成概念的语言基础联系起来。没有各种泛音的共振，哲学的概念语言就无法讲出来。

概念史通过对语言的习惯和流行意义的追问，打破了哲学概念术语的固定化，展示了哲学思想从语言中的发生。在哲学思想中概念性总是表现为破坏一切术语的固定化，如柏拉图对话那样。这表明哲学思想首先并不是在于逻辑论

① 《伽达默尔全集》第4卷，第88～89页。

② 《伽达默尔全集》第2卷，第90页。

③ 《伽达默尔全集》第4卷，第90页。

证,而是在于谈话。概念的逻辑用法和语词的用法是并存的,“每一个概念的用法都保留着语词的用法,每一个语词的用法也保留着对其中的概念关系的逻辑分析”①。

概念史的阐明能够把哲学表达从学院的僵化中解救出来,使它重新获得活力。但也正因为如此,我们不能指望弄清楚一个概念的全部意义。“只要概念仍然一起活在语言的生命中,则概念史的阐明总是有意义的——但这也同时表明,一种完全意识的理想是荒唐的。”②对概念意义的阐明总是有限的,很多意义是我们没有意识到的,因为我们人本身就是历史的产物,语言所承载的整个传统和前见在我们意识背后发挥着作用。伽达默尔还谈道:“概念的阐明——概念史就是概念的阐明——永远只能是部分的。它只有在以下情况中才是有用的和重要的:或者揭露由陌生语言或僵化的语言引起的遮蔽,或者分担语言困境,由此我们进入紧张的反思。”③这里所谈到的概念史发挥的两个重要作用——揭露语言遮蔽和分担语言困境——涉及概念和语言关系的两个方面,即语言批判(Sprachkritik)和语言发现(Sprachfindung)。一方面,由于概念的僵化或者在翻译的过程中产生了意义的歪曲和遮蔽,所以需要进行语言批判。由于历史的变迁,概念所源出的语言背景及其隐含意义被遗忘了,概念的理解逐渐僵化变形。比如哲学中的很多概念源于希腊语,但是从希腊语到拉丁语,再到近代西方各民族的语言转化,许多概念含义发生了改变。在现代学院语言中语词和概念之间的原初运动消失了,这就会造成歪曲或遮蔽。概念史要行使语言批判的功能,通过重建概念和语言的关系发掘出它的被遮蔽的活生生的意义。“通过重建在概念词与自然的语言使用之间持续存在的那些联系,使概念的陈述意义具体化,甚至从歪曲的教条化中解放出来。”④另一方面,哲学家在思考过程中总是缺乏合适的概念去表达他的思想,往往通过改造日常语言以表达哲学概念。对于我们解释者而言,只有分担思想家的语言困境,才能跟他们一起进行哲学思考,发现这些概念真正的意义方向。

概念史方法所实行的语言批判和语言发现这两个方面是统一的,其实质就是围绕着概念和语词关系对概念进行解构。伽达默尔的概念史方法深受海德格尔解构思想及其实践的影响。海德格尔的解构(Destruktion)是一种解—建构(Ab-bauen),而不是摧毁。解构意味着将加在存在意义上并使其不可辨认的

① 《伽达默尔全集》第4卷,第90~91页

② 《伽达默尔全集》第2卷,第85页。

③ 《伽达默尔全集》第2卷,第85页。

④ 《伽达默尔全集》第4卷,第83页。

累积的结构解开，即松动僵化的传统，解除它导致的遮蔽。海德格尔追问存在的意义时就要对古代的存在论进行解构。解构不是摆脱存在论传统，而是寻找它的超越形而上学思考的可能性。在这个过程中他经常进行概念史分析，这就是一种解构的具体实践方式，它颠覆了流行的、传统的对古代哲学概念的解释，这种解释是对古代思想的可能误解导致的。但他不是摧毁这些思想和概念，而是要回到激发它们的源始经验，从而揭示迄今未曾注意到的意义可能性。“这一解构工作并不想把过去埋葬在虚无中，它有积极的目的；它的否定作用始终是隐而不露的，是间接的。”①

对于海德格尔来说，解构具有积极目的，否定作用只是次要的、间接的。解构所具有的否定的和积极的两方面，正对应着伽达默尔所说的语言批判和语言发现。概念史分析所进行的语言批判最终也是为了语言发现。伽达默尔在哲学思想和方法上都深受海德格尔影响，他认可海德格尔的解构形而上学的任务，因为随着语言的变迁，形而上学概念逐渐丧失了从存在经验中得到的源始意义。海德格尔喜欢把哲学概念追溯到古希腊语，揭示其在古希腊人的世界经验中的原初意义及其包含的智慧，从而重新唤起了古希腊思想在当代的生命力。而且正是受古希腊词源意义的启发，他得出了自己丰富的思想成果。伽达默尔也认为古希腊的哲学语言和日常语言保持着生动联系，通过概念史分析追溯古希腊词源意义能获得巨大的启发性。他本人年轻时经过严格的古希腊语的训练，在概念史方面的实践可以比肩海德格尔，甚至在概念理解的准确性上要更好。除了要求把握哲学概念的古希腊起源外，伽达默尔也重视德国神秘主义及黑格尔、海德格尔等人对概念语言的塑造。

五、概念史对哲学研究的意义

从伽达默尔对概念史的论述中，我们可以发现概念史的广泛的哲学意义，这种意义植根于其解释学理论中。概念史不仅是我们对文本进行诠释的重要方法，而且是我们进行哲学思考的必要途径。在当代科学主义盛行、传统哲学衰落的历史处境中，概念史方法对于我们的哲学研究具有重要意义，这种意义可以概括为以下几个方面。

第一，有助于我们正确理解传统哲学思想。哲学思考总是会遇到语言困境，即找不到合适的语言表达，因而可能会陷入不合适的概念手段中，使得思想

① [德]海德格尔：《存在与时间》，陈嘉映、王庆节译，北京：商务印书馆，2016年，第33页。

隐蔽自身。当我们理解和解释传统哲学时,概念史分析能帮助我们找到思想的意义方向。“对于当代的解释者而言,唯有通过概念史意识才能追随思想的真实意图,这种概念史意识好像置身于那种寻找自身语言的思想的现实中。”[①]进行概念史分析要求分担以前的哲学家面临的语言困境,和他们共同思考。比如巴门尼德的存在概念到底是指存在者整体还是指存在本身?这里就存在着语言困境。有的时候思想家不能对概念的功能进行恰当的思考和阐释,从而不能保持原本的思想意图。语言困境就是思想家本人的困境,说明他还无法确切地把握自己思想的意义方向。因此,概念史是我们的解释学训练的一个必要组成部分。我们要正确理解思想,需要借助概念史澄清概念所包含的未觉察的意义关联。伽达默尔谈道:“解释学首先是一种实践,是理解和达到理解的艺术,它是所有想教授哲学思维的课程的灵魂。要想掌握这种灵魂首先要训练自己的耳朵,使自己对概念中具有的前规定性(Vorbestimmtheiten)、前把握性(Vorgreiflichkeiten)和前印记(Vorprägungen)有一种敏感性。我在概念史上所下的苦功就是这样一种训练。”[②]实际上,哲学的陈述包含着背景知识和未说出来的东西。概念史让我们不仅理解表面上说出的东西,还深入没有说出的东西中,从而对哲学思想有更深入全面的把握。

第二,有助于我们正确理解和使用概念,破除概念意义的遮蔽产生的假问题。哲学有其特定的传统,现代哲学使用的概念是从传统中继承下来的,具有自身的前规定性、前把握性。概念史分析有助于我们正确地理解和使用这些概念,也让我们认真对待概念,不会随意地对概念下定义或陷入任意想法,由此哲学话语才能保持其约束力。

哲学概念还具有隐秘的、未被意识到的关系,对这些关系的遮蔽会产生假问题,比如近代哲学研究主体如何从其自我意识范围进入客观世界之中。对于这样的问题,就需要从概念史上考察。“主体”概念的希腊语hypokeimenon意指作为根据和基础的东西,后来被亚里士多德用来表示相对于事物现象变化而本身不变的根据,即实体。我们现代人受笛卡尔影响,用主体概念来表示意识,但它保留了作为根据或基础的东西的意义,这就产生了外部世界的现实性问题。21世纪的现象学批判认为,意识无非就是对某物的意识,因此以前关于意识如何能达到外部世界的问题是被错误地提出的问题。海德格尔通过对主体概念的概念史的解构,对形而上学的意识概念进行了批判,弄清楚了意识概念在存在论上的不恰当性,意识(以及自我意识)并不具有实体的在自身中存

① 《伽达默尔全集》第2卷,第88页。

② 《伽达默尔全集》第2卷,第493~494页。

在(In-sich-sein)这种存在方式。可见,在进行哲学研究的时候我们应该具有批判的意识,把影响和制约我们的语言习惯置于历史传统的法庭面前,我们的思想才能达到自觉,才能避免误入歧途。概念史研究恰好能起到这种作用。

第三,有助于思想的创新。概念史表明了概念构成总是保持着开放性,任何概念都有发展的空间。正确地使用概念并不意味着概念的固定化,更不是将概念内容缩小到逻辑分析的范围内。对于概念词的使用既不能太随意,也不能过于拘泥。伽达默尔强调要把概念词融入日常语言中,发挥它的语言功能。柏拉图的对话是这方面的典范,它表明了通过参与谈话使得规范概念发生断裂,发现新的意义,获得对实事的认识。哲学思维要打破概念的僵化,它的展开必然会破坏一切术语的固定化。"哲学语言的理想并不在于从语言的生命中分离出一种专业术语的、清晰的规范概念而是把概念思维和语言以及在语言中表现的真理整体重新联结。"[①]因此,概念史在塑造新的哲学思想和哲学话语中也能起到积极作用。在伽达默尔那里,概念史要服务于哲学论题的阐明。他的《真理与方法》正是"通过使概念史的研究与对其论题的实事性阐明最紧密地联系起来"[②]而实现这种要求。正如海德格尔、伽达默尔等人的哲学实践所展示的,通过概念史分析来批判僵化的概念,揭示出被遗忘和被掩盖的原初意义,能够开辟新的思考方向,激发哲学思考的活力。

批判的哲学思维需要概念史意识,它让我们能够自觉到概念词含义的复杂性和关联性,在进行思考时指引我们选择恰当的概念词。进行哲学思考总会遇到语言困境,特别是一种超前思考,但我们不能任意构造概念,而是要唤起已有语言的表达力量。伽达默尔认为:"一般说来,如果一个人任意'构造'概念,热衷于'规定'他的概念,这就正标明他是个半瓶醋。哲学家唤醒语言的直观力(Anschauungskraft),任何语言上的大胆和暴力如果能进入那些一起思考和继续思考的人们的语言中,也就是说,如果它们能继续推动、扩展和照亮相互理解的视域,那它们就很恰当。"[③]概念史分析能够帮助我们唤起伽达默尔所谓的"语言的直观力",即语言具有的照亮事物,使我们能够恰当理解它的力量。哲学语言总是从传统中继承下来的,但也蕴含着表达新思想的力量,这需要进行创造性的转化,发掘出里面被掩盖和遮蔽的意义,扩展我们对事物的理解,哪怕使用海德格尔式的语言暴力。这也说明了哲学思想只有在继承中才能得到发展。

---

① 《伽达默尔全集》第2卷,第90页。

② 《伽达默尔全集》第1卷,第5页。

③ 《伽达默尔全集》第2卷,第507页。

宿命之下自立而上

——从传统儒家运命观到朝鲜性理学中对命的诠释

宋　陆*

摘　要：程朱理学长久以来作为儒学之道统，其运命观是基于传统天命观和以孟子为首的先秦儒家的命论展开的。以理气论为基础的关于命的言说，将“命”概念明确为“天理”“气数”双重意涵，或“以理说”“以气说”的结构。承袭程朱理学的朝鲜性理学大抵也延续了前者运命观，但由于朝鲜半岛地缘性和近代化冲击，知识阶层在运命观之双层意涵及其不可抗性的基础上加以发挥，提出了诸如“立命论”“名定论”等新诠释。其中有曹兢燮融合“罪”概念后的天命观，即在被动的承受气数之宿命的同时，能动性地“立命”，“早夜勉之、惧之”以求无罪于天。还有南有容之“名”概念融合后的再诠释，一方面视天理和气数为不可抗，另一方面视人为“循天理、处时中、留美名”的实践主体，摸索脱宿命论之进路，拓展了既有的运命观。因此，本文首先梳理传统儒家运命观到朝鲜时期运命观之传承脉络下的变容，其次着重围绕“运命观之概述”“脱每事必卜与吉凶由人的占卜变化”“变化气质及其局限性”“宿命论下朝鲜知识人的自觉和自立”等议题展开考察。

关键词：运命观；宿命；天命；朝鲜性理学；脱宿命

近年来，一方面全球范围内疫情肆虐、经济衰退，重大地震、空难频发，地区性军事冲突导致能源粮食短缺、人道主义危机加剧；另一方面，元宇宙、生成式AI技术迅速崛起，劳动力得以解放的同时招来产业结构变革，未来就业样态发生变化。上述这些，无不警示我们处在一个充满不可预测性和不确定性的剧变时代，从而引起我们的思考：天灾人祸是否宿命所致？推陈革新是否大势已定？时代的进步、科技的发展，并未消解人们由运命的不可预测性和不确定性所产

* 宋陆，山东大学哲学与社会发展学院博士后。

生的恐惧和彷徨,相反人类更加清楚地认清自身的渺小。如果"芯"能够被人类创造,谁又能保证人心不是为超越的存在所创造?虚拟现实依托于真实的现实,而所谓真实的现实又是否依托于更加真实的现实?人的运命、思维,甚至引以为傲的自由或许不过是基于超越者的摄理或某套冰冷的代码。以上这些深思极恐的疑问,绝不是现在这个时代所特有的,自古便有与此相似的思考。

我们常说儒家思想产生于"忧患意识"。梁漱溟在其《儒佛异同论》中指出,儒家为学之要在于体认人类生命之崇高,从而精思力践、乐在其中,儒学相较于佛家之"苦"应谓之"乐学"。[①]这一观点不免有些武断,因为作为正面的心灵感受的"说、乐",与其相对应的很难说是佛家中的"苦"字。[②]相较之下,《论语·述而》所言及的"乐以忘忧"则凸显了"忧"与"乐"相对立。"忧"字作为心灵感受痛苦的表达,其用例于《诗经》《尚书》之中不胜枚举,《论语》之中更是高达15次。[③]从这个角度看,儒学何尝不是"忧学",何尝不是"诞生于忧患意识的学问"。

忧患意识之形成有其多方面因素。溯其根源,随着对殷人宗教天命观的修正,周朝出现了"天道""天命"等观念,认为人间的死生、寿夭、福祸、吉凶、兴衰等都取决于天帝摄理,为人者唯有听命于天;而后,随着人事的兴衰成败与当事者行为之间密切关系的凸显,诞生了"以德配天""敬德""明德"等观念,以自然为对象的初期的忧患意识萌芽而生;时至先秦,超越个体价值的以家国天下为对象的忧患意识逐渐占据主流。

虽然每个时代的忧患意识各有其时代特色,但是诸如"天灾人祸是否宿命所致""推陈革新是否大势已定"所揭示的两种忧患意识,即关于"命"与"势"的不可抗的思考,无疑是经久不衰、影响至深的。由此,本文将进一步回溯先秦至宋代作为思想主流的儒家,何以认识运命和直面宿命之无可奈何,并整理视理学为学统的朝鲜,在地缘性与近代化的背景下,其知识分子对于运命的认识是否动摇,"顺命何以作为"之外又有何次善策和新诠释。

---

① 参见梁漱溟等:《梁漱溟先生论儒佛道》,桂林:广西师范大学出版社,2004年,第73～74页。梁漱溟论点基于宋儒有"寻孔颜乐处",基于明儒有"乐是乐此学,学是学此乐";孔门传授心要之最宜者《论语》,开篇见"说、乐",通体不见一"苦"字,相较之下《般若经》则"苦"字凡三见,却不见一"乐"等。

② "苦"字,其原义为黄连、胆汁的味道或苦味的。先秦时期,作为动词派生出"必先苦其心志(《孟子·尽心上》)"之"磨练",作为形容词派生出"乐岁终身苦(《孟子·梁惠王上》)"的"艰辛的",鲜用于心灵感受。

③ 《尚书·洪范》:"六极,一曰凶、短、折,二曰疾,三曰忧,四曰贫,五曰恶,六曰弱。"《诗经·桧风·羔裘》:"羔裘翱翔,狐裘在堂。岂不尔思,我心忧伤。"而《论语》之中,《为政》篇一次、《雍也》篇一次、《述而》篇两次、《子罕》篇一次、《颜渊》篇四次、《宪问》篇一次、《卫灵公》篇三次、《季氏》篇两次。

一、程朱理学中命的两般含义

运命由天还是在人？这或许是每个开始企图拮抗运命之人的疑问。所谓运命，就是气数、命中注定的遭遇。由此产生的运命论，是一种思想观念，认为人运命的贤愚、死生、寿夭、吉凶福祸，以及国家气运之兴衰等都是先天的，亦称为“宿命论”“宿命说”。这种观念的起源可以追溯到古代，其形成和发展有多种原因。其大端在于原始社会人们面对自然灾害和无法解释的自然现象，产生了对于未知的恐惧和无力，以及掌控力的缺失感，因此宿命论逐渐成为一种对不可抗力的解释方式。最为显著的例子如先秦“天命观”，认为人类的命运是由天所定，人应当遵循天命而行。

一方面，这种思想的发展与封建制度的束缚相互交织，产生了阶级之间的差异，招来了制度的凝固，限制了百姓的自主，使其心理上产生了颓废、厌世等消极情绪。随之也深刻地影响了当世的思维和言语行为：大至家国层面，家道衰落谓之家运不兴，国之衰亡谓之国运不济；小到个人境遇，身病业败谓之命寿备而不可避，子女夭折哀叹“天命奈何啊”。宿命论之余流体现在文学创作上，有“莫不是八字儿该载着一世忧？谁似我无尽头！须知道人心不似水长流。……莫不是前世里烧香不到头，今也波生招祸尤？劝今人早将来世修”[①]，“万事分已定，浮生空自忙”[②]之谓等。黑道电影火拼之前吼一句“死生有命，富贵在天”[③]，爱情电影诀别之际叹一句“运命唯所遇，循环不可寻”[④]。源于宿命论的人生观的那份不得以和无可奈何自胎内始发直至墓门，笼罩和支配了宿命论者的全生活，带给他们临事临物上的无力和颓废。

另一方面，这种宿命论对于一部分人而言，却并非束缚的枷锁，而是一种信仰和慰藉，是一种在不确定的动荡时代中寻求安全感和保障的心理性需求。多数宗教中人的命运遵循超越者的旨意。例如，伊斯兰教的真主是最伟大的策划者，他统筹完善和掌管一切。而基督教的上帝是宇宙万物的创造者和执行赏善罚恶等行为的主宰，不幸之人面对宿命的不公可以自我慰藉：“我虽然行过死荫

① (元)关汉卿：《窦娥冤》，臧晋叔编：《元曲选》，北京：中华书局，1958年，第1501～1502页。

② (元)关汉卿：《裴度还带》，隋树森编：《元曲外编》，北京：中华书局，1959年，第18页。

③ (宋)朱熹：《四书集注》，长沙：岳麓书社，1985年，第165页。

④ (唐)张九龄：《感遇诗十二首》之七，《全唐诗》第1册，北京：中华书局，1999年，第575～576页。

的幽谷，也不怕遭害。因为你与我同在，你的杖，你的竿，都安慰我。”[①]以感受与上帝的同在。

程朱理学作为儒学之道统，其运命论基于先秦儒家之天命观而展开。首先，在先秦儒家的天命观中，人们认为天能传达命令给人，可以决定人的性情和运命。[②]在这个意义上，“命，犹令也。如尊命、台命之类”[③]，“命”即命令(Heaven's Mandate)。人之所由以生、吉凶祸福，皆天所命。因此，命之端初不可以不谓之于天，而程朱理学对于命的言说也是继此展开的。

天无言，本无以为命。我们又何以把握“天命”呢？朱子说：“天命，是天道流行，赋与万物，在人则所受之性。”[④]叶采在《近思录集解》中说道：“天道流行，赋与万物，谓之命。”[⑤]他们是通过先秦以来的“天命之谓性”[⑥]中，天与性命之间由上及下的、拟人化的赋予与接受来予以把握的。朱子释“口之于味也章”命字之义，曰：

> 命，谓天之付与，所谓天令之谓命也。然命有两般：有以气言者，厚薄清浊之禀不同也，如所谓“道之将行、将废，命也”，“得之不得曰有命”，是也；有以理言者，天道流行，付而在人，则为仁义礼智之性，如所谓“五十而知天命”，“天命之谓性”，是也。二者皆天所付与，故皆曰命。[⑦]

由此观之，命有“以理言”“以气言”之分，即“性分”和“命分”。[⑧]天理意义上的“天命”便是“以理言”，如孔子所谓“五十而知天命”之“天命”，《中庸》之所谓“天命之谓性”之“天命”。《周易·说卦传》有所谓“穷理尽性以至于命”[⑨]，因此为了防止人们恣意地、错误地“穷理尽性”，则必须将“至于命”的命，即作为终极目标的天命，设定为恒然不变。那么何以确保“天命”能解释为恒为一的呢？

朱子解“天命之谓性”曰：“人物之生，因各得其所赋之理，以为健顺五常之

---

① Gordon Campbell, ed., *The Holy Bible: King James Version*, New York: Oxford University Press, 2010, p. 661. “Yea, though I walke (walk) through the valley of the shadowe of death, I will feare (fear) no euill (evil): for thou art with me; thy rod and thy staff they comfort me.”

② 参见王泽应注释：《新译学庸读本》，台北：三民书局，2016年，第45页。

③ (宋)陈淳著，熊国祯、高流水点校：《北溪字义》，北京：中华书局，1983年，第1页。

④ (宋)黎靖德编，王星贤点校：《朱子语类》第2册，北京：中华书局，1986年，第533页。

⑤ (宋)叶采集解，程水龙校注：《近思录集解》，北京：中华书局，2017年，第28页。

⑥ (宋)朱熹：《四书集注》，第78、29页。

⑦ (宋)黎靖德编，王星贤点校：《朱子语类》第4册，北京：中华书局，1986年，第1463页。

⑧ 《朱子语类》卷四《性理一·人物之性气质之性》：“问：‘性分、命分何以别？’曰：‘性分是以理言之，命分是兼气言之。命分有多寡厚薄之不同，若性分则又都一般。’”

⑨ (三国魏)王弼注，(唐)孔颖达疏：《周易正义》，北京：中华书局，1980年，第93页。

德,所谓性也。”又解“五十而知天命”曰:“天命,即天道之流行,而赋于物者,乃事物所以当然之故也。”[①]虽难以直接地揣测“天命”是否恒为一,但我们可以通过“天道之流行之下人物所赋”,或对相对于天赋的人物之“德性”的把握,采用溯因的方式向上推。

若由“阴阳”以观之,则为健为顺之德;若由“水、火、木、金、土”以观之,则有“智、礼、仁、义、信”之性;若由“乾德”以观之,有“元亨利贞”;若由“一岁”以观之,有“春夏秋冬”。乾德“元亨利贞”恒久不变、四时“春夏秋冬”周而复始,故而天道之流行恒常不衰。《观卦·彖辞》曰:“观天之神道,而四时不忒,圣人以神道设教,而天下服矣。”[②]古代圣贤便是通过对于恒常不变之规律的把握,来进一步确立背后的道理。因此,天之所命,无有不同。

既然“天之所命,固是均一”[③],那么,我们何以理解和解释个体的命运上所存在的差异呢?

首先,在性理学的理气二元论下,“绝对理”作为穷极的存在,是个定量。所以天地间万物的差异,必定在于“理一分殊”之殊。“无极之真,二五之精,妙合而凝,乾道成男,坤道成女,二气交感,化生万物,万物生生而变化无穷焉”,周敦颐《太极图说》所展现的混融无间气聚成形之过程中,“太极”,即“绝对理”是无妄的、无不同的,随后再以“五行,一阴阳也;阴阳,一太极也”的固定结构,确立了蕴含于“二五”之中的“真”。[④]而天道大化流行之中,气到之处,便生一物,故而天地万物之异则无非是由气之所异,即气禀所致。

换言之,《周易·系辞上》:“一阴一阳之谓道,继之者善也,成之者性也。”[⑤]“大哉乾元,万物资始”“至哉坤元,万物资生”[⑥]之谓,是指天道流行的层面,而“乾道变化,各正性命”“牝马地类,行地无疆”[⑦]则是指人物得此理,而之于生命层面的表征。[⑧]《周易》之所言,都是说的天人相接处,“不是正说性”,与此不同,“孟子道性善”之性,是就于人身上说性。[⑨]所以在“天人相接处”以上,人之未生,天道流行本善;在“天人相接处”以下,气质既定,为人为物,谓之“成之者

① (宋)朱熹:《四书集注》,第29、78页。

② (三国魏)王弼注,(唐)孔颖达疏:《周易正义》,第36页。

③ (宋)黎靖德编,王星贤点校:《朱子语类》第1册,第77页。

④ (宋)叶采集解,程水龙校注:《近思录集解》,第4页。

⑤ (三国魏)王弼注,(唐)孔颖达疏:《周易正义》,第78页。

⑥ (三国魏)王弼注,(唐)孔颖达疏:《周易正义》,第14、18页。

⑦ (三国魏)王弼注,(唐)孔颖达疏:《周易正义》,第14、18页。

⑧ 参见(宋)黎靖德编,王星贤点校:《朱子语类》第5册,第1897页。

⑨ 参见(宋)黎靖德编,王星贤点校:《朱子语类》第5册,第1698页。

性”。于是，就在这个环节上出现了变数。这个变数，便被视为得以解释个体的命运上所存在的差异的关键。例如文学创作中，王允自幼“颇习天文”，他夜观乾象，发现汉家气数将尽。在《封神演义》中，能预判吉凶的云中子慨叹，“上天垂象，天运循环，气数如此，岂是人为”。

当朱熹的弟子以“命字有专以理言者，有专以气言者”问学于他时，他说“也都相离不得。盖天非气，无以命于人；人非气，无以受天所命”，而“‘天命谓性’之命，是纯乎理言之。然天之所命，毕竟皆不离乎气”。[①]朱子认为子思于总合会聚之处提出“天命之谓性”，此命乃天理之意，即“以理言”也，但绝非只说理。理固然重要，但“非气，则何以为人物”[②]？仅仅有“设计图”而没有“建筑材料”，何以为建筑？所以程朱理学中一般情况下，所谓“以理言命”者，并不能简单地理解为“无视气之作用，而脱离气以言之”，但只是主言理罢了，旨在突出“理”于大化流行中的主宰之功。[③]

二、气数论的确立与消极影响

气数论是基于运命论而确立的，它是古代人对于自然界、人间界之不可预测、难以理解的事情加以解释的利器。在程朱理学中，有详尽的解说。朱子面对弟子问为什么“以尧为父而有丹朱，以鲧为父而有禹”时，认为是二气、五行交际运行之时，有气之清浊，而丹朱、大禹适逢其会，于是贤愚不同。[④]朱子又以尧、舜、禹、皋陶、文王、武王、周公、召公为得“气数之正”，而孔子、孟子、伯夷、叔齐为得“气数之偏”，进行了如下表述：

> 人之生，适遇其气，有得清者，有得浊者，贵贱寿夭皆然，故有参错不齐如此。……有得其气清，聪明而无福禄者；亦有得其气浊，有福禄而无知者，皆其气数使然。[⑤]

简单来说，在程朱理学体系中，气数便是那化生伊始“适逢其会”“适遇其气”地预设在各个体的限制性因素，“盖人生气禀自然不同，天非有殊，人自异

① (宋)黎靖德编，王星贤点校：《朱子语类》第1册，第76～77页。

② (宋)黎靖德编，王星贤点校：《朱子语类》第1册，第63页。

③ (宋)陈淳著，熊国祯、高流水点校：《北溪字义》，第1页。

④ (宋)黎靖德编，王星贤点校：《朱子语类》第1册，第75页。

⑤ (宋)黎靖德编，王星贤点校：《朱子语类》第1册，第8页。

禀"[1],气数就是在气禀这一环节中随机产生的变数。

那么气数是具体怎样影响人物之生命的呢?其基本规则就是:气数有厚薄、兴衰、长短、清浊之分,个体随其禀受之不同,则命运不一,便有贫富、贵贱、夭寿、祸福、华美、衰飒、长短、圣愚不齐的差异。例如李燔问"自然之数",朱子答曰:

有人禀得气厚者,则福厚;气薄者,则福薄。禀得气之华美者,则富盛;衰飒者,则卑贱;气长者,则寿;气短者,则夭折。此必然之理。[2]

可见一个人初生时气禀之厚薄、盛衰决定了他一生福禄与贫贱的不同,其气禀之长短决定了他寿命的夭寿。朱子甚至以气数论为根据,就"人之品类"作出了极为明确的区分。朱子释"子温而厉,威而不猛,恭而安",称圣人得天地之清明中和之气,而圣人之中,又复有孔子和尧舜之分,孔子比于尧舜,虽得至清至粹之气,但因为大气衰败,所禀不高不厚,因而不得如尧舜为圣君。而圣人以下,贤人清明之气多,昏浊之气少。大贤以下,清浊难均,或清的少、浊的多,导致愚不肖者占了多半,就如同扑钱一样,吉凶难定。[3]而其具体的作用形态,朱子则多次以研磨比之。如:

万物之生,似磨中撒出,有粗有细,自是不齐。[4]

其四边散出纷扰者,便是游气,以生人物之万殊。某常言,正如弃磨相似,其四边只管层层撒出。正如天地之气,运转无已,只管层层生出人物;其中有粗有细,故人物有偏有正,有精有粗。[5]

气的不规则运动,导致了"适逢其会"式的气之禀受,最终这个"必然之理"如研磨粮食一般,造就了个体的千差万别,造就了万物的外形与内在两方面的限制。但是,尽管气数各有不同、万物千差万别,却仍然不能摆脱先天性、不可抗性。无论是"以理言"的恒一天命,还是"以气言"的各有其命,无不透着一分"顺命何以作为"的无可奈何。而对于宿命论的谬信,则直接产生了各种消极的结果。

首先,它直接导致了个体对于自身力量的不确信。面对"浮生""朝露""浮游"般的人生,宿命论者将自己看作不过是神秘摄理所翻弄的对象。例如,如今

① (宋)黎靖德编,王星贤点校:《朱子语类》第7册,第39页。
② (宋)黎靖德编,王星贤点校:《朱子语类》第1册,第80~81页。
③ 参见(宋)黎靖德编,王星贤点校:《朱子语类》第1册,第79~80页。
④ (宋)黎靖德编,王星贤点校:《朱子语类》第1册,第8页。
⑤ (宋)黎靖德编,王星贤点校:《朱子语类》第7册,第2507页。

我们一般把"尧以天下与舜"的历史传说，理解为反映原始社会通过和平的、民主推选的禅让方式，移交天下治理之大权，从而体现了"任人与贤""选贤举能"的崇高精神。但是在先秦时期，这只不过是上天之所摄、天下之所欲为。孟子答万章"尧以天下与舜"之所问，曰："否，天子不能以天下与人。"随后进一步解释道：

> 天子能荐人于天，不能使天与之天下；诸侯能荐人于天子，不能使天子与之诸侯；大夫能荐人于诸侯，不能使诸侯与之大夫。昔者尧荐舜于天而天受之，暴之于民而民受之，故曰：天不言，以行与事示之而已矣。……天与贤则与贤，天与子则与子也。[①]

由此观之，孟子主张身处下位之人，只能向上位者推举引荐，决定权在上位者，下位者不得直接僭越其权。"尧以天下与舜"实则是尧荐舜于天，舜是上天允诺而昭显于万民耳。相较之下，作为人，其最重要的仅仅是在上天的统摄之下"行与事"罢了。正所谓"莫之为而为者，天也；莫之致而至者，命也"[②]。

再如，叶味道问朱子"出处"，认为"气数衰削。区区愚见，以为稍稍为善正直之人，多就摧折困顿，似皆佞谀得志之时"，朱子则曰："亦不可一向如此说，只是无人。一人出来，须得许多人大家合力做。若是做不得，方可归之天，方可唤做气数。今若有两三人要做，其他都不管他，直教那两三人摧折了便休。"[③]

"气数衰削"乃大气衰败之谓。时运衰弱之下，即使有人稍稍体现出善良正直的品行，也往往遭遇挫折和困难，相比较之下，反而好似只有小人得志。"只是无人""一人出来"所谓的"人"，即为领袖般的人，一位能带领众人齐心合力的人。然而即使是领袖般的人，在"气数衰削"的环境之下，仍然有极大的可能性是不能成事的，正所谓"谋事在人，成事在天"。对此，汪学群认为："自然之命，人不可抗拒。'为善正直之人'指有道者，他们虽然不能抗拒自然之命，但可以通过道德的力量来完善自己，在天与人之间存在着一种张力。人生理上面对一些事情做不得，或者说无能为力而归于天，即气数或命。"[④]

在此基础上，宿命论者进一步否认和丧失了"躬行""力行""笃行"等人的伟大精神，进而产生了懒惰、厌世、隐遁之思，只留个"呜呼哀哉""已矣乎"式的空悲切。相比较之下，陆九渊之所谓"宇宙便是吾心，吾心即是宇宙"[⑤]，王守仁

① (宋)朱熹：《四书集注》，第385～387页。

② (宋)朱熹：《四书集注》，第388页。

③ (宋)黎靖德编，王星贤点校：《朱子语类》第7册，第2685页。

④ 汪学群：《朱熹对命的思考》，《湖南大学学报》(社会科学版)2013年第4期。

⑤ (宋)陆九渊著，钟哲点校：《陆九渊集》，北京：中华书局，1980年，第273页。

之所谓“心者,天地万物之主也”[1],费希特(Johann Gottlieb Fichte)的个体首先建立了自身和非我,通过个体和非我相互制约而产生了世界的现象主张[2]则显得悠然洒脱。

三、天命的怀疑与应对

面对“皆有定数寓其中”[3]的运命之不可逆改,我国古代是何以应对的呢?众所周知,随着公元前17世纪商汤终结了夏桀的暴政,中原迎来了游牧与农耕生活方式的融合,以及对于自然秩序和人伦社会的关心与祖上鬼神权能的崇尚的观念融合,逐渐形成了由巫士占卜沟通于天人之间而推衍吉凶的基本结构(见图1)。

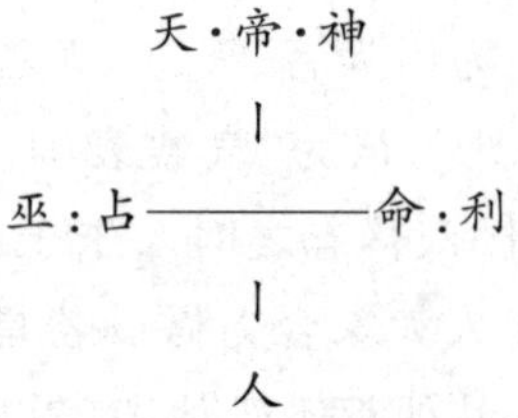

图1　占卜结构

在这样的结构下,人作为受命者,通过占卜以揣测主宰者的意志,从而把握人事行为的吉凶祸福,而人自身的意志是不得介入的,这个阶段可被视为对于运命的妥协。在统治阶级意识里,出现了《商书·仲虺之诰》中诸如“钦崇天道,永保天命”[4]的描述,这是一种敬天以获佑的观念,天作为涵盖性最大的概念,逐步代替了帝,“天罚观念”随之诞生。[5]

而随着武王灭纣,迎来了新一轮思想的转换,人们开始质疑天命的绝对性。首先,士人阶级自我主体性觉醒,最先对人事作为予以肯定,对殷人宗教天命观加以修正,逐渐过渡至“祭政脱离”的道德天命观。在新的天命观中,人事作为

① (明)王守仁著,王晓昕等点校:《王文成公全书》,北京:中华书局,2015年,第259页。

② C. Friedlein, *Lernbuch und Repetitorium der Geschichte der Philosophie*, Hannover: B. Wilkens, 1968, p. 290.

③ (宋)黎靖德编,王星贤点校:《朱子语类》第1册,第81页。

④ (汉)孔安国注,(唐)孔颖达疏:《尚书正义》,北京:中华书局,1980年,第162页。

⑤ 参见陈来:《古代宗教与伦理:儒家思想的根源》,北京:生活·读书·新知三联书店,1996年,第164～165页。

与治乱成败、吉凶祸福之间的内在关系获得了初步的确立。至此，人不再是一味地崇拜天，行事作为和家国治理产生的来自客观世界的反作用逐渐被意识到。

西周末期，氏族共同体的生活形态崩坏，天子与封地领主间的矛盾对立、统治者与被统治者间的阶级对立深化。一方面被统治阶级叹息“或息偃在床，或不已于行”，另一方面统治阶级也在感叹“圭璧既卒，宁莫我听”，[①]因为不甘，被统治者对于统治阶级、统治阶级对于神灵皆产生了质疑。伴随着这一思想性转换，占卜活动也透露出在人事、政事决策上的自主权觉醒。

就“脱每事必卜”[②]的卜筮传统来说，《周书·洪范》即曰：“汝则有大疑，谋及乃心，谋及卿士，谋及庶人，谋及卜筮。”面临重大决策有疑而不决，需要参考五个方面加以综合的考虑，也就是君王本身、卿士、庶人、龟卜、蓍筮。[③]箕子之言，旨在提醒武王，为政之道，务于多闻，要听察采纳众下之言；如若谋及庶士，则万物为其目，众音佐其耳；卜筮虽是传统，却不及众人之思，更不及为政者本身的主见，体现了周朝时期人的主体意识逐渐觉醒。

而细看卜筮传统，我们可以发现由“每事必卜”[④]到“脱每事必卜”的转变趋势。《礼记·曲礼上》称“卜筮不过三，卜筮不相袭”[⑤]，即不管是用卜或用筮，凶吉判断都不能超过三次。用了龟卜，就不可再用蓍筮；用了蓍筮，就不可再用龟卜。

《春秋·襄公十一年》载：“夏，四月，四卜郊，不从，乃不郊。”“从”是指卜筮结果符合占卜者的心理预期。鲁襄公欲行郊祀，但四次龟卜而不从，因此就只好不举行郊祭，虽然没有公然逆命，但是也逾越了“卜筮不过三”的既有规定。与此相似的是，《左传·僖公四年》载：晋献公欲立骊姬为夫人，“卜之不吉，筮之吉。公曰：‘从筮。’”[⑥]晋献公为立骊姬，卜之不吉，便违背“卜筮不相袭”的制度，复用蓍卜而行事。在这里，晋献公虽然没有违背“卜筮不过三”的限制，却违逆龟卜结果而另行蓍筮，同样是不可取的，所以司马迁《史记·晋世家》以“竟以乱晋”斥之。

《左传·昭公十七年》载：“吴伐楚。阳匄为令尹，卜战，不吉。司马子鱼曰：

---

① 高亨：《诗经今注》，上海：上海古籍出版社，2019年，第341、489页。

② [韩]金圣基：《易经哲学中占观念的变化研究》，《东西哲学研究》2015年6月。

③ 参见陈来：《古代宗教与伦理：儒家思想的根源》，第202页。

④ [韩]金圣基：《易经哲学中占观念的变化研究》，《东西哲学研究》2015年6月。

⑤ (汉)郑玄注，(唐)孔颖达疏：《礼记正义》，北京：中华书局，1980年，第1251页。

⑥ (春秋)左丘明著，(晋)杜预注，(唐)孔颖达疏：《春秋左传正义》，北京：中华书局，1980年，第1945、1793页。

‘我得上流,何故不吉?且楚故,司马令龟,我请改卜。’令曰:‘鲂也以其属死之,楚师继之,尚大克之。’吉。战于长岸,子鱼先死,楚师继之,大败吴师。”为同一战事而卜,为什么令尹阳匄卜之不吉,而司马子鱼卜之则吉?孔颖达对龟卜的灵验性深信不疑,他说:“阳匄心不决死,战必杀将,将死是不吉也。司马子鱼志在必死,不以将死为凶,故卜之得吉。”[①]《周礼·夏官·大司马》载:“若大师,(大司马)则掌其戒令,莅太卜。”[②]按《周礼》规定的西周占卜制度,在战争前,应由大司马主持占卜出兵的仪式,由太卜官述命龟之辞。到春秋时期,各国占卜礼仪没那么烦琐,楚国占卜战争,直接由司马主持并命龟。这可以说明占卜的吉凶并不能决定战争的胜败,也向我们透露了楚国占卜制度与周王室的不同,从而揭示了古代占卜制度的不断变化。

鲁桓公十一年(公元前701年),楚国莫敖屈瑕将与贰、轸会盟,郧国纠集随、绞、州、蓼四邑之兵谋伐楚,楚国准备迎战,莫敖曰:“卜之。”大夫斗廉对曰:“卜以决疑,不疑何卜。”楚军遂打“败郧师于蒲骚,卒盟而还”,斗廉认为“师克在和,不在众,商、周之不敌,君之所闻也。成军以出,又何济焉”。[③]斗廉不行占卜而能战败郧国军队,体现了不伺天意即动的强烈的个人意志,也将“脱每事必卜”推向了高潮——走向不必占卜的阶段。

《周易》作为古人占卜用例的记录物,它的诞生为人类提供了一种有效的行动指引,并形成了如下的结构:

占者的现状——(命)——初步的凶吉评价;

理想的行为——(义)——最终的发展结果。

在这个结构中,一个是命的层面,意指占卜者的运命和状况;另一个是义的层面,意指依照人类意志和行为而最终走向的凶吉。

《周易·乾卦》九三曰:“君子终日乾乾,夕惕若,厉,无咎。”占者的现状是君子而处于“危地”[④],九三虽然以阳而居于正位,但是它于上卦无所“应”,处下卦而不得“中”,虽然处于下卦最上,却又不能摆脱下卦之境地,故而初步的凶吉评价为“厉”,即凶恶的。在种状况下,就需要效法乾德,终日自强不息,勤奋努力,时至傍晚,依旧戒慎恐惧,这就是理想的应对方法,而最终的发展结果则趋吉避

① (春秋)左丘明著,(晋)杜预注,(唐)孔颖达疏:《春秋左传正义》,第2084~2085页。

② (汉)郑玄注,(唐)贾公彦疏:《周礼注疏》,北京:中华书局,1980年,第839页。

③ (春秋)左丘明著,(晋)杜预注,(唐)孔颖达疏:《春秋左传正义》,第1755页。

④ 程颐《周易程氏传·乾卦》云:“三虽臣位,已在下体之上,未离于下而尊显者也。舜之玄德升闻时也。日夕不懈而兢惕,则虽处危地,而无咎。”[(宋)程颐著,王孝鱼点校:《周易程氏传》,北京:中华书局,2011年,第2页]

凶、无灾、无过失。

《周易·履卦》九四曰:“履虎尾,愬愬,终吉。”占者的现状是踩到了老虎的尾巴,初步的凶吉评价可想而知,那肯定是危殆无比,在这种状态下,最理想的做法就是“愬愬”,即恐惧小心,谨慎行事,最终的发展结果却化凶为吉了。如此结构的确立,消解了运命的制约,为人类行为提供保障,扩大了趋吉避凶、化凶为吉的可能性,有着凸显主体能动性之意义。

随着《易传》的出现,《周易》逐渐由占卜工具书蜕变为人文化的哲学书。鲁哀公十八年(公元前477年),巴国伐楚,楚国按理应当卜帅将兵迎敌,楚惠王因为子国出任右司马时占卜得到“如志”的吉兆,便认为“宁(子国)如志,何卜焉”,让子国帅兵打败巴军。对此,左丘明引述古语“圣人不烦卜筮”[①]评断。孔子又有所谓:“不占而已矣。”[②]如果遇事而不疑,并且秉持一颗恒心,则大可不必通过占卜来预测凶吉。于此表现了吉凶由占向“吉凶由人”[③]的转变和对天命或运命之绝对的怀疑与不信。

《周易》作为儒家最重要的经典之一,其精髓在于通过对天地间事物之观察,揭示天人相接之处的论理,“大哉乾元,万物资始”“至哉坤元,万物资生”都是“天道之流行”,此则纯善无不善的“天命之性”,即“本然之性”。孟子的人性论只论性,不论气,只见得大本,未论及气质之处。论性不论气,这性说不尽;论气不论性,性之本领处又不透彻。正如程颢所谓“论性不论气,不备;论气不论性,不明”,就是旨在警示为学者辨明孟子之说的不完备。

东汉王充则在先秦运命论的基础上突出了“气”的作用,他集中讨论了因气而产生变数的那层意义上命。《论衡·无形篇》曰:“用气为性,性成命定。”《初禀篇》又认为在天道流行之下,人物伴气而生,既生则“性命俱禀”。在此基础上,《命义篇》中,王充又将“性命俱禀”之性命做了二分法式的划分,他说:“操行善恶者,性也;祸福吉凶者,命也。”[④]

唐君毅认为,王充所论,前者为“才智善恶之性”,后者为“吉凶祸福之命”。此二者非“有德性在先,而复有一命”的发展过程。他认为王充论命非依天意、天志、天命而说,而是彻底由下翻上地旋转了西汉儒者的思想,修正了性之善恶与命之吉凶的因果关系,认为人生吉凶祸福与操行善恶并无因果报应的关系,明确地区隔了“性善”与“命善”。这表现在,王充将性与命分开而论,使操行清

---

① (春秋)左丘明著,(晋)杜预注,(唐)孔颖达疏:《春秋左传正义》,第2180页。

② (宋)朱熹:《四书集注》,第180页。

③ (春秋)左丘明著,(晋)杜预注,(唐)孔颖达疏:《春秋左传正义》,第1809页。

④ (汉)王充著,袁华忠等译注:《论衡全译》,贵阳:贵州人民出版社,1993年,第88、179、78页。

洁者安于求之之道。[1]因为操行清洁者的命,早在诞生之时,随着气的作用便已经相伴而具,即每个人的命在娘胎里就已经决定了,从父母那里禀受元气的厚薄,导致了一生的吉凶祸福、贫富贵贱。王充将人生际遇中的偶然性看作必然性,陷入了宿命论,同时也招来了人在后天的行为中,依仗本然的命而转变操行、为凶为恶的可能性。

四、变化气质论及其反思

受王充命论的影响,后世学者一方面进一步深化了气之作用;另一方面,为了遏制像文王、武王这样禀受清洁之命的人转行暴政,需要重新审视性之善恶与命之吉凶的因果关系,找寻决定命的吉凶祸福的后天因素。

张载《正蒙·诚明篇》曰:"形而后有气质之性,善反之,则天地之性存焉。故气质之性,君子有弗性焉。"[2]"人物之生",理发而气随,气发而理乘,仁、义、礼、智就变成了内在于个体的"成之者性"意义上的性。[3]它是需要个体予以实现的,表现为"后天之性",即"气质之性"。

张载首先展开了行为的善恶与运命的吉凶之间的因果关系的重新架构。他在"气一元论"基础上加之"一气万殊"的原理,气聚而万物生,其结果是千差万别的。所谓"弗性者",是身为君子应不视为己性的,因此君子"有学问之功则性命于德,不能学问,然后性命惟其气禀耳"[4]。很显然,这里的天地之性,亦即"本然之性""天命之性",与"气质之性"之间是不具有一致性的。而正是这不一致性,造就了宋学中"工夫"的重要性。

《正蒙》一书整体上将天、道、性、心等人之内在要素与万物存在及其背后的"所以然"全部归为由"气化"过程所演绎出来的结果,进而将儒家中的伦理道德层面与形而上学层面做了有机的勾连。那么,人何以彰显和实现本然之性呢?或现实层面中的人何以"大其心"而体证天地万物呢?

工夫论是张载思想的重要组成部分,甚至可以说其学问之关心事就放在"工夫"二字上,即通过为学者后天的工夫使内在于各个体的本来性得以现实化。张载主张为学者必须通过后天的努力尽可能地改变自身气质,从而达到

---

① 参见唐君毅:《中国哲学原论·导论篇》,北京:九州出版社,2020年,第462～466页。

② (清)王夫之著,章锡琛校点:《张子正蒙注》,北京:古籍出版社,1956年,第91～92页。

③ (宋)黎靖德编,王星贤点校:《朱子语类》第1册,第56页。

④ (宋)黎靖德编,王星贤点校:《朱子语类》第7册,第2517页。

“变化气质”,进而“学以至于圣人”,尽管这个过程十分艰难而缓慢。那么何为“气质”?我们可以通过气质与天命的比较来确认这个问题的答案。朱熹在回答门人“气质有昏浊不同,则天命之性有偏全否”的问题时说:

> 非有偏全。谓如日月之光,若在露地,则尽见之。……至于虎狼之仁,豺獭之祭,蜂蚁之义,却只通这些子,譬如一隙之光。①

由此观之,天命之性本身并不存在偏与全的分别,就像日月之光普照在大地上,而那些没有被照射到的阴暗处只是遮蔽物遮蔽所导致的。所谓气质,好比天命之“安顿处”。②若把“本然之性”比作啤酒,气质之分便是各式各样的酒杯,有“郁金香”矮杯、小麦啤酒高杯、扎啤杯、易开罐等,而“气质之性”则是盛了酒的各式酒杯,它们所带来的饮酒体验之优劣上下、参差不齐便显而易见。相反,天命之性若非气质,则无所寄托,犹如啤酒倒在地上,不为人所享用。因此,要想有个好的饮酒体验,就需要把冰镇之后易开罐中的啤酒慢慢地斟在琉璃杯中,伴随着杯内气泡上浮、外壁凝结水珠的感观加持下更好地享受啤酒。通过这个比喻,我们可以简单地将更换容器看作气质的变化,将冰镇的动作和为保碳酸不过度地释放出来的慢慢地斟的动作看作“居敬”。那么易开罐到琉璃杯的容器转变之过程容易吗?即“变化气质”容易吗?面对弟子“气质弱者,如何涵养到刚勇”的问题,朱子答曰:“只是一个勉强,然变化气质最难。”③朱子虽然没有否定凡人通过努力而达到成圣成贤这一终极目标的可行性,但除了“生而知之”的圣人之外,对于需要“学而知之”的凡人而言,这无疑是困难的。那么“变化气质”的过程为何困难?

首先,在《朱子语类·张子之书一》中,朱子认为为学者在“格物致知”以“穷见其理”的过程中,“十分事做得七八分,便是有外。所以致知、格物者,要得无外也”④。“外”等同于《中庸》中的“体外而有遗”之“遗”。据此,张载“大其心”的过程中之所谓“有外之心”便变得容易理解。

所谓“大其心”,其目的是使人类个体能与天下之物在“心”这个场域中合为一体,充分扩大“心”的作用范围,超越感官的局限,达到对整个世界及其本性的认识。⑤而“外”就是人在体认天下之物的过程中,不能做到心“无有未体之物,

① (宋)黎靖德编,王星贤点校:《朱子语类》第1册,第58页。

② 《朱子语类》卷四《性理一·人物之性气质之性》:“天命之性,若无气质,却无安顿处。”[(宋)黎靖德编,王星贤点校:《朱子语类》第1册,第66～67页]

③ (宋)黎靖德编,王星贤点校:《朱子语类》第7册,第2538页。

④ (宋)黎靖德编,王星贤点校:《朱子语类》第7册,第2517页。

⑤ 参见北京大学哲学系中国哲学教研室编:《中国哲学史》,北京:中华书局,1980年,第42页。

无有未及之境"[①]。由此观之,以"心"体证万物而"心"又无有外的这一行为,其困难可想而知。

其次,对于"人心惟危,道心惟微",朱子《中庸章句序》曰:"有人心、道心之异者,则以其或生于形气之私,或原于性命之正,而所以为知觉者不同。"[②]此处所谓"知觉不同"的知觉,就是指"心之虚灵知觉",因为二者之间存在不同,并且"人欲之私"又易胜过"天理之公"[③],所以为学者必须时刻提醒自己,使"道心"常为一身之主,防止在微风拂过、须臾作动之间,至于"湛浊动乎下,清明乱于上"[④]的境地,从而确保"危者安,微者著"的状态。[⑤]

综上所述,张载建立在"气一元论"基础上,以"心"的体证对象和场域的扩充下所展开的,通过格物致知和工夫勉强的"变化气质"说,在其执行面上举步维艰,遂而招来后世硕儒的诟病。

首先,小笠智章将程颐思想中"学以复性"与张载的"变化气质"说加以对比,认为虽然程颐没有直接否定张载的"变化气质"说,但是可以窥见程颐有意回避"气质变化"的态度,并且批评张载修养论中缺少"理"和"不私"这两个重要因素,仅仅论"气"显然是不完整的。[⑥]故而程颐提出了从现实的心灵出发,以"敬"和"不私"为根本,进而确立"养气"和"穷理"的发展结构。[⑦]即程颐不是借由学以实现变化气质,而是在"性即理"的基础上,主张学以至于"穷理",而后至于"复性"。[⑧]

其次,程颐《颜子所好何学论》中有"学以至圣之道""圣人可学而至"之观点,对此朱子更是说道:"圣人生知,学者'学而知之','及其知之',则一也。圣人安行,学者'勉而行之','及其成功',则一也。"[⑨]他们无不强调工夫之必要性。然而值得注意的是,这在灌输给为学者积极乐观的正能量的同时,也使得为学者再次意识到了自身身为凡人相对于圣人的"不完整性",令为学者感受到了知、行层面的"劣等性"。对此,中纯夫认为所谓理学,就是强调为学工夫之必要

① (宋)黎靖德编,王星贤点校:《朱子语类》第7册,第2518页。

② (宋)朱熹:《四书集注》,第25页。

③ (宋)朱熹:《四书集注》,第25页。

④ 张觉撰:《荀子译注》,上海:上海古籍出版社,2012年,第311页。

⑤ (宋)朱熹:《四书集注》,第25页。

⑥ [日]小笠智章:《程伊川の思想における養気をめぐって》,《中国思想史研究》第19卷,京都大学文学部中国哲学史研究会,1996年,第198、195页。

⑦ (宋)程颢、(宋)程颐撰,潘富恩导读:《二程遗书》,上海:上海古籍出版社,2000年,第200、255～256页。

⑧ (宋)程颢、(宋)程颐撰,潘富恩导读:《二程遗书》,第347页。

⑨ (宋)叶采集解,程水龙校注:《近思录集解》,第38～39页。

性的学问，但是在“学者与圣人之间画一条线”的行为，使得所谓的“工夫者”沦为一个意识觉醒的同时，又与圣人无缘的人。[①]

再次，王夫之发现在张载《正蒙·诚明篇》中所要通过“变化气质”而改变的其实无非是“才”而已，所谓“人之刚柔、缓急，有才与不才，气之偏也”，对此，王夫之认为：“昏明、强柔、敏钝、静躁，因气之刚柔、缓急而分，于是而智愚、贤不肖若自性成。故荀悦、韩愈有三品之说。其实才也，非性也。……静而无为之谓性，动而有为之谓才。”[②]

“才者，非性也”，“成形于一时升降之气”，[③]纵使为学者想通过“变化气质”得以成圣成贤，其实充其量是通过提升气来改变其智愚、贤不肖的才。比起气质的提升，更加重要是在于“养气”。只有养其气，反之本，才能不偏；只有养其气，则性见，而才方得以为用。因此，王夫之在“心统性情”说的性为体、情为用的基础上，提出了“心之官为才”的观点。[④]

吕祖谦说“变化气质，方可言学”，对此，朱子曰：“此意甚善。但如鄙意，则以为学乃能变化气质耳。若不读书穷理，主敬存心，而徒切切计较于昨非今是之间，恐亦劳而无补也。”[⑤]朱子认为要想变化气质，不仅要努力为学，更重要的是要“穷理”“主敬”“存心”，这应该是对程颐思想的进一步发展。

最后，程颐曰：“古之学者，优柔厌饫，有先后次序。今之学者，却只做一场话说，务高而已。”就是说，为学者如果好高骛远，游心于千里之外，过度执着于“变化气质”之功，终将迷失自己。[⑥]气质的提升，应如杜预之所谓“若江海之浸，膏泽之润，涣然冰释，怡然理顺”[⑦]，是一个极其缓慢的过程。

五、朝鲜知识分子的命论

通过上述对变化气质论的梳理，可以发现通过工夫带来的气质变化有其局限性，并且为学以至于穷理、复性、成圣成贤的路径又显得格外困难。那么在承

① 转引自[日]藤井伦明：《日本研究理学工夫论之研究现况》，杨儒宾、祝平次编：《儒学的气论与工夫论》，上海：华东师范大学出版社，2008年，第226页。

② （清）王夫之著，章锡琛校点：《张子正蒙注》，第92～93页。

③ （清）王夫之著，章锡琛校点：《张子正蒙注》，第93、92页。

④ 参见（清）王夫之著，章锡琛校点：《张子正蒙注》，第93页。王敔按：“动而有为之谓才，才所谓心之官。心之体为性，心之用为情，心之官为才。”

⑤ （宋）黎靖德编，王星贤点校：《朱子语类》第8册，第2949页。

⑥ 参见（宋）叶采集解，程水龙校注：《近思录集解》，第63页。

⑦ （春秋）左丘明著，（晋）杜预注，（唐）孔颖达疏：《春秋左传正义》，第1705页。

袭程朱理学的朝鲜性理学影响之下的朝鲜知识分子,对于命概念的诠释及其命论,能否打开一条新的进路?朝鲜半岛自古受地缘性因素影响颇深,无论是对于因临近中国而产生的事大主义传统和以小中华自居的正体性确立,还是对于倭乱、胡乱等外部侵略所带来的不可预测性和不确定性的彷徨不安,半岛知识分子时常会陷入对于运命论及其对策之历史性回顾和创新,这不仅是对于自身存在和生存意义的思考,也是使自身应对风险和挑战时得以启迪的方法。

朝鲜性理学大抵也延续了程朱理学以来二分式的运命观。受此影响曹兢燮对于命论进行过相对明确的梳理,他著有《原命》一篇,旨在推究"命"概念的根源,通过加入"罪"概念,探索人类个体应对宿命论的方案。首先,曹兢燮将命解释为由天所禀赋的理和数(气数)。他说:"天下之言命也二:曰元亨利贞,则天之所予乎物之理也;曰吉凶祸福,则天之所赋予物之数也。"不难看出,这样的区分方式基本沿袭了程朱理学中"命"概念的两般含义。

命是上天所赋予天地万物的,分为"元亨利贞"之类的天理和"吉凶祸福"之类的气数。其中,气数又细分为"生也、寿也、贵也、富也,生乎吉者也,而谓之福;死也、夭也、贱也、贫也,生乎凶者也,而谓之祸"。曹兢燮将死生、夭寿、富贵、贫贱这些气数之命按照"吉凶"分为"福"与"祸"两类。他认为无论吉凶祸福,都是由上天所统摄的。他说:"福吾所欲也,而天不必予吾福;祸吾所恶也,而天不必夺吾祸。"也就是说,上天不会因为我们想要享受吉福而刻意地给予我们,亦不会因为我们厌恶凶祸而有意地庇护我们。[①]

他认为:"天与之仁,而吾不能仁;天与之义,而吾不能义;天与之礼与智也,而吾不能礼与智,罪也。早夜而勉焉,终身而不已焉,求其免于斯罪而已矣……于不必也,而求其必,亦罪也。早夜而惧焉,终身而安焉,冀其不罹于斯罪而已矣。夫是之谓立命。"[②]

曹兢燮将天所赋予的"仁、义、礼、智"视为绝对的纲领,而在人事作为之中对于仁、义、礼、智的履行和实现的层面带入了"罪"概念,即如若不行仁义、不行礼智,就是对上天旨意的违背。而我们能做的只有在被动地承受气数之宿命的同时,能动性地"立命","早夜勉之、惧之",尽可能地勤勉向上、戒慎恐惧,保全天命,以求无罪于天。

曹兢燮立命以求无罪于天的主张,若与《孟子·尽心上》所言"存其心,养其

---

① [朝鲜]曹兢燮:《原命》,《岩栖集》卷十六《杂著》,第469页。"韩国古典综合DB",影印本为《韩国文集丛刊》第350辑点校本。原底本为"国立中央图书馆藏铅活字(古3645—文71~18)"。

② [朝鲜]曹兢燮:《原命》,《岩栖集》卷十六《杂著》,第469页。

性，所以事天也。殀寿不贰，修身以俟之，所以立命也”[1]的立命观相互参看，则相得益彰。“殀寿”指长短意义上的先天之命，“不贰”即对于天之所命的不公平和不可抗性不生疑虑。而得以做到不产生疑虑，便取决于主体对于天意的绝对奉承和不违背，即孟子之所谓的“事天”。在这个意义上，它与曹兢燮将天所赋予的“仁、义、礼、智”视为绝对的纲领，不予以履行则是罪的主张高度一致。笃定地事天的基础则是“知天”，知自身所具有的理、所呈现的性，实则本是自天出而已矣。

以曹兢燮为首的多数朝鲜知识分子，大多将天命解释为天理与气数两层含义，但值得注意的是，其中不乏将“名”的概念带入其中予以创新性诠释者，这可以从南有容的《原命》和尹愭的《无名子集》中看出。

一方面，南有容将天命细分为三层含义。

> 天之命乎，人者有三焉：曰性，曰数，曰名。性，所以善其始也，数，所以成其中也，名，所以定其终也。故性无不善，数有穷通，名有善恶，其为号虽殊，皆谓之命。[2]

天命具有三层含义，即“性、数、名”，其中对于性，他认为人需要知己之性，乃天之所命也，是众人无有不同的；而数之命，源自诞生之时的适逢其会，尽管正人君子之运命似应合乎泰、吉，小人之运命应合乎否、凶，但是很显然，现实层面多见得“君子之凶，小人之吉”，由此就怪罪命运不公、老天无眼，殊不知此并非上天刻意的安排，即所谓要知己之数，乃天所不能为人谋也。[3]

另一方面，南有容的命论创造性地加入了“名”概念。他说：

> 君子小人，各随其善恶而得其名。后世未尝无桓魋、臧仓也，不能掩仲尼、孟子之圣。后世未尝无华歆、贾充也，不能掩曹操、司马昭之恶。其他君子小人，莫不随其行之大小而得名焉，各称其分焉。故曰名有善恶。[4]

“名”作为人或物的称号，其命名者不是上天。《礼记·大传》：“同姓从宗合族属，异姓主名治际会，名著而男女有别。”孔颖达疏曰：“名著而男女尊卑异等，各有分别，不相淫乱。”[5]万物亦皆各有其名，以相分别，无名则不得为人所言及。正

① (宋)朱熹：《四书集注》，第443页。

② [朝鲜]南有容：《原命》，《雷渊集》卷之二十七《杂著》，第1028页。影印本为首尔大学校奎章阁藏本(图书番号：奎2900)。

③ [朝鲜]南有容：《原命》，《雷渊集》卷之二十七《杂著》，第1028页。

④ [朝鲜]南有容：《原命》，《雷渊集》卷之二十七《杂著》，第1028页。

⑤ (汉)郑玄注，(唐)孔颖达疏：《礼记正义》，第1507页。

所谓:“名闻而实喻,名之用也。……名也者,所以期累实也。”[①]如果聚焦于单一的个体生命,天之所命,止于其寿终正寝;而名,则待其口碑载道、颂声遍野而经久不衰。相较于前者的先天性,后者虽为后天赋予,却在某种意义上有着超越天命的延续性。

南有容说:

> 仲尼、孟子之厄穷于当世,不过数十年,而其贤圣之名于后世者,穷天地而无已时。曹操、司马昭之得志于中国,不过数十年,而其恶之名于后世者,亦穷天地而无已时。[②]

南有容通过对“名”与“性、数”的区隔,凸显了名的持久性。孔子、孟子等人虽然气禀得薄,在世时不能安享富贵,但他们却因为道德高尚,获得后世的传颂,进而使得“性、数”的自然因素与“名”的社会道德因素相济相成,而作为生命之主体,就通过发挥自身的能动性,成为某种意义上的命的把握者、掌控者,成为“循天理、处时中、留美名”的实践主体。与此相同,尹愭指出:

> 余观古今已迹,有以知命之在于天,而福善祸淫之理,则终有不可得而掩者矣。且以“民到于今称之”与“死之日民无得而称焉”观之,孰寿?孰夭?孰富?孰贫?孰贵?孰贱?以正理言之,善者未有不福,淫者未有不祸,或有远验于身后者,或有直受于生前者。如有操赏罚之判,立于其左右,不差毫厘,此则所谓无不自己求之者,而不可诿之于命也。[③]

他认为“善者得福,淫者遭祸”是依照天理的报应法则的必然结果。纵使本人所生的时代,或许因为气数之混浊导致“福善祸淫”的规律不能得以实现,后世依然会依照公正的评价使得人物得以赏罚。

朝鲜末期,随着1876年《江华岛条约》的签署,朝鲜开港被编入了“世界”之中。朝鲜在开启近代的同时,新鲜事物和思想纷至沓来,更为当地人民带来了他律的、从属性的“扭曲的时代”,使他们再次认识到了民族的渺小和脆弱。在这一背景下,朝鲜半岛沦为了东北亚汉字文化圈直面“西势东渐”、直面西方暴力与文明冲击的前线。彷徨之下,一批新兴的知识分子再次自觉地意识到了既有的宿命观所产生的消极影响,他们急需一个对抗运命不济的有力的诠释方向。

崔英辰将李朝儒学思想分为三个阶段,分别是“近世前期”“近世后期”“近

① 张觉撰:《荀子译注》,第326~327页。

② [朝鲜]南有容:《原命》,《雷渊集》卷之二十七《杂著》,第1028页。

③ 转引自[韩]崔祯娟:《朝鲜后期儒教知识人的命论》,《韩国实学研究》2019年第37号。

代”,其中“近代”被定义为是在经历了朝鲜性理学变容和脱朱子学学风下朝鲜实学兴起后,依托于本土文化自矜心以抵抗外部势力侵略的同时,开展对于阳明心学的近代式探索的时期。这一时期,朝鲜在改革上采取了多种多样的应对方式。按照派别,有“斥邪卫正派”,主张坚守性理学,排斥西方文明;有东道西器论,主张应该试图有弹性地对西方文明进行取舍,扬弃矛盾,谋求发展;还有文化开化论,主张“打倒”儒教,对于西方科学技术、制度、宗教乃至价值观等予以全盘接收。其中“斥邪卫正派”通过对他者(西方)的否定,挣扎式地力图维持自我的正体性,同时又受制于本土性理学诠释的内部分歧而举步维艰。其中,以朴殷植为首的一派主张应该批判程朱理学,在儒学内寻找其他进路。他一方面利用阳明心学的思想对程朱理学予以省察,另一方面又对佛家、道家以及西欧近代思想加以吸收。①

朴殷植在《儒教求新论》中主张展开儒教改革,认为儒教不符合那个激变年代,其发展停滞的原因就在于其基本精神在于适配帝王,缺乏普及一般人民和底层社会的精神。而当程朱理学不再适合现实社会时,就需要吸收阳明心学的思想。他进而提出由一直奉行的程朱理学为中心向强调知行合一的阳明心学的转换。②例如,在发展科学、富国强兵和利用厚生的过程中,不能缺少道德主体的确立和修养之功。朴殷植认为王守仁所谓的良知不是本体,而是作为认识与道德之主体的心所具有的知觉机能中的“本觉”。虽然程朱理学的格物穷理可以在一定程度上适用于近代化进程,但是这条路线相比较于阳明的致良知的工夫,太过迂回了。③总之,在他看来,那些被程朱理学之旧习浸湿的知识人,墨守“先知后行”的观念,这对于直面西方的冲击而急需民族觉醒之进程来说是退行性的,在回应民族危机时是逃避性的。④

在此背景下,朝鲜末期文人李光洙认为:

> 大抵宿命论的人生观不是朝鲜人的专属,它是尚未自觉认识到自己力量的未开民族、长时间被支配下呻吟的残弱民族所共通的。文艺复兴以前的欧罗巴民族也受到旧教所内在的一种宿命论的人生观支配,兴起前的日本、独逸(德国)和伊太利(意大利)也曾有,但是他们都扬弃了这种观念而

---

① 参见崔英辰于2019年第一学期成均馆大学“韩国儒学思想特讲”学案,第30~32页。

② 参见白岩朴殷植先生全集编纂委员会:《白岩朴殷植全集》第5卷,首尔:东方传媒,2002年,第432~438页。

③ 参见[韩]金祐莹:《朴殷植儒教求新论的哲学性筹划:以旧学到新学之转换为中心》,《东西哲学研究》2021年6月。

④ 参见白岩朴殷植先生全集编纂委员会:《白岩朴殷植全集》第3卷,首尔:东方传媒,2002年,第5页。

在力的自信上开始了无限的活动,而力的自信正是强盛兴隆的要枢。[①]

李光洙主张西方现代文明是产生于人类的“力的自信”,这是一种足以征服世界从而为我所用、改变我的不幸遭遇、造出幸福境遇的力的自信,是一种视个体的境遇乃由个体自身决定,而绝不是某个第三者为之决定的自信。他又说道:

> 天国不是某者给予到这个世上的,唯有用双手来创造。上帝是谁?是我们的手。我们的手就是创造万物的摄理者,我们的手有着创造万物、维持万物、再建万物的“金刚力”。未来不是预知的,是创造的,由我们的“双手”创造。[②]

他主张朝鲜人应该摒弃传统宿命论的人生观,建立一种万事都由自身努力而建立的新的人生观,即基于所谓“力的自信”,通过“双手”让童山濯濯之间覆满森林,帮助暗弱的同胞“变知变强”,用富裕冲替贫穷的生活。这一切绝不是在于宿命论的如何,而是以自觉为基础的新人生观的建立[③],是一种能使人类“对于自身低卑的地位的认知”提升到最高点的东西——自觉。

基于这种自觉,李光洙质疑朝鲜末期在直面西方的冲击、身处不确定的动荡时代中意图寻求安全感和的心理性保障而谬信新教的人。即:

> 传袭宿命论人生观的朝鲜人啊,因新来的耶稣教之中那浓厚的宿命论要素,将自来的宿命论推至了高潮。耶稣教人动辄断念于一句“上帝旨意”。假令子女夭折,便只说一句“上帝旨意”?这果真是上帝的旨意吗?全然不考虑婚姻、夫妻的卫生、胎中的卫生、子女出生后的养育、子女病时的科学治疗等等,断然推给上帝的旨意,这是否为渎神的?此外,那些将富贵、贫贱、寿夭、成败归咎于“上帝旨意”的耶稣教人也是亵渎的,并且兼有“劣败者的思想”。[④]

对于李光洙的第一个尖锐提问,即全知全能、无限慈爱的上帝何故让无辜的婴儿夭折,耶稣或许会代为回答:“让小孩子到我这里来,不要禁止他们。因为在天国的,正是这样的人。”[⑤]但将一个善恶未分的婴儿认定为带着原罪而生,是否太残酷了?或可否理解为婴儿夭折背后有更为优先而宏大的计划,失去子女的人们需要找到其中意义、理解上帝的目的?抑或因为上帝与失去子女的苦

① [朝鲜]李光洙:《论文·一期》,《李光洙全集》卷17,首尔:三中堂,1962年,第63~64页。笔者译,下同。

② [朝鲜]李光洙:《论文·一期》,《李光洙全集》卷17,第62页。

③ [朝鲜]李光洙:《论文·一期》,《李光洙全集》卷17,第63~64页。

④ [朝鲜]李光洙:《论文·一期》,《李光洙全集》卷17,第64页。

⑤ Gordon Campbell, ed., *The Holy Bible: King James Version*, p. 1244.

难之人是同在的,而后者便可以得到慰藉?然而,李光洙认为那些将人之寿夭、富贵、贫贱、成败等归咎于“上帝旨意”的新教徒是亵渎神的,并说道:“在我看来,耶稣教绝对不是宿命论的,任何人努力地进入天国则可进入,这毋庸置疑是自立论的。”[①]按照李光洙的观点,新教绝不是教人在宿命之下沉溺于天意理解的逆来顺受。既有上帝的无限慈爱,亦有人间的命运多舛,两者之间有个所谓“赎罪忏悔而进入天堂”的进路,一条自立而上的进路。

结　语

本文涉及的绝大多数儒家运命论中,无论是天理意义的命的恒一,还是气的作用下的命之不齐,都是后天所难以改变的。尽管经历了先秦时期的宗教天命观修正、“脱每事必卜”、“吉凶由人”的转变,宋儒提出诸如“变化气质”“居敬”“穷理”等工夫论的方案,也有朝鲜儒生“罪”和“名”概念的加味诠释等,在面对纵贯几千年的宿命观之时,体现出一定的局限性。单凭儒学既有理论所展开的对人类自身能动性的强调以及自我命运把控性的塑造,对于宿命观的根本性撼动无疑是不彻底的。

从现实层面来看,从古至今,又有什么可以有力反驳颜子短命的例子的呢?孔门弟子三千,而独称颜子为好学,“三月不违仁”,“一箪食,一瓢饮,在陋巷,人不堪其忧,回也不改其乐”,其后天为学的工夫做得尽了,然而死后却落得个有棺无椁的境地。[②]相反,桀纣虽然暴虐无道、骄奢淫逸,但却禀得了富盛之气,生而便得天子之位。日常生活中,“行善而得祸”“行恶而得福者”[③]不乏其例,朱子有所谓“禀得清明者,多夭折;暴横者,多得志”[④],南有容也有“天不能为人谋。多见得君子之凶,小人之吉”[⑤]的说法。在气数论的思考方式下,行为的善恶与运命的吉凶祸福严重缺乏相关联性[⑥],纵使心有不甘,直面地、有限地对抗既有宿命,费尽心思自以为逆天改命、转祸为福,谁又能保证那不是早就预设于自身的本命呢?从“澄治之功”的角度来看,“用力敏勇则疾清,用力缓怠则迟清,及

① [朝鲜]李光洙:《论文·一期》,《李光洙全集》卷17,第64页。

② (宋)朱熹:《四书集注》,第112～113、第154页。

③ (汉)王充:《论衡》,上海:上海人民出版社,1974年,第19页。

④ (宋)黎靖德编,王星贤点校:《朱子语类》第1册,第79页。

⑤ [朝鲜]南有容:《原命》,《雷渊集》卷之二十七《杂著》,第1028页。

⑥ 王充《论衡·命义篇》说:“或行善而得祸,是性善而命凶;或行恶而得福,是性恶而命吉。性自有善恶,命自有吉凶。”[(汉)王充:《论衡》,第19页]

其清也,则却只是元初之水,亦不是将清来换却浊,亦不是取出浊来置在一隅也"[①]。无论后天何等程度的努力,其结果似乎仅仅是开启了不同平行宇宙的叙事线,或快或慢地回复天之所命罢了。

与自立而上地、不安分地面对运命的方式截然不同,颜子作为一个随性而安、俟命而受的单纯的人,虽然不幸早逝,但却自尽其道,所值之命皆得正命[②]。存心养性,尽心知名,平安地禀受吉凶祸福,安然地进行自我完善的同时,稳全地享受人生过程,不亦美哉?

本文并非旨在助长"运命唯有俟"的颓废、消极的思考方式。相反,虽然各类克服和消解宿命之不可违的思考在现阶段看依然存在局限性,但是只要对于人事作为与运命之吉凶祸福的关联性的自立式思考没有停歇,就意味着我们在不断靠近着这个问题的更好答案。

① (宋)叶采集解,程水龙校注:《近思录集解》,第20页。

② (宋)朱熹:《四书集注》,第444页。此"正命"为《孟子·尽心上》之所谓"知命者,不立乎岩崖墙之下。尽其道而死者,正命也"意义上的"正命"。

论中国经典诠释学的内涵与发展

——读傅永军教授《中国经典诠释传统的现代转型：比较视域下的寻绎》

王慧茹*

摘　要：本文基于傅永军教授对中国经典诠释传统的现代转型的分析，说明"中国经典诠释学"作为一种普遍的诠释学理论，对比于"技艺诠释学"及"诠释哲学"来说，更突出"学"的面向，其理论建设及个案讨论，当以儒家经典为考察重心。盖儒家经典诠释强调生生的动能，要求诠释者参与对话；以"明训诂、重义理"为养分方法，指出经典必然走向"经世致用、修己治人"的实践道路；由此凝练出既具备中国知识特质，立足本土且合于哲学问题之普遍共通性、专业系统性，又富有时代创造性的理解诠释理论。《中国经典诠释传统的现代转型：比较视域下的寻绎》虽是基于比较哲学视域，却也是汉语哲学中一项重要研究领域之出发，构建"中国经典诠释学"理论，犹在途辙中，然其行动实践必然指向所眺望的愿景，其"入廛垂手"之境，值得期待。

关键词：经典诠释；儒家；现代转型

"诠释学"一词原由德文Hermeneutik翻译而来，英文为Hermeneutics，原初德文有两个意义，除了被译为"诠释"或"解释"外，还包括"诠释学"或"解释学"。严格来说，不论被译作"诠释"（解释）还是"诠释学"（解释学），在外文上虽然都使用同一个词，但就内容意义上看，却有所不同。简单来说，译为"诠释"或"解释"代表是一种行动，即所从事的解释活动，重点在"做"；而译为"诠释学"（解释学）则重在"学"，代表对前揭解释行动的觉察和反省，是对理解条件的反思。

对"诠释学"论题的关注，许多年来一直是学界研究重点之一，汉语学界对"中国诠释学"理论建设之投入，可说是不遗余力。本文拟由当前有关"中国诠

*　王慧茹，韶关学院文学与传媒学院副教授。

释学”的研究出发,聚焦于傅永军教授《中国经典诠释传统的现代转型:比较视域下的寻绎》①一书,讨论“中国经典诠释学”和“中国诠释学”彼此“交光互网”②的关系。傅先生对中国经典诠释传统的现代转型的说明,强调突出“诠释学”中“学”的向度,无疑对“中国诠释学”之理论格局,作出更有力的支持,同时赋予此理论之具体推进;更可对当代“汉语哲学”“传统经学”研究,予以新量能、新视野、新活力的可能道路。

一、“中国诠释学”的当代研究

2022年8月,中国社科评价研究院以文献计量方式,发表对“国内阐释学研究现状分析”③的研究报告。该研究报告指出自1981年至2021年的40年间,国内的阐释学研究已进入稳定发展阶段,研究报告中所说的“阐释学”,即是笔者前文所说的“诠释学”,同指而异译。④该研究报告采取文献计量分析的方法及工具,对国内近6000篇该领域文献进行统计,统计数据显示,不仅有高达45%的研究皆发表在核心期刊论文,表示该领域研究的重要贡献及量能;阐释学研究所刊发的期刊种类更高达1424种,涵盖19个学科。故从学科论文及期刊数量、学科被引量来说,阐释学不独在人文社会科学领域已有广大影响,更扩及自然科学中的医学、信息、农业、生物科学等领域。该研究报告又从发文作者、发文机构及关键词使用上进行计量分析,指出国内阐释学研究团队及热点,揭示阐释学研究发展趋势,可供研究者参考。

研究报告将国内的阐释学研究,概分为西方阐释学理论研究、阐释学理论运用、构建中国阐释学三大领域。文献计量结果显示,中国阐释学之构建仍处

① 傅永军:《中国经典诠释传统的现代转型:比较视域下的寻绎》,北京:人民出版社,2023年。

② 此原是佛学用语,典出《华严经随疏演义钞》卷三:“犹如帝释殿上之珠网交光而重重无尽,是为说遍犹帝网。”此用来借指“中国经典诠释学”与“中国诠释学”间相摄相融、密不可分的关系。

③ 参见郝若扬、栾澜:《基于文献计量的国内阐释学研究现状分析》,《中国社会科学评价》2022年第2期。

④ “解释学”一词,原是丹恩豪尔(J. K. Dannhauer)在1654年以《圣经解释学或圣书文献解释方法》为题之书名,其后成为一个独立概念。参见洪汉鼎:《诠释学:它的历史和当代发展》,北京:人民出版社,2001年,第43页。学者于“诠释学”一词之音译使用不一,近年亦有学者根据汉语字源提出名词使用之对应;也有学者使用不同译名,但所持的诠释学主张相同的情况,不独名词使用不一,对“诠释学”理论内容之理解亦有不同看法。本文中,凡笔者论述皆使用“(经典)诠释学”,征引他人研究处,为尊重原作,则各依所引为定。又,学者所持名义主张与依据,各有曲折,独此溢出本文太多,此不再说明,将以待来日。

于起步阶段，中国经典阐释传统仍有大量资源有待挖掘，创新型成果不够丰富，构建成熟的理论体系，并达到中西阐释学研究的平衡，仍然任重道远。此间，以中国社会科学院阐释学高等研究院、山东大学中国诠释学研究中心等为代表的阐释学团队最值期许，其所搭建的学术交流平台，同时具有促成中西方共识的阐释学理论体系之目标。

除了从发表刊登文章的数量观察中国阐释学发展外，研究报告亦指出，由傅永军教授所主持的山东大学诠释学研究中心，近年来聚集培养不少诠释学研究人才，最值得重视。傅先生以系列专文，说明当今中国诠释学的发展，指出中国的经典诠释经验和方法，必须由“文献学—语文学—历史学到诠释学哲学的现代转型”[①]，实现从古典形态向着现代形态的转变，颇可供学界参酌。

傅先生参照西方诠释学的发展模型，将目前汉语学界具有现代诠释学意识的研究分成三种：第一种是持方法论（技艺诠释学）进路者，如傅伟勋“创造的诠释学”、张江“中国阐释学”；第二种是采诠释哲学进路者，如成中英“本体诠释学”（Onto-Hermeneutics）、黄俊杰“东亚儒家经典诠释学”、林安梧“道论诠释学”；第三种是采哲学诠释学主张者，如他本人欲结合语文技艺及诠释哲学向度，采取“转型—建构—发展之三步走”战略，建构一种以揭示经典的理解条件为主的中国经典诠释学。此一作为理解理论的中国经典诠释学，既可归属于文本诠释学之一种，合于一般的、普遍的诠释学经验，也能具体彰显中国诠释学的独特品格——为存在者实践其生命价值，作为一种价值诠释学，归属于实践智慧学之一类。故他主张，以诠释学的伦理学转向，作为中国诠释学建构之后的未来发展，朝向德行诠释学道路，由此揭示一种继方法论与本体论诠释学之后的新型诠释学。[②]

另从中国诠释学理论建构的一面观察，个别学者所从事的诠释学研究取径虽有不同，但对于建立一种专属于中国典型、具备中国色彩的诠释学，却殊途同归、百虑而一致，研究中国诠释学的学者，几乎多以传统经典为核心展开思考。长期以来的注经传统，为儒家哲学建构提供了相当养分，经学家对训诂名物的重视，也让汉学研究始终保有相当地位；至于经、传、注、疏、笺、释的层次递进，章句、集注、衍义的特殊性，也各自形成儒家经典诠释的秀异表现，从时间段限

① 具体理论构想，可参见傅永军：《论中国经典诠释传统现代转型的路径选择》，《哲学研究》2020年第1期；傅永军：《中国经典诠释传统转型研究之检省》，《天津社会科学》2020年第6期；傅永军：《中国诠释学建构实践的检视与反思》，中国社会科学院哲学研究所编：《中国哲学年鉴2021》，北京：中国社会科学出版社，2021年，第115～133页。

② 参见傅永军：《中国诠释学建构实践的检视与反思》，中国社会科学院哲学研究所编：《中国哲学年鉴2021》，第115～133页。

上看,儒家经典“一脉五期”的历时性转移[①],并不仅是诠释模型的改变而已,更合理地说,其实是兼涉“解释、诠释、阐释”的产物。故可以说,研究中国诠释学,就是研究中国诠释学史;而研究中国诠释学与中国经典诠释学,也几乎必须联系在一起看待。

诚如前文所说,若诠释学是一门关于理解和诠释的学问的话,那么,“中国经典诠释学”与“中国诠释学”此中最为关键的“经典”二字,即是差异所在。然而我们不禁要问,离开了经典的中国诠释学,是否仍然具有中国特色?抑或,作为一种理解和诠释的理论,理解诠释的核心文本既已是重点,“文本”似乎不须与经典作为一种神圣文本的地位有关;甚至,对神圣文本进行理解诠释,诠释者很可能也会在不知不觉中受到限制,坚持以经典为核心文本,是否仍有意义?

基于此一思考,实有必要进一步说明“中国经典诠释学”与“中国诠释学”二者的关系。

二、中国经典诠释学研究说明

(一)“经典诠释学”的定义

何卫平曾替“经典解释学(诠释学)”下定义说:“‘经典解释学’,顾名思义,是关于‘经典’的解释学,它隶属于文本解释学,因为经典是一种‘文本’,只不过不是一般意义上的文本,而是一种特殊的文本。……是经过了时间的考验而具有一种典范性、开放性和包容性的文本。”[②]他指出传统经典之所以具备典范性的存在特征,其特殊处就如传统所说“经者,常也”,“经也者,恒久之至道,不刊之鸿教”(《文心雕龙·宗经》);但此一典范同时又是开放和包容的,因为经典之所以配称为经典,必须经历“经典化”的过程,整并经学和儒学的观点来说,就是从“五经”到“十三经”,由经、传记到“四书”,由“前经学时代”“经学时代”到“后经学时代”[③],虽然每个时代的经注特征不同,经典地位之形成和历史背景密切相关,但更重要的是,经典必须通过人们不断参与解释,在前人既有的脉络下持

① 此“一脉五期”分别是:先秦——经典诠释启蒙期;两汉——经典诠释昌明兴盛期;隋唐——经典诠释延续继承期;宋明——经典诠释变古改经期;清代——经典诠释集成期。参见王慧茹、傅永军:《儒家经典诠释史建构的路径及其意义》,《山东大学学报》(哲学社会科学版)2020年第5期。

② 何卫平:《经典诠释与经典解释学刍议》,《天津社会科学》2020年第6期。

③ 参见景海峰:《从经学到经学史——儒家经典诠释展开的一个视角》,《学术月刊》2019年第11期。

续累积前行，去芜存菁、后出转精，方得以慢慢形成典范，通过经典化的时间淬炼，经典性的价值挺立，而成其为经典。

这也就是说，每一次从事理解诠释活动，必然都是植基于前人的理解及诠释者个人的前见而来，特别是传统经典，有历时性的连续积累、共时性的参与对话，从理解诠释方法上说，虽须谨守经、传、注、疏层次不可逾越，但就意义内涵上看，正因为经典本身具备开放性及包容性，得以持续不断展开理解。故历代以来，经学虽和官学密不可分，但历经加冕的经典，也无法保障其不可撼动的地位，此由西汉《毛诗》未立学官仍然流传，汉代《春秋公羊》立为博士，略《左传》《穀梁》，但《三传》犹一起传世，正可说明经典是敞开的，不是封闭的，即使是置于官学框架下，经典也仍然保持了理解诠释上的伸缩弹性，容许诠释者因应不同的时空环境，不断解读出新意义、产生新解释。我们今天阅读经典，理解诠释经典，不仅因为经典是理解过去的文字载体，是历史的"流传物"，而且由于经典同时也引领我们面对当下、思考未来，这就是经典的活力，经典是"活泼泼地"①存在。

（二）以儒家经典为研究核心

当然，所谓"经典"一词，原不应限于经部的儒家之书，所以包括道家经典如《道德经》《南华经》，佛学经典如《般若经》《法华经》《坛经》等，甚至是文学经典如《西游记》《红楼梦》等，皆应属于中国经典诠释学的研究范围。从传统上看，三教会通的思想由来已久，儒、道、佛三家经典，也都该是中国诠释学的研究对象；而文学里那些影响人们情感、传唱多时的作品，自然也应纳入。然而现实的困难及瓶颈是，理解诠释的起点——语言文字，在三家经典中所扮演的地位、解释效果均不同，道、佛经典采取正言若反、即说即扫、遮拨表诠的传意方式，向来朦胧歧义，脉络复杂，何况佛学里还有汉梵转译及格义问题，欲采用现代诠释学意识，从事二家诠释学品格的转型考察，确实有其困难；故目前可见的佛老研究，均系哲学思想的研究。②至于文学作品中举凡象征、隐喻、意象的解析，针对作家单一作品考察，在内容上或许可以发现趣味的观念火花，但通盘检视全部作品后，却不一定能找出作家逻辑缜密的一贯思想，勉强从事哲学观点的省察，

---

① 此朱子《中庸章句·第12章》引程子语。原文："子思吃紧为人处，活泼泼地，读者其致思焉。"[（宋）朱熹：《四书章句集注》，台北：大安出版社，2015年，第30页]

② 如赖贤宗有《道家诠释学》《佛教诠释学》《儒家诠释学》《诠释学与意境美学》等，内容借由发挥成中英、海德格尔（M. Heidegger）、贝克（H. Beck）等人的"本体诠释学"，对中国哲学的当代诠释进行理论建构。他表示自己是吸收了现代新儒家、日本京都学派及海德格尔、伽达默尔等哲学家的本体诠释学思想资源，从而在《道家诠释学》等书中开展对儒、道、佛与中国美学的"中国诠释学"。

自然不易见功。

暂且不谈儒家思想源远流长的文化影响力,早已融入广土众民的日常,“百姓日用而不知”,是中国人血脉中的DNA密码,对非中哲领域的研究者来说,儒家经典中所传达的概念,如仁孝不二、尽心知性、修身待事,几乎也没有人感到陌生,所不足者,仍是对经典文献的熟悉掌握,包括理解的深度、广度及现代诠释。是以转译古汉语为现代学术语言,面向生活世界;转化应用西方诠释学滋养,采取诠释学视角的觉察反思,融通汉宋之学专长,兼重方法论及本体论的理解诠释,当有助于中国经典诠释学之建构。

清代杭世骏曾说:“诠释之学,较古昔作者为尤难。语必溯源,一也;事必数典,二也;学必贯三才而穷七略,三也。……诠释之苦心与作者之微旨,若胶之粘而漆之澢也,若盐之入水而醍醐奶酪之相渗和也。”[①]这段话不仅说明经典诠释在方法步骤上的要求,必以“溯源、数典、学穷七略”的小学基础,还必须有贯通天地人三才的领会,此间“溯源、数典”是理解诠释的基础,然此仅是作为笺疏批注的基本要求,因为在核实穷考的经注之外,还必须讲求博学而贯通,避免纵横曼衍,尤其困难的是,诠释者的苦心如何与作者的微言大义相合,如粘胶、盐水,如澢漆、奶酪醍醐之相渗和,既使经义明达显豁,又不因之掠美裁情,而使文以注传,注以文显,相得益彰,才是关键要素。此语虽是杭氏针对李善替《李义山诗注序》所说的评论,不过所提到征引注释体的要求和一般注经模式是相同的,完全可移置到经注上说明。

正是因为诠释诚难,而历代经注内容最广博、具体形态多元、学术资源最丰富者,非儒家莫属,这也让儒家经典诠释可资鉴借的内容范围,优选于佛老之上,因为可通过大量经典文本建立参照标准,虽然典籍的数量依据不是唯一考虑,但毕竟仍是极重要的考虑。归纳来说,谈中国经典诠释学的内涵重点必以儒家经典为首出,其一是从儒学发展、儒家文化的社会影响力来看,儒家经典诠释较佛老二家,收效大且广,直接帮助现代人更好地认识经典、接近经典。其二,从学术发展的更新研精来说,任何理论建设最讲究基础,传统经注作品或由官方邀集学者共成,或注经者自成思想谱系,可以说在注经方法及意义内容上,已有整全的架构安排,从中掘发具备“现代诠释学”范畴论题及理念,阐明其诠释学向度,相对容易进入。其三,儒家经典在性质上,介于神圣文本和普遍性文本之间,具有“圣典、正典、政典、教典”合一的综合身份,地位崇高又可亲可行,经典诠释不仅重视形而上的逆溯“自诚明”“自明诚”,更要顾及形而下的“致器

① (清)杭世骏:《李义山诗注序》,《道古堂全集》卷八,《续修四库全书》第1426册,上海:上海古籍出版社,2002年,第280页。

用”“济天下”,此和佛老经典距离具体现实的场域较远,提供直接对治问题的关注较乏,也有所不同,是以在从事“中国经典诠释学”研究时,以“儒家经典”为核心显然是较为适切的。

(三)作为“中国”之学的特征

“中国经典诠释学”建构,在名义上既已标举是属于“中国”的,需符合中国“传统”“特色”“气象”,笔者还想针对此一名义略做说明。

首先,从诠释传统来说,古人虽有意识地从事注经解经,一部经学史,即是一部经典诠释史,但此并不意味着,注经者的治经目的是建构一套解释经典的理论学问,郑玄、朱熹、戴震治经各有特色,但治经目的皆是进一步通过经典,提供一种如何“经世济民”的说明。但此一“用世”导向的要求,也不只是重视工具意义的利益效验,更多时刻是一种价值引导和理念追求。以今日之语来说,读经、治经是所有知识分子绝佳的自我实现管道,特别是儒家经典,在经典中所揭示的群我、人己、进退出处之道,几乎包含个人生命的全部历程,是以从诠释行动来说,中国经典诠释学于诠释的动机、旨趣及目的,都和以“探究真理”及知识考察为核心的西方诠释学形态不同。

其次,“中国经典诠释学”作为一种理解诠释的理论模型,重点在强调“理解如何可能”,亦即在经典诠释活动背后,提供一种反思与觉察。虽然在进行诠释时,也需要对诠释对象进行分析,但目的并不仅是对外部对象进行知性判断或认识理解,更多的是对诠释者自身的反思,亦即诠释者对其诠释活动的反省。进一步来说,就是在整个诠释活动中,包括诠释的方法进路、经典的认识解读与诠释都作为一个本体存在的状态,是联系在一起的。诠释者(我)不是“外在”于文本的单一个体,而是与经典文本、作者“共在”,诠释者在诠释过程中,虽可能有“独与天地(圣贤)精神相往来”的超越感受,但却不是纯粹的形上思维呈现,因为文本意义的理解必须有诠释者的参与对话[1],方得以真正呈现,理解诠释虽然也讲求经典诠释的方法步骤,但却不是一种主客对立、唯方法论或方法主义的思维模式。正是在如此的基础下,借用伽达默尔(Hans-Georg Gadamer)“视域融合”(Horizontverschmelzung/fusion of horizons)的概念来说,此“视域融合”之为可能,是建立在作者、诠释者(我)、文本三者诠释视域的融通汇合与推移上,此视域推移并不是指诠释视域的扩大缩小或前进,而只是每一次“不同的理

① 伽达默尔指出,诠释者(我)必需积极地走入你(文本)的诠释学境遇(Situation)中,和“你谈话”(Anrede),因为“谁想理解文本,谁就得准备让文本讲话”。参见[德]汉斯-格奥尔格·伽达默尔:《诠释学Ⅱ:真理与方法》,洪汉鼎译,北京:商务印书馆,2007年,第71页。

解”,是诠释者(我)参与投入、体验觉察、浃洽契会的过程,也是向着当下开放的“开显性的诠释”。中国经典诠释学在方法论上,结合汉学、宋学之长,呈现出兼采汉宋、汉宋融合的样貌,但却不是方法论性质的技艺诠释学;就内涵上说,不是为了替某部经典(思想)作辩护,或建构诠释者个人的思想谱系,去阐明经典义理的“诠释哲学”,它的研究重点不在说明理解诠释“是什么”(技艺诠释学)、“为什么”(诠释哲学),而是理解诠释的“合法性基础为何”“理解诠释如何可能”,故是一种谈“理解诠释理论”之“学”的诠释学形态。

要言之,通过经典诠释提出新理论或创造新思想的是“诠释哲学”,谈“如何做哲学”,此系目前中国哲学研究最丰富的部分;但“经典诠释学”是谈“学”的理论。作为一种理解诠释理论,其目的并不限于说明经典文本本身,而是在说明与经典“照面”“相遇”的当下,理解诠释的可能基础是什么,有近于古汉语所谓感悟、领会的存有感受,但也不是一种冥契顿悟,而应表现为一种智通明达的智慧实践,此一来自经典的智慧,是伴随着历史脉络不断发展的“经典化”结果、一种生成性的过程,故不同于一般的文本诠释学,但又必须符合一般共同的诠释学原理原则,方得以表现为理解经典内涵的诠释理解,能证成自我存在、体现价值。正是这种双向循环的特殊要求,使中国经典诠释学不同于圣经诠释学、古典诠释学,强调诠释方法上恪守规则,也不同于诠释哲学,必以创造的诠释为主;“中国”经典诠释学之殊异性,必然关联着长期以来的诠释传统积淀并见,包括古典注经传统的现代转型,现代性的理论建构,此不仅有助于传统经学研究的活水灌溉,亦能推促中国哲学、汉语哲学的掘深发展。

三、傅永军教授的“中国经典诠释传统的现代转型”研究

(一)基于比较哲学的研究视域

傅先生大作以《中国经典诠释传统的现代转型:比较视域下的寻绎》为题,已说明此书所采取的立场。傅先生在后记中,记录他由西入中而中西兼采的学思转向,系肇因于2020年的两岸师友因缘,故此书撰写虽历时六年,却是他厚积薄发、长期积累的一部分而已。

诠释学的传统来自西方,引动中国学界致力推动中国诠释学研究,是西学东渐后的产物。全书既是基于比较哲学的视域展开,故花费较多篇幅说明此一研究的方法论基础。一般说来,析明该研究所采取的方法进路,本是从事学术

研究最基础的工作，然此一说明对全书的核心论题“中国经典诠释传统转型”来说，却至关重要。传统经典有绵长注经史、注疏学，解经方法采“传、注、疏、解、说、正义、衍义、络索”等，学者注经解义的首要目的，不是传播知识，也不是在上帝的光照下，传达上帝旨意，以追求真理，可以说中西双方在从事经典诠释时的问题意识是不同的。不过着眼于中西哲学比较、跨文化研究，很多时候便是基于双方的认知设想“不同”，因为不同，所以可以开启对话，说明观念，表达想法，故虽然所追求的“道”不同，却可以“道一而为天下裂”，各自如其自己，用古汉语来说，就是可以和而不同，自如其如，交谈沟通。

为了避免落入国族主义或二元对立的限制，傅先生特别说明他采取“朋友如镜”的进路以为对比，此也就说明了虽“道不同”也仍然可以同筹谋，因为采取“对镜”的观点，既得以“镜鉴”，从对方的眼中认识自己，增进自我理解，也可以从自己的眼中，看见对方，相互镜映，“增强相互理解，进而超越对话双方各自的特殊性，走向具有普遍意义的大道真理”[①]。正是基于这种对传统注疏形态自觉意识的反省，从事比较研究时，不致落入国族主义式的自我优越，或是入主出奴的门户封限，而可以由各自存在、“交往”的过程中，既相互尊重、保持差异，又在此基础上，能够指出人类哲学活动中更高的、普遍性的必然要求。要言之，今日谈“中国经典诠释学”建构之可能，不论采取哪种进路、方法，各自表明为哪种类型，以西方诠释学为参照对象，实有其学术发展的时空背景，此不得不察。

论者或许认为此一研究颇有穿洋靴子、着中国裳之嫌，但由“一部经学史，即是一部经典诠释史”来看，中国经典诠释传统确实源远流长，有其历史性。另外，本书既是采取比较研究路径，通过对不同文化真正的尊重理解，致力于进入主体间性的交谈对话，也就可以发现，所谓真理存在于各自的文化脉络和谱系传统中，重点是如何透过彼此的不同，从而共同寻找出普遍人类经验与实际行动的可能性，一方面实现自身改变的“公共性转换”[②]，把自己变成一个文化的“他者”，向对方叙说“我的故事”[③]，另一方面，通过彼此交谈的语境，生成和参与

---

① 傅永军：《中国经典诠释传统的现代转型：比较视域下的寻绎》，第26页。

② 参见[德]汉斯-格奥尔格·伽达默尔：《诠释学 II：真理与方法》，第534～535页。

③ 阿拉斯代尔·麦金泰尔（Alasdair MacIntyre）指出：“人在本质上是一个说故事的动物，他不是必然的，但通过他的历史，成了一个渴望真实性的说故事者。……假如我首先能够回答‘在哪个故事或哪些故事里，我能发现我自己的那一部分？’，这问题，我就能够回答‘我要做什么？’这个问题。”“我不仅是可说明的，还是一个可以永远要求其他人给予一种说明的人……我是他们故事的一部分，正如他们是我的故事的一部分一样。”（[美]A.麦金泰尔：《德性之后》，龚群等译，北京：中国社会科学出版社，1995年，第272、275页）

对话者所共有的东西,亦即双方共有的思想[①],这便是诠释学的任务所在。

当时空更迭,人们早已不再生火炊饭,研究者为何仅在强调抱紧传统、倡言古代生火煮炊的好处?因为不论如何议论旧时烧柴炊煮的好处,就现今看来,实难不落于一种怀古思古的向往,因为现代生活用煤气、电炉煮食,确实也满足了人们炊米之需,或许对比传统制程而言,食物风味有所差别,但用以完善煮食工作的目的则相同。问题就出在,除非基于偶然的休闲趣味、逼不得已的生存困境,人们不再使用生火炊米早已成为事实,过去的荣光辉煌已"回不去"了,如果平素已不烧柴炊煮,那么讨论由古到今关于煮食的更迭变化、效验及方法,当然就很重要。学术研究的现代转型也是如此,哲学研究同样服务于生活现场,尤其更重视解决根本问题。

当经学不在,过多的史料分析、文献考察,显然不会让经典"复活",它仍然在博物馆里"封藏",且易导致尸体式、考古性质的研究。经典之所以能不死,是一种"经典化"的过程,一方面它具有被讨论的经典性价值,另一方面经典之所以能被一代一代人讨论,关键在于它与我们发生关系,所以它能"死而不亡者寿"地长时间"活着"。这也就等于间接回答了中国经典诠释传统必须也必然要转型的问题,思考并回答"经学已死"的未来可能,汉语哲学、中国哲学研究的元素其实也都隐含着解决人类现实问题的基础,中国经典诠释传统的现代转型,也正试图回答以上的提问。

(二)延续传统与转型建设的寻绎

傅先生将目前学界三种从事中国诠释学的研究,另外做了深刻的分析,归诸"化西"的汉语哲学经验。第三章就其类型展开,分为"创造的诠释学""本体诠释学""东亚儒家诠释学";第四章则是采取个案式的讨论,如林安梧"道论诠释学"、张江"中国阐释学"、潘德荣"德行诠释学",最后总结出他对当前中国诠释学理论实践的检视与反省。此两章的分析解读,虽已见诸傅先生陆续发表的论文,然此次集成性的改定出版,颇可提供关心此领域发展及对中国诠释学感兴趣的研究者,一次更整全周满的考察,特别是全景图式的导览,可收兼综博览之功,其中所聚焦的重点评骘、论述观察皆深刻有见,颇值得奉为案头宝典。

然需再为说明的是此书饶富深意的副标题。此书的副标题是"比较视域下的寻绎",前文已说明此书的研究方法,系采"比较视域"的观察视角,此处要再提一下"寻绎"二字。由"寻绎"一词,可见傅先生谦逊面对不同文化语径、哲学论题差异,不断思考对普遍问题的关注理解态度。这种谦逊尊重的态度,用哲

① 傅永军:《中国经典诠释传统的现代转型:比较视域下的寻绎》,第28～29页。

学诠释学的语言来说，便是一种“善意理解原则”(the principle of charity)。诠释学中的“善意理解原则”，又被译为“诠释的宽容原则”或“诠释的诚意原则”[①]，是一条关于诠释学的普遍性原则，也是诠释学上重要的伦理基础，意思是说在理解诠释过程中，必须将善意、谦逊作为确定的诠释美德要求，从而保障此一理解诠释行动，可以作为一种面向真理的对话过程，亦即我必须积极地走入你(文本)的诠释学境遇(Situation)中，和你“谈话”(Anrede)，因为“谁想理解文本，谁就得准备让文本讲话”[②]。只有重视交谈对话，在持续的沟通互动中，增进对话双方的相互理解，这项哲学活动才能超越一切形式，找到对哲学真理的追求。

伽达默尔指出：“理解是对话的开始，每人都首先勾勒他的道路，然后再看对话把我们引向何方。”[③]傅先生的“寻绎”表明他所展开的哲学思考，不是“细绎”，在对话中勉强理出头绪；也不是“演绎”，谈一种纯粹形上的推理；而是“寻绎”，要求反复玩索、推究，甚至更替、推移乃成。所谓“吏民见者，语次寻绎，问它阴伏，以相参考”[④]，抑或“歌卒，王乃寻绎吟玩，抚览扼腕”[⑤]，透过不断交往对话以寻味、绎思、绎理；或者如陶渊明《己酉岁九月九日》诗“万化相寻绎，人生岂不劳”，在对话中西、沟通古今的过程中，发现其不得不然的转变原因及理由。然而随着中国经典诠释传统的现代转型，它将被更替、推移改变后的样貌如何？带来的作用影响为何？此即“寻绎”之实践表明，亦诠释学之谦逊、研究者的明睿慧见所在。

第五章“经典诠释的汉语经验——以儒家经典注释传统为视角”，由笔者和傅先生共同撰写。本章叙明儒家经典诠释的历史演变，提出“一脉五期四型”说，依序是：(1)先秦——经典诠释启蒙期；(2)两汉——经典诠释昌明兴盛期；(3)隋唐——经典诠释延续继承期；(4)宋明——经典诠释变古改经期；(5)清——经典诠释集成期。并指出儒家经典诠释历经五期程及“昌明兴盛、延续继承、变古改经、诠释集成”四种类型，均系基于儒家一脉“道统”的相继发展，此

① 有关哲学诠释学中“善良意志”的界域及限制，学者多有所论，最经典的例子是伽达默尔和德里达于1981年在“巴黎会谈”中的各抒异见。本文所提及之诠释学“善良原则”，是指理解者秉持善良的对话意愿，为免本文旁溢太多，于“善良意志”之定义界说，不再说明。有关伽达默尔的“善良意志”及其与德里达的差异分析，可参见张鼎国：《诠释与实践》，台北：政大出版社，2011年，第67～91、156～159页；[加拿大]让·格朗丹：《伽达默尔传：理解的善良意志》，黄旺、胡成恩译，上海：上海社会科学院出版社，2020年，第426～447页。

② [德]汉斯-格奥尔格·伽达默尔：《诠释学II：真理与方法》，第71页。

③ [加拿大]让·格朗丹：《伽达默尔传：理解的善良意志》，第431页。

④ (汉)班固撰：《汉书》，北京：中华书局，1964年，第3630页。

⑤ (梁)萧统编，(唐)李善注：《文选》卷13，台北：华正书局有限公司，1987年，第196页。

历时性的经典诠释传统,可导引经典诠释传统现代转型的可能路径,以满足儒家经典诠释传统的现代性成长。[1]本章内容,大抵可为笔者关于儒家经典诠释传统、传统注经学需转型朝向经典诠释学发展的思考,作一补充说明。

第六章"走向中国经典诠释学——路径选择与批判证成",是全书的重中之重。傅先生针对经典诠释的现代性要求、路径选择、诠释观念变迁与汉语诠释之现代意识生成,重新做了更缜密的梳理,由此提出他主张建构中国经典诠释学的"三步走"战略,亦即形态转换—理论建构—推进发展,此书即傅先生研究的第一阶段所得。

读者或不难发现,三步走战略中的第二步最艰难也最重要,傅先生想要建构一种以"理解的可能性及其条件问题"的诠释学理论,它既奠基于中国的经典诠释传统,有其独特性,但所关注和解决的是具有普遍意义的诠释学问题,故傅先生恳切地表示:"现在不过在叩击它的大门……对它的言说至多是在叙说我们一个期盼,眺望它的愿景。"[2]本章中,傅先生处理了"经典和文本"关系及"应用和诠释"问题,指出中国经典诠释学意义下的经典,必须采取"生成性文本"的概念,也就是一种进入经典诠释学过程的文本,方为可能。换言之,诠释者通过与经典交往的过程,把经典文本化,对此文本化后的经典进行诠释理解,而此一诠释理解也就是"应用",这个"应用"不是传统注经学中的致用、达用,而是一种诠释学处境下的"应用",将文本应用到诠释者的处境中,文本不是一种僵固的、实体性内容,而是在诠释过程中不断生成、因其诠释活动而存在的概念,所以说即诠释即应用,同时也即应用即诠释。伽达默尔主张"理解、诠释、应用"的合一,此将经典文本与应用诠释予以联系的分析阐明,可帮助搭建中国经典诠释学理论框架时,有更完足的理论支撑。

问题出在,就经典诠释者而言,所谓"文本之生成性"概念常常是"被篡位"的,对绝大多数的解经者来说,文本接近于傅先生所主张的第一种样貌,仅是一种语文性的文本。文本包括一切伟大与意义的传承物,是历史流传下来且不断被带入诠释者时代而生成价值与意义的存在物。[3]此厘清文本界域之解析,虽可突破被限缩在经学范围内的儒家经典,扩及非儒家类的经典,包括史、子、集经典著作,但若仔细观察,诠释者在对经典(历史传承物)进行理解诠释、注疏校

① 相关的讨论可参见王慧茹:《儒家经典诠释的作用与价值》,傅永军主编:《中国诠释学》第17辑,济南:山东大学出版社,2018年,第169～185页。

② 傅永军:《中国经典诠释传统的现代转型:比较视域下的寻绎》,第427页。

③ 参见傅永军:《中国经典诠释传统的现代转型:比较视域下的寻绎》,第406页。

勘时,对经典文本仍然保有高度的圣经权威崇拜,且不论所诠释的经典文本为何,皆是为了透过此一理解诠释活动,造成以敬、以教的影响。理解诠释不仅是和文本交往的过程,重点是为了要"明用、达用",此在儒家是经世、道家是避世、佛家是逃世,至于其他各种抒情论理的文学性文本,或说理或缱情,大抵亦不出儒、道、佛三家的考虑。换言之,从事经典诠释的具体效验及目的要求是很明确的,不论积极或消极,理解诠释都是为了"尽其用",此间,"用"的工具义又略高于价值义。

就诠释者所采取的诠释策略观察,不论是"六经注我"或"我注六经",仅是解经光谱的两端推移,前揭关于文本"生成性"的论法,只能是一种后设的理解,因为"生成性"也将导致"神圣权威"陨落。换言之,绝大多数的诠释者,都是采取语文性的文本概念,诠释者只能跟着说,照着说"述",用"正义"导正经义,少数以"衍""演义"者,则标举欲明经旨的企图,这也就让传统的经典诠释明显不具备现代诠释学概念,至多只能是"类文本"形态。

另就传统经典扮演政教治具的特殊身份与地位来说,即使诠释者解经不以敷治益政为目的,经典诠释形态或呈现为诠释哲学以建构一家思想为主;或呈现为技艺诠释学,以恢复经典(作者)原意为主,不论采取哪种方式,显然也缺乏诠释学中回到"事情本身"的当下理解。虽然,傅先生几乎完成了多数经典诠释传统中关于"古今之变、古今之辨"的问题,但中国经典诠释传统转型之艰难,同样犹如中国经典诠释学的创造性建构一般,还在路程中。

四、中国经典诠释学发展的可能思索

众所周知,西方诠释学的发展历经了三次转向变革。第一次是以施莱尔马赫、狄尔泰为代表,主张将特殊诠释学转向作为认识论、方法论的普遍精神科学方法论的一般诠释学;"诠释学"被作为一种哲学问题看待,正是由他二人开始的。第二次是以海德格尔和伽达默尔为代表,他们将作为方法论的诠释学,转向成为本体论的诠释学;这第二次转向,被利科称作"哥白尼式革命性质"的变革,是从局部到一般,从方法论到存有论的诠释,特别是伽达默尔的"哲学诠释学",更是诸多学人关注的焦点。第三次,也就是正在进行中的转向,是由哈贝马斯和利科所开启引导的,试图在更高层次上结合存在论、认识论和方法论相统一的诠释学。[①]哈贝马斯强调,他所提出的"批判的解释学",是针对伽达默尔

① 参见何卫平:《西方解释学的第三次转向——从哈贝马斯到利科》,《中国社会科学》2019年第6期。

“真理”“方法”的反思;利科则致力将诠释学嫁接到现象学的方法上。一般将施莱尔马赫、狄尔泰称为古典诠释学,谈认识论、方法论;将海德格尔、伽达默尔称为存有论的诠释学;而现正发展中的第三次转向,学者何卫平以为,很有一种走向存有论和方法论综合的味道,“也可看成是在更高层次上向狄尔泰的返回”[①]。所以西方的诠释学研究,实际上是“诠释学史”的研究。

中国长期的注经传统,是以注经作为一种理解诠释经典的行动实践。孔子谈“述而不作”,是“以述代作”;朱熹注经、集注《四书》,谈读书要涵养以敬、存察体验;一直到清代阮元以“修纂取代述作”,调融汉宋,修纂大型图书。这些对经典从事整编诠释的活动,用西方诠释学的角度观察,也都具有方法论的技艺诠释学及重视存在的本体诠释学倾向。今日谈中国诠释学建构,虽然也借用西方观点,在提出理论的初期不免各方聚讼,但一如当年“哲学在中国”“中国化的哲学”的前进道路一般,最后也将走出自己的道路。

傅先生主张,“中国经典诠释学”作为一种理解诠释的理论建构,为了避免落入自说自话的哲学游戏,应“挣脱地方性知识的特殊性关切,不能以强调自己的主体性和特殊性而自闭”[②],这无疑是对多数传统经典研究者极大的点醒。然此并不是说,谈传统经典诠释,必须去除中国的“独特性”“主体性”,而是强调必须由特定走向普遍,由主体之“我”走向参与、交谈、对话的“我们”“我与您”的意思。“中国经典诠释学”当然有其独特的、本土性色彩,但此时更重要的工作是,作为一般诠释学中的诠释理念、工具方法、本体论基础等,都还有待进一步厘清说明。特别是“中国经典诠释学”系“中国诠释学”的一种类型,如何清楚划定“经典诠释学”“诠释哲学”的界域,说明二者的关系及差异,也需要更多的分析阐明。

另一个困难是,现代学科分门分类的结果是,研究传统经学的学者分别任教于国学院、儒学院,治中国哲学者在哲学系,治语言文字的汉学研究者在中文系,彼此各不联属,经典中的古汉语结构、语序安排、用字勘定有一定难度,中国经典诠释学引进比观的西方诠释学观念,也必须花费相当心力认识理解,如此跨领域的体系建构,更加耗身心性命,既需具备深厚的经典解读能力,还要有相当的创意慧见,如此才能在两种不同的学问领域中通贯出入,这实在不是一件容易的事。这是就学科本身,从事跨领域研究的困难。

随着汉语哲学的大幕开启,基于“汉语哲学”的最弱共识——透过汉语可以

---

① 参何卫平:《西方解释学的第三次转向:从哈贝马斯到利科》,《中国社会科学》2019年第6期。

② 傅永军:《中国经典诠释传统的现代转型:比较视域下的寻绎》,第433页。

做哲学[①],也提供中国经典诠释学理论建构新火光。最低限度来说,从事理论建构时,虽然是基于比较哲学的视域,却可因之超越比较的视域,成为汉语哲学的一部分,足以用不同于西方哲学的形态与之鼎足匹敌,共同参与世界舞台。如果说,过去研究"中国哲学"是研究中国哲学知识体系建设及其变迁的进程史,那么,当今研究中国经典诠释学,则可以松脱区域限制,立足于中国而走向国际、参与世界。此一方面需经历长时间的体系建设,说明诠释学的"中国性"性质、特征、概念;另一方面更应该选定相应的个案说明,解决与西方诠释学兼容难题,此间以"儒家经典诠释"为中国经典诠释学讨论的核心范围,强调经典的生生动能,以"明训诂、重义理"为养分方法,掘深并揭明儒家经典诠释的标志性概念——经世致用、修己治人,凝练体现中国特质的知识元素,俾以提出具有民族文化性、时代创造性、普遍共通性、专业系统性的理解诠释理论,自有其可行性。

充实"中国经典诠释学"内涵及理论建设当然是一项大工程,过程中或许也不免跬步匍匐,不过,聚沙成塔、滴水成河,"旧学商量加邃密,新知培养转深沉",傅先生的思想贡献,无疑在诠释学、汉语哲学、经学领域中,具有相当的里程碑意义。笔者除以本文致敬傅先生,为哲学家的明澈睿见喝彩外,还想借用宋代廓庵禅师的《十牛图颂》"庵中不见庵前物,水自茫茫花自红"[②],大略说明傅先生研精思深的光照。

傅先生从事中国经典诠释研究及理论建设,已历廿余年寒暑,截至2022年,《中国诠释学》集刊亦已出版21辑。对初入门的研究者来说,所谓"中国诠释学""经典诠释"研究,姑且不论这项学问最后将如何发展,至少就国内来说,可称得上是有些"含金量"的论域,正因如此,人们也就忽略了哲学家默默寻绎的过程。傅作出版,自是所有读者、研究者之福,然而哲学家的深思高举,其实是在历经种种磨炼熏修后,方能不执于能见、所见之相对,立于传统而不限于传统,此其所以能身在庵中,却不见庵前之物,一如同江水苍茫、花红柳绿,任他外境变化,始终不假丝毫造作,安住其心的打磨工夫,所以说"庵中不见庵前物,水自茫茫花自红"。此书出版,不啻是傅先生学思实践的"寻牛"之路,参与用功之路或许漫长,但盼如此护念、如此保任真心,其"入廛垂手"之进境圆满将指日可待。是为念。

① 参见傅永军:《中国经典诠释传统的现代转型——比较视域下的寻绎》,第431页。

② 参见(宋)廓庵和尚:《住鼎州梁山廓庵和尚十牛图颂(并)序》第1卷《返本还源》,CBETA电子佛典集成·卍续藏(X)·第64册No.1269第1卷;汉文大藏经https://tripitaka.cbeta.org/X64n1269_001。

反方法,反的是什么?

——读《理解与方法:诠释学视域中的方法论之辩》

王宏健*

摘　要:牛文君的新书构成了对诠释学的传统历史叙述模式——从方法论到存在论的演进的挑战。尤其是牛文君从存在论诠释学入手,揭示了它的方法论之维,从而打破了存在论与方法论的表面对峙。诠释学的真正使命乃是,提出一种能够破解基础主义的方法论。在这个意义上,诠释学本身就构成了方法论与存在论的原初统一。

关键词:诠释学;方法论;存在论;伽达默尔

一

牛文君的新书《理解与方法:诠释学视域中的方法论之辩》(以下简称《理解与方法》)从方法论问题切入诠释学的历史叙述与当代辩论,抓住了核心问题,引人深思。无疑,此书的题目是在向伽达默尔的《真理与方法》致敬。如果说伽达默尔给人留下了这样的印象,亦即真理是反方法的(当然事实上这显然并非伽达默尔本意),那么,牛文君的这部《理解与方法》则试图为"方法"正名,试图在存在论诠释学的语境下重提方法论,打破方法论与存在论之间的阻隔。

很长时间以来,在诠释学的历史叙述中存在着这样的模式,即诠释学经历了从特殊到普遍(一般),从方法论到存在论的转变——前者的标志是施莱尔马赫与狄尔泰,而后者的引领人则是海德格尔与伽达默尔。当然,方法论诠释学和存在论诠释学都是普遍诠释学,但两者体现了其不同的形态。值得注意的是,这一模式的提出,乃是由于存在论诠释学为了确立自身合法性,故而将自己与方法论

*　王宏健,湖南大学哲学系副教授。

诠释学截然划界。另外,由于这种二分法非常容易理解,所以也获得了广泛的市场,以至于对诠释学的此种历史叙述已经构成了某种教条。目前学界已经对此有所质疑,而牛文君的新著可以看作对这种传统叙述范式的有力挑战。

二

那么,牛文君的挑战是成功的吗?她又为此提供了哪些理由和哪些视角?可以看到,此书的阐述中包含了对这一问题的三个维度的分析。其一,从方法论诠释学入手,亦即在其中看到其存在论基础,看到其"反科学方法的倾向"。[①]这证明了方法论诠释学也有存在论萌芽。其二,从存在论诠释学入手,一方面考察它对方法论诠释学(施莱尔马赫)的批判,另一方面围绕着它与方法论诠释学(贝蒂、赫施)的交锋。基于此,揭示了存在论诠释学的方法之维。其三,从两种不同的方法概念入手,亦即区分"内在的方法"与"外在的方法",从而"真理"与"方法"的对立就被转换为"内在方法"与"外在方法"的对立。[②]这就化解了真理与方法之间的矛盾,从而真理的"反方法"实质上只不过是方法对自身的反对。

我们在这里并不试图重构和考察以上的全部三个维度,而是集中于第二点,即伽达默尔对浪漫主义诠释学的批判。至于其他的几个方面,读者可以在书中自行找到相应的分析。照理说,浪漫主义和历史主义是伽达默尔的先驱,和伽达默尔注重个体、注重处境性和历史性的思想倾向非常接近,但他批判的恰恰是浪漫主义(施莱尔马赫)和历史主义(狄尔泰)。也许有人会说,浪漫主义忽视了普遍性,而伽达默尔不仅要恢复具体的生活,也要挖掘生活的普遍意义。但是,施莱尔马赫所提出的恰恰是作为普遍诠释学的方法论诠释学,你能说他忽视普遍性吗?

细心的读者已经发现,浪漫主义被一种内在的张力所拉扯,一方面注重个性、具体性,但另一方面又寻求普遍性。这是它的真正问题所在。浪漫主义所犯的错误在于,它"既要"个体,"又要"普遍,于是它最终两者皆失。[③]而伽达默

① "施莱尔马赫一方面强调诠释学具有普遍意义上的'技术'、方法维度,另一方面强调这种技术方法不可被机械地运用,其运用本身是一门艺术。"(牛文君:《理解与方法:诠释学视域中的方法论之辩》,北京:人民出版社,2022年,第44页)

② 参见牛文君:《理解与方法:诠释学视域中的方法论之辩》,第236～241页。

③ 自柏拉图以来我们已经获知,我们只能对普遍的东西有所认识,但我们真正需要认识和谈论的却是个体。于是就有了一个遗憾的结论:"个体是不可言说的。"

尔则告诉我们,普遍之物必存在于个体之中,而个体又需借助于普遍之物才能得到认识,两者不可分离,这就是所谓的"具体的普遍性",而首先揭示出这一机制的恰恰是施莱尔马赫的对手黑格尔。在这个意义上,我们与其谈论伽达默尔与施莱尔马赫之争,不如直接谈论黑格尔与施莱尔马赫之争。

正如我们无法否认黑格尔的辩证法是一种方法(尽管它当然不仅仅是方法),我们也无法否认伽达默尔的诠释学方法。那么,存在论诠释学的方法的具体内容是什么?我想,在伽达默尔对施莱尔马赫的批判之中,我们完全可以将这种方法建构起来。这里,我们可以借助于一个极具争议的例子来表明这一点,亦即伽达默尔对作者中心论的批判。牛文君指出,伽达默尔反对作者中心论(阐释的客观性和唯一性),并不是要提倡读者中心论(阐释的主观性和任意性),而是消解任何"中心论",如果一定要给出一个中心,或许可以说是"实事本身",但"它也不是一种预先存在的自在之物"。①

强调作者中心论或者作者的原意,事实上是某种"基础主义",其基本套路是,先预设某个中心或基础/本原,然后想"方"设"法"去实现它。就这种方法而言,方法本身是次要的,它维系于目标本身。能够实现目标的才是方法,越快速、越有效地接近目标的,就越是好方法。但是它对于真正重要的东西,亦即目标本身是没有思考的。试想,如果我们将作者的原意确立为唯一的标准,那么,作者所提出的观点本身是不是任意的呢?这种客观性其实是我们自以为的客观性——因为我们将其预设为客观性——而不是真正的客观性。

文本背后的确是有客观性的,但这绝不只是作者的原意。将客观性还原到作者的原意上,其后果就是我们将错失真正的客观性。在这个意义上,对伽达默尔的主观主义指责显然是没有道理的。为什么他谈的是"不同地理解",而非"更好地理解"?这是因为"更好地理解"预设了最佳理解,而所谓的"最佳理解",才是真正的"一厢情愿"。"不同地理解"将我们从这种任意性中解放出来。从方法论层面看,作者中心论是先设定目标,然后寻找手段;而伽达默尔的方法则是,在设定目标的同时消解目标。就此,方法不是用"多重"手段达到"单一"目标,而是用"多重"手段达到"多重"目标,但它最终仍然围绕着某个非中心的中心,或者称其为真理,或者称其为实事。在这里,真正危险的是,将真理与实事固化或者僵化为某种意志。而为了保证理解的客观性,就必须坚持理解的开放性。基于此,反方法,反的是这种基础主义;诠释学的真正任务则是,提出一种能够破解基础主义的方法论。

① 牛文君:《理解与方法:诠释学视域中的方法论之辩》,第100页。

三

基于以上考察，方法论和存在论的界限逐渐模糊了。从内涵上讲，不存在单纯的方法论诠释学或存在论诠释学，真实的情况是，方法论诠释学也有存在论，而存在论诠释学也有方法论。从机制上讲，方法论与存在论之争其实是两种方法之争，如果我们追究方法的原初含义即"道路"，那就变成了两条道路之争（其背后是两种存在论之争），而两者的争辩也并非你死我活，而是你中有我。当然，以上考虑并不表明方法论与存在论之分是没有道理的，恰恰是实质上的混合与交融状态，才有必要提出以上两个概念（作为"理想型"）。

基于此，我认为至少有两种在过去学界所流行的观点应该得到纠正。一是认为存在论诠释学不谈方法，没有方法。这有时被认为是存在论诠释学的优势，有时被认为是其重大缺陷。但这种认识本身是错误的。存在论诠释学当然也有方法，并且它不仅能够统摄个别阐释方法，而且也包含对一般方法的考察，亦即探究方法的本质。二是认为我们应该把存在论和方法论融合起来。这种观点预设了方法论和存在论本身是分离的，于是才需要融合，就此而言，融合是一种后发的、附加的工作；但事实上，一门具体的诠释学理论本身就包含了存在论和方法论，两者原初地相统一，不需要刻意地融合。

这一点尤其是对于中国经典诠释传统的现代转化而言，是要注意的。我们不仅要分别梳理中国经典诠释学的方法论和存在论，而且也要看到它的方法论之中的存在论，看到它的存在论之中的方法论。只有这样，中国诠释学的完整意义才能得到揭示。值得指出的是，这也是牛文君这本书的落脚点：

> 从"内在方法"的层次来看，诠释作为内在的思想批判，是朝向"事情本身"、朝向真理的思想进程，因而它不仅是"认识论的""方法论的"，而且同时是"本体论（存在论）的""现象学的"和"辩证法的"。[①]

---

① 牛文君：《理解与方法：诠释学视域中的方法论之辩》，第273页。

中国诠释学建构

——“《中国诠释学》与中国诠释学建构：行动20年的汉语哲学”学术研讨会综述*

李秀伟　梁乐睿**

2023年8月26日至28日，“《中国诠释学》与中国诠释学建构：行动20年的汉语哲学”学术研讨会暨纪念《中国诠释学》创刊20周年学术圆桌报告会在山东青岛召开。会议由山东大学哲学与社会发展学院、山东大学“文明互鉴视域中的汉语哲学”创新团队、中国现代外国哲学学会诠释学专业委员会、山东大学中国诠释学研究中心、《中国诠释学》编辑部联合主办。

开幕式由山东大学哲学与社会发展学院、中国诠释学专业委员会会长傅永军教授主持，他表示，希望各位学者围绕会议主题分享独到的洞见和思考。中国社会科学院大学张江教授、山东大学哲学与社会发展学院院长刘森林教授、山东大学中国诠释学研究中心洪汉鼎教授、华东师范大学哲学系潘德荣教授等出席开幕式并致辞。张江指出，阐释学在中国正蓬勃发展，阐释学研究已越来越宽广，不再仅仅限于文本；其包容性也越来越强。希望阐释学能为克服各学科之间的对立和隔阂提供有益的思考，阐释论能与知识论、价值论、唯物论那样在世界观的层面上进行探讨。刘森林回顾了诠释学在山东大学的发展历程，20年前，山东大学成立了“山东大学中国诠释学研究中心”，创办了《中国诠释学》学术集刊，为诠释学的中国化建构作出了突出贡献。他强调，我们可以借鉴西方现当代思想，更可以在中国诠释学传统中发现有益的思想资源。在对西方哲学是唯一普遍和标准哲学的批判性反思中，逐步建构具有普遍意义的汉语哲学。洪汉鼎作为《中国诠释学》的创刊人之一，深切回顾了20年来诠释学学科

*　本文原刊于中国社会科学网，2023年9月12日，https://www.cssn.cn/zx/zx_rdkx/202309/t20230912_5685038.shtml。

**　李秀伟，中国社会科学网哲学频道主编；梁乐睿，山东大学哲学与社会发展学院副教授。

的发展与巨大变革。他对当前如何塑造独特的中国诠释学问题有深入思考，对诠释学学科的未来发展满怀期待。

本次系列学术活动共设有四场大会发言、一场圆桌报告会和四场青年诠释学先锋论坛。来自中国社会科学院、浙江大学、华东师范大学、山东大学、厦门大学、华中科技大学、湖南大学、澳门大学、台湾大学、香港公开大学等高校的60多位专家学者围绕大会主题展开了深入探讨。

一、诠释学的基础理论与新视域

在大会发言中，与会专家学者围绕"'理解'的涵义""阐释、诠释、解释、说明四个概念的关系""阐释论的可能突破"等问题展开了充分而深入的探讨和交流。张江聚焦"阐释论"的缘起，强调自然科学知识的客观、确证和普遍性与精神科学知识的主观性和价值性之间的区别。他指出，阐释是精神科学知识生产的手段，不仅重述事物，还要挖掘和衍生意义，这种知识需要历史和现实的检验，以及公共理性的认同。阐释论旨在解决精神科学知识的生产和验证问题。以阐释活动为中心，解决精神科学的生产方式及其成果的知识化问题十分重要，阐释论可能突破事实与价值、精神科学与自然科学方法论的对立，具有更高、更完备的人类认识与实践品格。

中国社会科学院大学阐释学高等研究院李红岩教授在题为"阐释·诠释·解释·说明"的报告中，详细论述了阐释、诠释、解释、说明四个概念之间的关系。他认为，这四个概念从发生学角度表示了阐释学的发展阶段，即在发生学的演进路径上，说明、解释、诠释、阐释，恰好标明了阐释学发生、发展、演进的四种形态："说明"标识神话与巫师阐释学，意在说明创世学说与神的意旨；"解释"标识语文与文字阐释学，意在解释文字与文本的意义；"诠释"标识神学与法学阐释学，意在确证信仰的唯一性与法条的权威性；"阐释"标识一般与哲学阐释学，意在揭示阐释的通用规则与阐释的存在论意义。由此，"历史的"与"逻辑的"达到统一。深圳大学国学院景海峰教授探讨了"理解"的三重意义。他认为，传统的"理解"关注文本意义，近代诠释学视"理解"为技艺，而哲学诠释学则从本体论角度提问"理解的条件"。在现代，我们应从当下角度创造性地理解经典，而不是返回古代，被传统视野所局限。

二、中国诠释学的创造性构建

洪汉鼎在报告中强调了诠释学的重要性,论述了中国经典阐释学的悠久历史和传统。他认为,中国经典阐释学和西方诠释学可以相互借鉴和融合,推进中国哲学的国际影响力。未来的世界哲学舞台,除了带有英美特色的分析哲学和带有德国特色的现象学外,还会出现带有中国特色的经典阐释学。

傅永军检视和反思了中国诠释学的建构实践。他指出20世纪七八十年代,受西方影响,中国诠释学有所兴起并产生了三大进展:一是唤醒了在汉语学术界沉睡已久的经典诠释意识;二是以西方诠释学为参照对中国的经典注释传统展开检省,挖掘和整理隐含在浩瀚中国经典注疏实践及其文献中的理论与方法,通过反思传统,重建中国古典诠释学;三是通过与西方诠释学的平行对话,对中国经典诠释传统进行创造性阐释,建构一门独立的中国诠释学。他建议未来应深化这三方面,促进中国哲学和文化发展。在"中西对话"和"古今之变"交叉视域中谈论中国经典诠释传统的现代转型,进而择定转型建构的中国诠释学类型,在义理充实和体系建构两个方面展开系统性的工作,既有中国思想气魄的理解理论,又充分考虑经典诠释的汉语经验且融汇了西方诠释学智慧,这样中国诠释学才能最终出现在世界哲学之林,向着世界和未来展现汉语哲学光明的前景。

潘德荣探讨了"道"与"德"的关系。他指出,德行在中国传统思想中是关键范畴,只有实践德行,才能真正理解并践行"道"。德行诠释学是基于实践的哲学,它旨在理解中国传统文化,并为当代社会实践提供指导。厦门大学谢晓东教授发表《中国诠释学的"客观性"问题》报告,对中国诠释学客观性的双重维度进行阐发。他认为,内容性的客观性与社会关系的客观性二者是相辅相成、相互关联的。前者与后者构成了明确的诠释学关联,而不是笼统的"影响"。"中国诠释学"所包含的不仅仅是经典文本内涵的发现,而且包含了解释者的学术社会关系的构建。

三、中国经典诠释的审思

华中科技大学哲学学院何卫平教授从解释学的视角探讨了东亚儒家经典

诠释的问题。他从西方哲学解释学的角度对黄俊杰先生提出的关于东亚儒家经典诠释史的三个重要问题切入,并进行阐发和引申。他结合解释学的多重意义,深入探索了解释学的特性,并通过比较东西方解释学,凸显了各自的独特性和共通性。他通过分析指出,不同地域的解释学之间可以会通,在不取消各自特点的情况下,可以展示出具体的普遍性。台湾大学黄俊杰教授在《试论东亚儒学与经典诠释的辩证关系》基调报告中指出三个核心结论:中国诠释学的建立是21世纪对民族文化传统的回归;“中国诠释学”需要在“中国性”的特殊性和诠释学的普遍性之间寻找动态平衡;研究“中国诠释学”必须以中国悠久的经典注疏传统为基础才能有所创新。黄俊杰进一步探讨了儒家经典诠释传统对中国诠释学的影响,以及可能的研究方向。台湾大学蔡振丰教授发表《从汉字与汉语的特性论中国诠释学》报告,对黄俊杰教授有关中国诠释学的论点进行回应。台湾师范大学张昆将教授发表《从生命诠释学看朱子对“合下工夫”的伦理抉择内涵》报告,对“合下”的工夫修养进行诠释。台湾东海大学史伟民教授发表“立基于中国哲学传统的思维”报告,充分展示了哲学学术规范和思维创新对于中国传统思想的迫切性及重要性。

四、诠释学的多元探索

安徽大学哲学学院张能为教授深入探讨了伽达默尔的开放性哲学诠释学。伽达默尔十分注重相互倾听、对话、交流之于解释学实践哲学创造性作用与意义,在其看来,“真正的经验意愿,就是对真理要求的开放性姿态”,这既是一种现代的思想文化姿态,更是事情本身和问题所要求于思想创造的开放性、无限性之需。张能为指出,伽达默尔后期公开表明“寻求新的伟大的东方伙伴会话”这一思想强音,要求尊重、正视和重视包括中国思想文化在内的东亚文化,加强东西不同思想文化间的深层理解对话、互鉴融合,以便更有效地推进和实现当代人类哲学的新整合、新建构与新发展。香港公开大学周柏乔教授论述了公孙龙子的哲学思想,特别是在语言哲学方面。公孙龙子提出了“名实相副”“指物论”“离合论”,这些观念对古代汉语哲学及后世的哲学发展都有重要影响,为后续的哲学研究提供了启示。大连理工大学外国语学院秦明利教授强调,文学作品为读者提供交流与探索空间,并将读者与作品中的时间相交融。读者通过文学作品进行自我学习、发现和转化,深化对个体与世界关系的理解,这赋予了文学经验丰富的诠释学意义。

湖南大学岳麓书院哲学系李清良教授指出，我国的经典诠释传统强调通过“知言”来“知人”，这种观念起源于古代的舜帝大臣皋陶和禹，强调了解人的“德”和行为，被视为高智慧和实践能力，有助于深化对我国“知言”观念的理解。山东大学哲学与社会发展学院王丁教授论述了现代诠释学与德国古典哲学的联系，特别指出谢林哲学与“在世存在”的关联。他认为，谢林从知识活动角度，提出存在一个整体的前知识X与人的求知动力相互作用，形成开放性和交流性的知识体系。来自《哲学研究》编辑部、华东师范大学、浙江大学、山东大学、山东师范大学、苏州大学、扬州大学、黑龙江大学、中国海洋大学等高校和研究机构的青年学者就诠释学中的翻译问题、伽达默尔语言哲学、黑格尔辩证法与伽达默尔哲学诠释学关系、中国诠释学的汉语哲学建构、诠释学视域下的易学与经史诠释传统、道家的自由思想的诠释、中国诠释学的实践旨趣及其文化实践建构路径、韩国儒者论语学中“仁”思想的诠释、法律诠释、法国和意大利诠释学的相关思想等广泛议题进行了深入探讨，展示出中国青年学者诠释学研究的勃勃生机。

闭幕式由山东大学哲学与社会发展学院梁乐睿教授主持，傅永军教授和王丁教授作总结发言。他们表示，本次会议全面概括了当代诠释学发展的核心议题，涵盖了理论基础、学科反思、传统文化创造性转化和创新性发展等多个方面，为推动中国特色诠释学体系建设提供了理论支撑和实践指导，也向学界展示了一个繁荣向上的中国诠释学格局。